TVZ · Dissertationen

Matthias Mittelbach
Religion verstehen

TVZ

Matthias Mittelbach

Religion verstehen

Der theologische und religionspädagogische Weg
von Hubertus Halbfas

Die vorliegende Arbeit wurde als Dissertation zur Erlangung der Doktorwürde der Theologischen Fakultät der Universität Basel vorgelegt.

TVZ
Theologischer Verlag Zürich

Genehmigt von der Theologischen Fakultät Basel auf Antrag von Prof.Dr. A. Grözinger

Basel, den 8.3.2001   Der Dekan: Prof.Dr. A. Grözinger

Die deutsche Bibliothek – CIP-Einheitsaufnahme

Mittelbach, Matthias:
Religion verstehen : der theologische und religionspädagogische Weg von Hubertus Halbfas / Matthias Mittelbach. - Zürich : TVZ, Theol. Verl., 2002
Zugl.: Basel, Univ., Diss., 2001
ISBN 3-290-17237-6

© 2002 Theologischer Verlag Zürich

Umschlaggestaltung:
Weiersmüller Bosshard Grüninger
AG für visuelle Kommunikation Zürich
Druck:
ROSCH BUCH GmbH Scheßlitz

Alle Rechte, auch die des auszugsweisen Nachdrucks, der fotografischen und audiovisuellen Wiedergabe, der elektronischen Erfassung sowie der Übersetzung, bleiben vorbehalten.

INHALTSVERZEICHNIS

Vorwort 7

1 Einleitung 11
1.1 Die aktuelle Diskussion um den Religionsunterricht in Basel-Stadt –
 eine kurze Bestandesaufnahme 11
1.2 Der praktische Bezug zum Unterrichtswerk von Hubertus Halbfas 15
1.3 Ziel, Methode und Fragestellung der Untersuchung 17
1.4 Notizen zu Leben und bisherigem Werk von Hubertus Halbfas 22

2 Gehaltene Bewegung 24
2.1 Systematische Vorbemerkung: Erfahrung und Offenbarung –
 dogmatische Konzepte und praktische Konsequenzen
 in der katholischen Theologie um 1960 24
2.1.1 Zur Unterscheidung der fides quae und der fides qua creditur in
 theologiegeschichtlicher Perspektive 25
2.1.2 Die Neuscholastik als Theologie der Verteidigung gegen die Moderne 28
2.1.3 Zwischen systematischer Darstellung und kindgemässer Vermittlung 33
2.1.4 Der material-kerygmatische Vermittlungsversuch 35
2.2 Das pädagogische und theologische Profil im «Handbuch der
 Jugendseelsorge und Jugendführung» 37
2.2.1 Einleitung 37
2.2.2 Unmittelbare Voraussetzungen 38
2.2.3 Die Bedeutung des Handbuches im zeitgenössischen Kontext 41
2.2.4 Die «kritische Perspektive eines Ordnungsbildes vom Weltganzen» als
 Konstante in Halbfas' Werk 51
2.2.5 Die Bildungskonzeption des Handbuches der Jugendseelsorge 56
2.2.6 Das Konzept der religiösen Erziehung im Handbuch der Jugendseelsorge 62

3 Begrenzte Wege 78
3.1 Kindheit und Jugend als Thema von Theologie und
 Religionspädagogik um 1960 78
3.2 Das Verständnis der psycho-physischen Entwicklung in
 «Jugend und Kirche» 82
3.3 Gefährdete Jugend in einer aus den Fugen geratenen Welt 90
3.4 Versuch einer anthropologischen Skizze anhand der «geistig-ideellen
 Denkfunktion» 94

4 Grenzwege 103
4.1 Zur Entwicklung der hermeneutischen Fragestellung in der
 Religionspädagogik 103
4.2 Der Religionsunterricht 107
4.2.1 Die Weiterentwicklung des materialkerygmatischen
 Vermittlungskonzeptes durch die Rezeption der Hermeneutik 109
4.2.2 Die Relativierung des Verkündigungsanspruchs in der Schule 114
4.2.3 Die kindliche Religiosität als Verstehensgrund des Glaubens 121

5	Unentwegte Entgrenzung	126
5.1	Zur Bedeutung der «Fundamentalkatechetik»	126
5.2	Die kirchliche Debatte um die publizistische Tätigkeit von H.Halbfas 1967 bis 1969	130
5.2.1	Das Verfahren um die kirchliche Druckerlaubnis der «Fundamentalkatechetik» als Ausgangspunkt des Konfliktes	130
5.2.2.	Die Katechese «Über Wasser wandeln»	137
5.2.3	Das gescheiterte Berufungsverfahren	137
5.2.4	Der Entzug der Lehrbefugnis	145
5.3	Religion als Ausdruck einer einheitlichen Wirklichkeitserfahrung	153
5.3.1	Konzeptionelle Grundlegung und Würdigung	153
5.3.2.	Didaktische Konsequenzen	159
5.3.3	Kritik einer konzeptionellen Grundlegung des Religionsunterrichts im Religionsbegriffs Tillichs	160
5.4	Verstehen als Auslegung von Wirklichkeit – die Entfaltung der Hermeneutik in der Fundamentalkatechetik	166
5.5	Der Mythos als Kategorie der Offenbarung in der Wirklichkeit	171
6	Wege zur Mitte	182
6.1	Die Erweiterung der existentialen Hermeneutik durch die «politische Dimension» – Halbfas didaktischer Weg vor der religionspädagogischen Situation der frühen Siebzigerjahre	182
6.2	Halbfas' Beitrag in der Diskussion um die Konfessionalität des Religionsunterrichts	190
6.3	Das dritte Auge – die symboldidaktische Erweiterung der Hermeneutik als Weg zur Mitte	193
7	Lernwege	203
7.1	Der Bildungsbegriff als Legitimation für den Religionsunterricht an der Schule	205
7.2	Das theologisch-didaktische Profil des Unterrichtswerks in bildungstheoretischer Perspektive	214
7.2.1	Der Bildungsbegriff und die Einheit der Wirklichkeit	214
7.2.2	Erfahrung und Offenbarung in bildungstheoretischer Perspektive	219
7.2.3	Die didaktische Grundstruktur des Unterrichtswerks und der kritische Bildungsbegriff	223
Literaturverzeichnis		230
Sachregeister		237
Personenregister		241

Vorwort

Hubertus Halbfas ist einer der namhaftesten Religionspädagogen der letzten vierzig Jahre. Besondere Popularität verdankt er seinem Unterrichtswerk, das auch in vielen Schweizerischen Fachbibliotheken steht und das in den letzten Jahren von katholischer wie von reformierter Seite mit zunehmendem Interesse rezipiert wird.

So bin auch ich auf der Suche nach angemessenen Unterrichtshilfen vor etwa fünfzehn Jahren erstmals Halbfas und seinen Büchern begegnet. Sie wirkten auf mich faszinierend und irritierend zugleich. Hier begegnete mir ein bisher nicht gekanntes sprachliches und bildliches Niveau. Diese Bücher wollten aufgeschlagen und durchgeblättert werden.

Die Irritation andererseits rührte daher, dass mir das zugrundeliegende didaktische Konzept fremd vorkam. Einerseits fand ich den inhaltlichen Anspruch der Religionsbücher für die Schülerinnen und Schüler meiner Klassenstufen eindeutig zu hoch. Vor allem aber schien es mir unklar, wie Halbfas' spirituelles Anliegen, welches seine Bücher durchzog, mit seinem konzeptionellen Grundsatz zu vereinbaren war, er wolle «zum Verstehen von Religion» anleiten. Diese Frage liess mich nicht mehr los. Ich ahnte damals schon, dass mir der kirchengeschichtliche, theologische und didaktische Hintergrund fehlte, auf dem ich Halbfas und sein Konzept hätte verstehen können.

Ich verdanke es meinem theologischen Lehrer Walter Neidhart mich 1993 erneut auf diese Fragestellung aufmerksam gemacht und mich so zum Schreiben dieses Buches motiviert zu haben. Ich wollte eine Anleitung zum Verstehen von Halbfas und seinem Konzept schreiben, indem ich die relative Widerständigkeit seiner Unterrichtstheorie hinterfragte. Dabei ging ich von der Annahme aus, dass eine Aufarbeitung von Halbfas' religionspädagogischer Entwicklung tiefere Einsichten in die Unterrichtstheorie eröffnen müsste, die seinen Religionsbüchern zugrunde liegt.

Meine Intention ist es dabei von Anfang an gewesen, den Dialog mit Halbfas auf einem neuen Niveau anzusetzen, das sich von früheren konfessionell-polemischen Debatten abhebt, um die Anschlussfähigkeit seiner religionspädagogischen Konzeption an neuere bildungstheoretisch orientierte Religionskonzepte aufzuzeigen. Deswegen habe ich mich jederzeit um eine konstruktiv-kritische Würdigung bemüht.

Inhaltlich geht es zunächst darum die katholischen Verhältnisse kurz vor dem 2. Vatikanischen Konzil aufzuarbeiten, ohne die – das ist mir bald klar geworden – Halbfas von seinem Anfang her unverständlich bleibt (Kapitel 2). Weil mir selbst vieles davon neu war, hatte ich das Bedürfnis wiederum nach den theologiegeschichtlichen und pädagogischen Bedingungen zu fragen, die für die katholische Landschaft um 1960 prägend waren, weshalb ich mitunter bis ins 19. Jahrhundert zurückgreife.

In der ersten Hälfte der Sechzigerjahre wendet sich Halbfas den Humanwissenschaften sowie der Hermeneutik zu und setzt sich zunehmend kritisch mit den Verhältnissen in seiner Kirche auseinander, ohne vorerst den Rahmen römisch-katholischer Lehrtradition zu überschreiten (Kapitel 3 und 4). Um Halbfas' Weg in diesen Jahren zu verstehen, ist es an dieser Stelle nötig, die Aufmerksamkeit vor allem auf seinen theologischen Mutterboden, die material-kerygmatische Theologie, zu richten und seine weitere theologische Entwicklung unter dem Einfluss der Theologie Bultmanns zu verfolgen.

In seinem Buch «Fundamentalkatechetik» gelingt es Halbfas 1968, seinen didaktischen Intentionen eine abgerundete Kontur zu geben. Indem er aber in manchen Schlussfolgerungen seiner Zeit vorauseilt, gerät er in Widerspruch zu seiner Kirche. Diesen Streit untersuche ich im Detail, um die gegenseitigen Argumentationen dann bei einer eingehenden Analyse des strittigen Buches zu verwerten (Kapitel 5). Dabei zeigt sich, dass Halbfas nun neu bei Gadamer ansetzt und seine auf diese Weise gewonnene philosophische Hermeneutik mit dem weiten Religionsbegriff Tillichs verbindet. Die kirchliche Kritik konzentriert sich folglich auf die «Unterscheidung des Christlichen». Ich erörtere diese Unterscheidung an der theologischen Grundfrage nach dem Verhältnis zwischen Offenbarung und Erfahrung.

Um Halbfas weitere Entwicklung bis zur Entfaltung seiner Symboldidaktik in «Das Dritte Auge» nachzuvollziehen, muss zunächst der politische und gesellschaftskritische Problemhorizont der Siebzigerjahre entworfen werden (Kapitel 6). Ich meine zeigen zu können, dass Halbfas' Entwicklung auch hier in Kontinuität zu seinen bisherigen Positionen verläuft und seine Symboldidaktik an die Konzeption der «Fundamentalkatechetik» anknüpft, um sie weiterzuentwickeln.

Im letzten Kapitel untersuche ich die didaktischen Voraussetzungen des Unterrichtswerks auf ihre Anschlussfähigkeit an den kritischen Bildungsbegriff (Kapitel 7). Dazu ist dieser in seiner dialektischen Struktur zunächst darzustellen, um im Anschluss daran zu fragen, inwieweit Halbfas' didaktisches Konzept daran anzuschliessen wäre.

Der Leserin und dem Leser mute ich also in den folgenden Kapiteln nicht weniger als eine Reise durch die Geschichte der Religionspädagogik seit 1960 zu. Dieser Weg führt durch manch fremde Gegend. Der gebotene Umfang des Buches machte es nötig, vieles nur im Vorbeifahren zu beschreiben. Ich habe mich indessen bemüht Orientierungshilfen in Form von weiterführenden Literaturangaben anzugeben, die dem Interessierten Zugänge zu vertiefender Lektüre weisen.

Möglich, dass meine Leser am Ende dieser Reise zu kritischeren Schlussfolgerungen gelangen als ich. Mein Ziel betrachte ich auf jeden Fall als erreicht, wenn mein Buch zu einem vertieften Verständnis der Intentionen und didaktischen Arrangements von Hubertus Halbfas führt und seine Unterrichtsideen vermehrt für unsere tägliche Praxis fruchtbar gemacht werden können.

Zum Schluss habe ich zu danken: Herrn Prof. A. Grözinger, der meine Arbeit bis zur Fertigstellung begleitete, für seine motivierende Beratung und wohlwollend-kritische Begleitung, meinen weiteren theologischen Lehrern Prof. U. Gäbler, Prof. H. Ott, Prof. K. Seybold und Prof. E. Stegemann für alle Anregungen zu vertieftem theologischem Nachdenken und zahllose Ermutigungen während meiner Studienzeit, meiner Frau und meinen Kindern, die mich in Liebe jederzeit unterstützt und manchmal auch ertragen haben, wenn mir die Arbeit über den Kopf wuchs, und meinen Eltern, Verwandten und vielen Freunden, die mir durch ihre Anteilnahme und Freundschaft geholfen haben mein Studium durchzuhalten und erfolgreich abzuschliessen.

Ich danke dem Dissertationenfonds der Universität Basel, der Freiwilligen Akademischen Gesellschaft und der Basler Studienstiftung für die finanzielle Unterstützung der Druckkosten.

Schliesslich bleibt die Erinnerung an Prof. W. Neidhart, der meine theologischen Studien seit 1976 begleitet und mich in meiner religionsdidaktischen Arbeit gefördert hat. Er hat mich zu dieser Arbeit angeregt und sie bis 1998 mentoriert. Ich werde sein Andenken stets in tiefer Dankbarkeit bewahren.

Basel, im Februar 2002   Matthias Mittelbach

1 Einleitung

1.1 Die aktuelle Diskussion um den Religionsunterricht in Basel-Stadt – eine kurze Bestandesaufnahme

Die Diskussion um das Konzept eines schulischen Religionsunterrichts (RU) ist schon alt; sie setzt bekanntlich im wesentlichen mit Friedrich Schleiermacher ein. Ihm wurde der RU erstmals zum Problem, und weil er Staat und Kirche, Politik und Religion, Ethik und Glauben für ganz unterschiedene und zu trennende Bereiche hielt, plädierte er für einen Auszug aus der staatlichen Schule und für die Einrichtung eines kirchlichen Unterrichts.[1]

Seither wurde das Verhältnis zwischen Religion und Schule durch das ganze 19. Jahrhundert hindurch immer wieder neu bestimmt. Im Spannungsbereich zwischen der unbestrittenen Erziehungsbedeutung der Religion und der Idee weltanschaulicher Neutralität des Staates entstanden im Europa unseres Jahrhunderts aufgrund unterschiedlicher historischer und gesellschaftlicher Voraussetzungen und Entwicklungen verschiedene Modelle der Zuordnung.

Frankreich kennt mit Ausnahme von Elsass-Lothringen keinen RU in den Schulen, darin den USA gleich. In Grossbritannien und Schweden gibt es dagegen einen allgemeinen Religionsunterricht mit der Religionsphänomenologie als Bezugswissenschaft.

In Deutschland versuchte der Gesetzgeber nach dem materiellen und ideellen Zusammenbruch des Dritten Reiches im Grundgesetz von 1949 sowohl der weltanschaulichen Neutralität des Staates als auch der Einsicht gerecht zu werden, dass der freiheitlich säkulare Staat von Voraussetzungen lebt, die er selbst nicht garantieren kann. Deshalb setzte er den Rahmen für den Religionsunterricht an den öffentlichen Schulen im viel diskutierten § 7 des Grundgesetzes fest und schuf damit Raum für die Religionsgemeinschaften, die bis heute in der Regel einen konfessionellen Religionsunterricht führen.[2]

In der Schweiz ist die kirchliche Unterrichtstätigkeit in der Bundesverfassung von 1848 und ihrer Revision von 1874 geregelt. Für den Reli-

---

[1] Vgl. G. Lämmermann: Grundriss der Religionsdidaktik, S. 126ff.
[2] Zu den verfassungsrechtlichen Besonderheiten vgl. C. Grethlein: Religionspädagogik, S. 427-431; ebenfalls K. Wegenast: Religionsunterricht, in: EKD, Bd. 3, Sp. 1601

gionsunterricht und seine Stellung in der Schule beschränkt sich der Gesetzgeber darin in auffälliger Zurückhaltung auf Garantie- und Rahmenbestimmungen und überlässt die Regelungen im einzelnen den Kantonen als den Inhabern der Kulturhoheit.[1] Ein obligatorischer konfessioneller Religionsunterricht für alle ist durch die Verfassung ebenso ausgeschlossen wie eine zwangsweise Zuführung Einzelner in einen Religionsunterricht jedweder Art. Kantonale Verwaltungs- und Bundesgerichtsurteile sprechen daher, im Unterschied zur deutschen Rechtsprechung, dem Religionsunterricht den Charakter eines obligatorischen Lehrfachs grundsätzlich ab und verweisen ihn in den Bereich der Freiwilligkeit, unter die Privatangelegenheiten der Eltern und der Religionsgemeinschaften. Das heisst im Klartext, dass die schulische Erziehung zwar einen religiösen Unterricht nicht ausschliesst, eine Integration dieses Unterrichts in die allgemeine schulische Erziehung aber davon abhängig macht, dass er entweder dem Konfessionspluralismus durch verschiedene Angebote Rechnung trägt oder aber für einen überkonfessionellen Charakter Sorge trägt.

Dass die konzeptionelle Gestaltung des Religionsunterrichts abhängig von dem jeweilgen gesamtgesellschaftlichen und bildungspolitischen Bezugsrahmen ist, zeigt sich eindrücklich am Beispiel des Kantons Basel-Stadt, wo sich der Religionsunterricht im Status weitgehender Rechtlosigkeit befindet. Auf der Basis einer rechtlichen Trennung bietet der Staat den öffentlich-rechtlich anerkannten Kirchen gemäss Schulgesetz lediglich Raum und Zeit für den RU.[2] Die Kirchen schicken also ihre

---

[1] Für den RU an den öffentlichen Schulen bedeutsam sind vor allem folgende Bestimmungen: 1. Die Kompetenzausscheidung zwischen Bund und Kantonen. Sie weist den Kantonen die Schulhoheit zu (BV Art. 27,2) und legt weiter fest, dass die öffentlichen Schulen für die Angehörigen aller Bekenntnisse offenstehen müssen (Art. 27,3). 2. Die Formulierung der Glaubens- und Gewissensfreiheit (Art. 49,1) wird dahingehend ausgeführt, dass niemand zur Teilnahme an einem religiösen Unterricht gezwungen werden darf (Art. 49,2) und dass die Inhaber der elterlichen oder vormundschaftlichen Gewalt über die religiöse Erziehung der Kinder bis zum 16. Altersjahr verfügen.

[2] Vgl. Schulgesetz des Kantons Basel-Stadt § 77,1

Im Überblick lassen sich innerhalb der Schweiz grundsätzlich drei rechtliche Varianten für die Gestaltung des Religionsunterrichts an den öffentlichen Schulen zusammenfassen:

Kirchlich verantworteter RU im Raum der Schule, aber ausserhalb des schulischen Lehrkanons (Basel-Stadt, Genf, Neuenburg)

→ Kirche und Staat rechtlich getrennt

Vertreter in die Schulhäuser und kommen auch voll für deren Entlohnung auf.

Inhaltlich wurde dieser RU bis 1991 konfessionell gestaltet. Dann aber entstand durch eine Reform, vorab auf der Sekundarstufe I, die Notwendigkeit einer konzeptionellen Besinnung. Denn Organisationsvorgaben der Schule wie die Pensenstruktur sowie die schwindenden kirchlichen Finanzen machten es erforderlich, den RU fortan interkonfessionell zu führen.

Ausserdem wurden die Kirchen von der Projektleitung der Schulreform eingeladen, ihre Religionslehrkräfte an den verschiedenen staatlichen Fortbildungsveranstaltungen teilnehmen zu lassen. Offenbar war man der Meinung, der Religionsunterricht könne einen Beitrag am anspruchsvollen pädagogischen Konzept der neuen Schule leisten.

Dieser Hintergrund gesamtgesellschaftlicher, bildungs- und kirchenpolitischer Veränderungen hat in Basel die Diskussion um den schulischen Religionsunterricht neu angeregt. Verschiedene staatliche Stellungnahmen und Beschlüsse der letzten Jahre[1] lassen die Vermutung zu, dass die Präsenz eines Faches Religion an der Schule mehrheitlich nicht bestritten wird. Es scheint vielmehr ein wachsender Konsens darin zu bestehen, dass *Religion* an der Schule zur Sprache kommen soll. Dass dieses Fach schulisch begründet sein muss und sich vor dem Bildungsauftrag der Schule zu verantworten hat, wird von den staatlichen Behörden selbstverständlich vorausgesetzt. Kirchlicherseits tritt die schulische Begründung neben die kirchlich-theologische. So lautet beispielsweise § 1 der neuen Ordnung für den Religionsunterricht an den Schulen und in den Kirchgemeinden[2]:

«Der Unterricht vermittelt eine sach-, stufen- und jugendgerechte Kenntnis der biblischen Botschaft und der Geschichten und Gestalten des Ersten wie des

---

Kirchlich verantworteter RU innerhalb des schulischen Lehrkanons (Appenzell-Innerrhoden, Freiburg, Graubünden, Jura, Luzern, Nid- und Obwalden, St.Gallen, Solothurn, Schwyz, Wallis, Tessin, Zug)
→ relative Unabhängigkeit der Kirche vom Staat, aber keine rechtliche Trennung
Konfessionell neutraler, christlicher Religionsunterricht in alleiniger Verantwortung der Schule und ohne Mitwirkung der Kirchen (Aargau, Appenzell-Ausserrhoden, Bern, Basel-Land, Glarus, Schaffhausen, Thurgau, Waadt, Zürich)
→ starke Verflechtung zwischen Kirche und Staat

[1] Vgl. z.B. den Anzug Wydler und Konsorten betreffend «Religionslehre als Ergänzungsfach an den Maturitätsschulen» und die Antwort des Regierungsrates vom April 1997

[2] Entwurf vom März 1997

Zweiten Testamentes. Schüler und Schülerinnen erfahren Lebenshilfe, indem sie lernen, in der heutigen Welt mit Gott zu leben. Der Unterricht strebt einen mündigen und kritischen Umgang mit religiösen Traditionen und Haltungen an. Er soll die Bereitschaft und Fähigkeit wecken, den Dialog mit Angehörigen anderer Religionen zu pflegen.

Der Unterricht soll in das Gemeindeleben einführen, damit die Heranwachsenden in dieser Gemeinschaft ein Zuhause finden können.»

Zu vermuten ist, dass diese Verknüpfung des kirchlichen mit dem schulischen Begründungszusammenhang früher oder später staatlicherseits hinterfragt werden wird und weiter ausdifferenziert werden muss.

Damit ist der eine Brennpunkt der gegenwärtigen Diskussion in Basel genannt. Kirche und Staat haben einen vorläufigen Konsens darüber zu finden, wie das Fach Religion an der Schule juristisch, finanziell und bildungstheoretisch also formal und inhaltlich längerfristig abgesichert werden kann. Ob der gegenwärtige Status quo eines von den Kirchen finanzierten Religionsunterrichts, bei dem der Staat über die Bildungsziele zunehmend Einfluss gewinnt, auf längere Sicht tragfähig bleibt, scheint mir eher fraglich.

Der andere Brennpunkt der Diskussion betrifft den interkonfessionellen Rahmen des Faches. Zwischen den beiden Konfessionen ist nach mehrjähriger engagierte Diskussion ein gemeinsames Curriculum für den ökumenischen RU auf der Primarstufe erarbeitet worden[1]; die Emotionalität, mit welcher die Diskussion geführt worden ist, zeigt einerseits auf, dass sich die entscheidenden Kontroversen im ökumenischen Diskurs erst über den konkreten Fragen der gelebten Tradition ergeben, andererseits ist deutlich geworden, dass beide Kirchen, jedenfalls mit dem RU an der Primarschule, konfessionelle Ansprüche verbinden.

Im Konzept des RU auf der Sekundarstufe I tritt dieses konfessionelle Anliegen demgegenüber deutlich zurück. Über die insgesamt zunehmende Integration der Religionslehrkräfte im alltäglichen Schulleben, ihre Teilnahme an Teamsitzungen und schulischen Veranstaltungen war in den letzten sieben Jahren eine gegenüber früheren Jahren erhöhte Akzeptanz des Faches zu gewinnen, die allerdings auch zu einer grösseren Verantwortung der Schule gegenüber verpflichtet. Im Zuge dieser Entwicklung konnte das Fach immer weniger eine abgehobene oder separierte Stellung für sich reklamieren, sondern es hatte sich zunehmend zusammen

---

[1] Vgl. Rahmenplan für den ökumenischen RU an der Primarschule Basel-Stadt (1. bis 4. Schulstufe)

mit allen anderen Fächern vor dem Bildungsauftrag der Schule zu verantworten, mithin auch didaktisch zu begründen. Darüber hinaus leidet der aktuelle RU der Sekundarstufe I aber an einem konzeptionellen Manko. Insbesondere besteht kein Konsens in der Frage, worin der besondere Beitrag des Faches im Schulkanon liegt. Staatlicherseits dürfte die Herausforderung durch die neuerdings explizit im Lehrplan formulierten Erziehungsziele aus den Bereichen Ethik- und Moralentwicklung hinter der erhöhten Akzeptanz des RU stehen. Erwartet wird vor allem ein Beitrag im Bereich der interkulturellen Pädagogik, nämlich bei der Gestaltung einer Schulkultur mit Kindern verschiedener Religionen. Ob dieser Erwartungshorizont kirchlicherseits in seiner Bedeutung und in seinen konzeptionellen Konsequenzen voll wahrgenommen wird, wage ich zu bezweifeln. Die innerkirchliche Diskussion ist jedenfalls – wie gesagt – eher durch konfessionelle Fragen bestimmt, die freilich ebenfalls religionsdidaktischer Aufarbeitung bedürfen. Während der RU also didaktisch instrumentalisierter geworden ist, hinkt sein theologischer Begründungszusammenhang hinterher.

Immerhin sind im Bereich der Lehrerinnen- und Lehrerausbildung auf der Sekundarstufe I neuerdings Bildungsziele für den RU auf dieser Stufe entstanden; hier haben, soweit ich beurteilen kann, in einer für die neuere Basler Bildungsgeschichte einmaligen Weise kirchliche und staatliche Behörden zusammengewirkt.[1] Freilich wird es die Aufgabe der nächsten Jahre sein, diese Ziele in Ausbildung und Unterricht umzugiessen. Ausserdem bleibt abzuwarten, ob der gegenwärtige Dialog zwischen kirchlichen und staatlichen Bildungsinstanzen eine Fortsetzung findet und dazu führt, dass das nach wie vor gefährdete Unternehmen «Religionsunterricht an der Schule» für die weitere Zukunft gesichert werden kann. Dazu aber bedarf es religionsdidaktisch noch mancher Anstrengung, um die für Basel neue Entwicklung auch theologisch zu reflektieren.

1.2 DER PRAKTISCHE BEZUG ZUM UNTERRICHTSWERK VON HUBERTUS HALBFAS

Prof. Dr. Hubertus Halbfas hat in den letzten zehn Jahren in der Nordwest-Schweiz verschiedentlich auf Einladung reformierter oder katholischer Kirchen über Fragen des Religionsunterrichtes referiert, so beispielsweise in Basel vor einer konfessionell gemischten Gruppe von Religionslehrer-

---

[1] Vgl. die Studienordnung «Religion» der Sekundar Lehramts Ausbildung Basel-Stadt, April 1997

innen und -lehrern im September 1990. Seine Ausführungen haben einen tiefen Eindruck hinterlassen und ihm in der Region Basel einen Namen gemacht.

Sein umfassendes Unterrichtswerk für die Schuljahre 1 – 10, das seit 1983 nach und nach erschienen ist, liess Halbfas zum religionsdidaktischen Begriff werden. Man spricht in hiesigen Katecheten-Kreisen von der «Halbfas-Pädagogik», bzw. von «Unterricht nach Halbfas», oft ohne sich exakt darüber Rechenschaft zu geben, was mit dieser Rede gemeint sein soll.

Als seit 1991 der konfessionelle RU zunehmend interkonfessionell durchgeführt wurde, als im Zuge dieser Entwicklung, auch unterstützt durch die erwähnten Erwartungen der Schule, plötzlich auch vermehrt konfessionslose Kinder, sowie Angehörige anderer Religionen den RU besuchten, mussten viele Lehrkräfte die Erfahrung machen, dass die veränderte Unterrichtssituation mit dem didaktischen Instrumentarium des bisherigen konfessionellen Unterrichts nicht zu bewältigen war. Der unter grossem Zeitdruck entworfene Lehrplan, der durch Aufnahme von Themen wie «Ein Gott – viele Religionen (Muslime unter uns)» oder «Aufeinander hören»[1] den veränderten Voraussetzungen Rechnung zu tragen versuchte, legte zwar fürs erste den inhaltlichen Rahmen des Unterrichts fest, vermochte die allgemeine Unsicherheit jedoch nicht wesentlich zu verringern; denn erfahren wurde die Überforderung vor allem in der Praxis als Mangel an geeigneten Unterrichtsmaterialien.

An dieser Stelle schienen die Religionsbücher von Halbfas mit ihrem Konzept einer auf *Verstehen von Religion* ausgerichteten Didaktik, ihrem reichen Unterrichtsmaterial und ihrer attraktiven Aufmachung[2] konkrete Hilfe zu bieten und gehörten bald zu den meist gefragten Titeln auf den kirchlichen Verleihstellen in Basel.

Freilich machten manche Benutzer auch bald die Erfahrung, dass sich das didaktische Konzept, das Halbfas in seinen Büchern entfaltet, einem schnellen Zugriff entzieht. Der fachwissenschaftliche und fachdidaktische Anspruch ist derart, dass den Religionslehrerinnen und -lehrern oft die Verstehensvoraussetzungen fehlten; auch wurde die Frage nach der Theologie, die dahintersteht, gestellt. Insgesamt machte die Halbfas-Euphorie also bald einer gewissen Ernüchterung Platz, einer Ernüchterung, die sich

---

[1] Vgl. Rahmenplan für den gemischtkonfessionellen Religionsunterricht an der Orientierungsschule Basel-Stadt

[2] Vgl. Religionsbücher und Lehrerhandbücher für die Schuljahre 1 – 10, Düsseldorf 1983ff.

freilich positiv auswirkte. Denn es war die Haltung, mit der nun sachlich in die Tiefe gefragt werden konnte. Aktueller Beleg dafür ist der neue Katechetische Rahmenplan für den kirchlichen Religionsunterricht an den Schulen des Kantons Basel-Landschaft, der die curriculare Konzeption von Halbfas' Unterrichtswerk aufgreift und in den didaktischen Schwerpunkten zentral auf ihn verweist.[1]

1.3 ZIEL, METHODE UND FRAGESTELLUNG DER UNTERSUCHUNG

Ich gehe also von der Beobachtung aus, dass das Unterrichtswerk von Hubertus Halbfas in der Nordwest-Schweiz regelmässig konsultiert wird. Wahrscheinlich, so meine Vermutung, benutzen viele vor allem die Schülerbücher als Fundgrube der attraktiv präsentierten Unterrichtsmaterialien wegen.[2] Wer aber als durchschnittlicher Religionslehrer, insbesondere aus der reformierten Tradition, tiefer vordringen möchte in die didaktischen Konzepte des Gesamtwerkes, um seinen inneren theoretischen Zusammenhang zu verstehen, dem kann der Griff zur mittlerweile ein ganzes Bücherbrett füllenden Schüler- und Handbuchreihe, die allein schon durch ihren äusseren Umfang beeindruckt, zu einer jener Kulturreise-Erfahrungen werden, deren prächtige Schlösser und Paläste den Reisenden inspirierend und begeisternd empfangen, von denen er aber nach Tagen auch ein wenig enttäuscht heimkehrt, weil doch manches auf den Rundgängen fremd und unverständlich geblieben ist. *Ein kultur-historischer Führer*, der die Entstehung der verschiedenen Gebäude aus ihrer jeweiligen Stilepoche heraus erklärt und sie mit der gegenwärtigen Gestalt des Ganzen in Zusammenhang setzt, Hintergründe erhellt und Details würdigt, könnte hier von Nutzen sein.

---

[1] Vgl. Katechetischer Rahmenplan für den kirchlichen Unterricht an Schulen des Kantons Basel-Landschaft, Liestal 1995; noch integrierter präsentiert sich Halbfas' Religions-Curriculum im Lehrplan der Volksschule des Kantons St.Gallen; vgl. Sonderdruck Religion als Teilbereich «Mensch und Umwelt», Lehrplan Volksschule, 1996

[2] ... wogegen sich Halbfas ausdrücklich verwehrt: «Der wichtigste Vorzug, den die curriculare Anlage unserer Religionsbücher bietet, ist die Sperre, die sich gegen eine beliebige Ausbeutung nach dem Baukastenprinzip bemerkbar macht.» (vgl. Lehrerhandbuch 5, S. 22) Möglicherweise ist tatsächlich diese «Sperre» dafür verantwortlich, dass manche die Arbeit mit den Religionsbüchern als «sperrig» erleben und wieder aufgeben.

Damit bin ich beim Ziel dieser Arbeit. Sie setzt voraus, dass ein historisch-genetischer Nachvollzug von Halbfas' religionspädagogischer Entwicklung tiefere Einsichten in die Unterrichtstheorie eröffnet, die seinen Religionsbüchern zugrunde liegt. Ihr Ziel ist es somit, Halbfas' theologische Entwicklung anhand einer Interpretation seiner Werke nachzuvollziehen und hierin verständlich zu machen. Im Zentrum meiner Bemühungen stehen dabei die Bücher der Sechzigerjahre, welche, abgesehen von der «Fundamentalkatechetik» bisher am wenigsten zu einem Deutungsversuch seines Werkes herangezogen worden sind. Dazu ist mit dem «Dritten Auge» notwendigerweise dasjenige Buch in die Untersuchung miteinzubeziehen, welches nach der «Fundamentalkatechetik» die breiteste Diskussion ausgelöst hat und von dem aus Halbfas an die Publikation des Unterrichtswerkes gegangen ist. Dieser Schwerpunkt erscheint sinnvoll, da mit J. - A. von Allmens Dissertation zur Symboldidaktik bereits ein wichtiger Beitrag zur theologischen Entwicklung von Hubertus Halbfas in den Siebzigerjahren vorliegt.[1]

Die Interpretation soll möglichst unvoreingenommen erfolgen. Ich möchte mich Halbfas also nicht mit jenem konfessionellen Vorurteil nähern, welches die Debatte um seine Symboldidaktik bis vor kurzem fast ausschliesslich geprägt hat.[2] Geradezu stereotyp ist ihm vorgeworfen worden, sein Ansatz sei «typisch katholisch», zu wenig kritisch gegenüber der ambivalenten Struktur des Symbols, sei zu naturreligiös, archetypisch geprägt und daher wenig kompatibel mit den religionspädagogischen Diskursen über Kriterien und Normen ethischer Urteilsbildung und konkrete gesellschaftliche Probleme.[3] Diese Urteile wurden von namhaften Religionspädagogen ausgesprochen, und sie mögen im Einzelfall begründet sein. Die diesbezügliche Debatte scheint mir indessen festgefahren, trägt dort, wo sie zu Verurteilungen geführt hat, nur noch zur Bestätigung der

---

[1] J. - A. von Allmen: Symboltheorie und Symboldidaktik, Zürich 1992
[2] Ich zitiere exemplarisch D. Zillessen: «Welch eine sakramentale Kraft spricht Halbfas den Symbolen zu! Ich will weder den Dingen ihre ‹innere Verweiskraft› noch der Materie ihre ‹symbolische Mächtigkeit› absprechen. Aber über die Entartung zur blossen Magie müsste wenigstens diskutiert werden.» in: EvErz 36 (1984) S. 639
Für meine Ohren mag Halbfas' Sprache öfters einen Hang zum übertriebenen Pathos haben, hier hat er jedoch anscheinend einen ebenbürtigen, evangelischen Antipoden gefunden. Beruht nicht ein grosser Teil solcher aggressiven Debatten, und Halbfas hat jeweils seinen Teil dazu beigetragen, auf der fehlenden Bereitschaft, auch in der Gegenmeinung ein letztlich notwendiges Komplement zur Wahrheit zu suchen?
[3] Vgl. G. Lange in: Ziebertz: Bilanz der RP, S. 344

eigenen Positionen bei und ist blind für die Stärken in Halbfas' Werk. Mit Friedrich Schweitzer möchte ich statt eines apologetischen Entweder-Oder eher ein komplementäres Sowohl-als-auch setzen, welches Stärken würdigt, ohne die Schwächen zu verschweigen.[1] Aus alledem drängt sich eine Interpretationsmethode auf, die sich darum bemüht, Halbfas' Entwicklung zunächst aus sich selbst heraus zu verstehen, und die auch die zeit- und konfessionsbedingten Voraussetzungen ernstnimmt.

Auf der Suche nach werkimmanenten Kriterien, an denen sich die innere Entwicklung des Halbfas'schen Konzeptes verfolgen liesse, bietet sich ein Aufsatz aus dem Jahr 1981 an.[2] Die dort von Halbfas aufgeführten, systematisch geordneten «Defizite» erweisen sich bei näherem Hinsehen als die tragenden Elemente seiner Unterrichtstheorie.[3] Diese lassen sich als Kriterien folgendermassen darstellen:

Didaktik	1.	Ein *Curriculum*, welches theologische und gesellschaftliche Themen verschränkt und wichtige Bereiche wie *Gott* oder *Bibelverständnis* in didaktisch reflektierter Folgerichtigkeit durch die Jahrgangsstufen aufbaut.
	2.	Eine *Symboldidaktik*, die die Fähigkeit zum Sinnerleben und Sinnverstehen bildet.
	3.	Eine *Bilddidaktik*, die eine differenzierte Systematik des Bildes vermittelt und ihr Verhältnis zu Wort und Spiritualität reflektiert.
Hermeneutik	4.	*Methodisch-hermeneutische Kompetenz im Umgang mit Texten*, die sowohl eingehende Bibelexegese, als auch stille und poetischen Texte zur Sprache bringt.

---

[1] Im Blick auf die spezielle Problemstellung in der anderen grossen Kontroverse, die H. Halbfas mit A. Bucher über die entwicklungspsychologischen Grundlagen der Symboldidakitk (Jung oder Piaget!) geführt hat, meint F. Schweitzer: «Im Sinne des heute geforderten Ineinandergreifens (theologisch-) hermeneutischer und (sozial-) empirischer Vorgehensweisen geht es hier nicht um eine Konkurrenz, sondern um eine wechselseitige produktive Weiterführung der verschiedenen Ansätze.» in: EvErz 46 (1994)

[2] Vgl. H. Halbfas: Die geistigen Defizite. Kritischer Rückblick auf 10 Jahre religionspädagogische Arbeit, in: KBl 106 (1981) S. 256-260. Zweitveröffentlichung in der Einleitung zu «Das dritte Auge» S. 13-18

[3] Vgl. unten Kap. 2.2.4, wo ich den Gedankengang ausführe

	5.	*Methodisch-hermeneutische Kompetenz im Umgang mit der christlichen Tradition* wie Glaubensinhalte, Feste, Brauchtum und Heiligenlegenden.
	6.	*Die historischen Dimensionen des Religionsunterrichts* durch die Kirchengeschichte und die Betonung der Geschichtlichkeit vieler Fragestellungen *zur Geltung bringen.*
Schulkultur	7.	*Der Religionsunterricht gestaltet an einer humanen Schulkultur mit* als Ausdruck seiner Einbindung in die Tiefe und Breite der menschlichen Wirklichkeit. Bedeutsam ist *die Gestaltung des Klassenzimmers* und die *Teilnahme an den schulischen Umgangsformen.*
Spiritualität	8.	*Didaktische Entwürfe, die im Weg nach innen eine Verschränkung von Gotteserfahrung und Selbsterfahrung umsetzen.*

In einem diachronen Interpretationsverfahren möchte ich diese acht werk-immanenten Kriterien gewissermassen als Folie aus dem Jahre 1981 über die zu besprechenden Bücher legen und prüfen, ob sich gewisse Annäherungen oder Deckungen ergeben. Es soll die Frage beantworten, wann und wo sich die tragenden Elemente von Halbfas' Unterrichtskonzept formen und in welchem inneren Zusammenhang ihre Genese steht.

Hinzukommen muss nun notwendigerweise eine synchrone Interpretationsstruktur, d. h. ich werde mich bemühen, Halbfas' Werke auch auf dem weiteren Hintergrund der Religionspädagogik als ganzer und in ihren relevanten Bezugsdisziplinen, Theologie und Pädagogik, zu sehen. Mein besonderes Interesse gilt dabei der für die praktische Theologie zentralen Frage nach der *Vermittlung zwischen Offenbarung und Erfahrung* sowie dem *Verhältnis zwischen Theologie und Bildungskonzept, und darin insbesondere der Anthropologie.*

Auch hier lässt sich die Wahl des methodischen Ansatzes von Halbfas her bestimmen. Durch die besonderen Umstände, unter denen sich Ende der Fünfzigerjahre und in den Sechzigerjahren sein Engagement für den Religionsunterricht entwickelte, wurde die Vermittlungsfrage zwischen der theologischen Kategorie der Offenbarung und der anthropologischen Kategorie der Erfahrung für ihn zu einem Schlüssel religionspädagogischer Theoriebildung, ja zur Conditio sine qua non für kirchliches Bildungshandeln überhaupt.

1968 trat Halbfas in seinem Buch «Fundamentalkatechetik» mit dem Anspruch auf, eine neue Begründung des Religionsunterrichts aus der religiösen Dimension der Wirklichkeit vorzulegen. Im Mittelpunkt des damals in mehrerlei Hinsicht radikal neuen Ansatzes stand der Versuch, «Erfahrung und Denken unserer Zeit auf den Glauben zu richten, damit eines sich am anderen kläre.» (S.15) Ähnlich argumentiert er in dem für sein Unterrichtskonzept zentralen Werk «Das dritte Auge» in dem er 1982 die Umrisse seiner religionspädagogischen Didaktik durch die Entfaltung einer Symboldidaktik wesentlich vervollständigt. Dabei diagnostiziert er in kritischem Blick auf den Zielfelderplan und die ihm zugrundeliegende Korrelationsdidaktik eine «Zweigleisigkeit vieler Lehrplaninhalte», die er ursächlich auf das «Verständnis von Theologie, Religion und Kirche» zurückführt. (S.48) Die Inhalte dieser Bereiche seien im wesentlichen deduzierte Traktate der theologischen Disziplinen geblieben, weil man sie in ihrem curricularen Ansatz nicht didaktisch erschlossen habe. So sei die Glaubenskunde erfahrungsfern, die Lebenskunde aber glaubensfern geblieben. Diese Feststellung führt Halbfas zurück auf «ein Defizit theologischer Reflexion ... Es handelt sich um eine Verhältnisbestimmung von Offenbarung und Erfahrung, von christlichem Glauben und natürlicher Theologie.» Auch die katholische Praxis leide unter einem falschen Nebeneinander, einer Addition von Natur und Gnade, Offenbarung und Universalgeschichte, Gott und Welt, Glaube und Erfahrung.

Von dieser Diagnose her fordert Halbfas anschliessend: «Die Verschränkung von Theologie und Anthropologie bedarf einer umfassenden Aufarbeitung. Es muss jedem Religionslehrer darstellbar werden, dass und inwiefern sich Offenbarung als Erfahrung ereignet, und umgekehrt: dass alltägliche Erfahrung auch eine Erfahrung der Transzendenz, die freilich der sprachlichen Befreiung bedarf, mit einschliessen.

Infolgedessen muss es möglich werden, theologisch so zu sprechen, dass diese Rede auch dann noch als sinnvoll, anregend und die eigene Erfahrung vertiefend, sie möglicherweise sogar qualitativ verändernd erlebt wird, wenn der Adressat seinerseits weder christlich glaubt noch überhaupt an Gott glaubt. Ein Satz mit dem Wort ‹Gott› darf in seiner Bezogenheit auf den Menschen nicht bedeutungsleer werden, wenn dieser sich als Atheist versteht.» (S. 49)

Im zweiten, synchronen Interpretationsrahmen frage ich somit *nach der Vermittlungsstruktur zwischen Offenbarung und Erfahrung als zentraler Schnittstelle religiöser und kirchlicher Bildung.* Dadurch erwarte ich Antwort auf die Frage nach den *theologischen und religionspädagogischen Voraussetzungen, von denen Halbfas mittelbar und unmittelbar ausgeht, ins-besondere aber Einsicht in die Genese zweier zentraler Schaltstellen in seinem Konzept: nämlich seines Religionsbegriffes sowie seiner Auffassung vom «Verstehen».*

Der Überblick über gut zwanzig Jahre der religionspädagogischen Entwicklung von Hubertus Halbfas wird auch Aufschluss darüber geben, wie kontinuierlich oder abrupt diese Bewegung verlaufen ist und welche Impulse für den Fortgang verantwortlich waren. Dass dabei von Beginn an eine *intensive Auseinandersetzung mit der katholischen Glaubenstradition, ihren theologischen Denkfiguren und praktischen Lebensvollzügen zu führen* sein wird, liegt auf der Hand und bildet gewissermassen «den mitfolgenden Anfang», um es mit Halbfas' Worten auszudrücken. Sie soll in der Haltung eines ökumenischen Dialogs erfolgen, mit dem Ziel, einander ergänzende Wahrheiten festzuhalten, ohne die festgestellten Defizite zu verschweigen. Dies gilt besonders für das Schlusskapitel, in dem ich den Ertrag dieses Interpretationsverfahrens, das theologische und didaktische Profil von Halbfas' Unterrichtskonzept also, in sein Unterrichtswerk hinein verlängern und seine *Anschlussfähigkeit an den kritischen Bildungsbegriff* erörtern werde. Dabei verbleibe ich konsequent auf der Ebene der Theorie. Die Einlösung der vertretenen Thesen in der Praxis kann im Rahmen dieser Arbeit nicht geleistet werden und muss Gegenstand weiterer Untersuchungen bleiben.

1.4 Notizen zu Leben und bisherigem Werk von Hubertus Halbfas

Hubertus Halbfas wurde am 12.7.1932 in im Sauerland geboren. Er besuchte das Gymnasium in Olpe und studierte von 1952 bis 1957 in Paderborn katholische Theologie, unterbrochen durch zwei Gastsemester in München.

Von 1957 bis 1960 wirkte er als Vikar in Brakel und empfing im selben Jahr 1960 in der Erzdiözese Paderborn die Priesterweihe. Zur selben Zeit publizierte er sein erstes Werk, das «Handbuch der Jugendseelsorge und Jugendführung» (1960), in welchem er eine Theorie katholischer Jugendarbeit entfaltet.

Von 1960 bis 1962 arbeitete er als wissenschaftlicher Assistent an der Pädagogischen Akademie Paderborn; gleichzeitig begann er in München bei Theoderich Kampmann zu promovieren und schloss 1964 mit dem Doktorexamen ab.

Seine Dissertation «Jugend und Kirche» (1964) und noch ausgeprägter «Der Religionsunterricht. Didaktische und psychologische Konturen» (1965) setzen sich kritisch mit der zunehmenden Unvereinbarkeit von Kirche und Theologie gegenüber der Gesellschaft auseinander. Dabei tut er sich als schonungsloser Kritiker zahlreicher katechetischer Publikationen hervor und erwirbt sich in seiner Kirche den Ruf eines unbequemen, aber überzeugenden Theologen.

Seit 1964 lehrte er in Paderborn, von wo er 1967 als Professor für Religionspädagogik an die PH Reutlingen berufen wurde. Im gleichen Jahr bewarb er sich um den ordentlichen Lehrstuhl für Katholische Religionspädagogik an der PH Rheinland in Bonn. Das Berufungsverfahren scheiterte jedoch im Laufe des Jahres 1968, weil das erzbischöfliche Ordinariat in Köln das Nihil obstat verweigerte. Die Publikation eines Unterrichtsprotokolls in den Katechetischen Blättern und seines Buches «Fundamentalkatechetik» im Jahr 1968 hatten einen Konflikt mit der Amtskirche ausgelöst, in dessen Folge Halbfas 1969 der kirchlichen Lehrbefugnis enthoben wurde und er sich in den Laienstand zurückversetzen liess.

Am 3.11.1969 entzog der Bischof von Rottenburg Halbfas den kirchlichen Lehrauftrag in Reutlingen.

1970 heiratete Halbfas Ursula Hitzges. Dem Ehepaar Halbfas wurden in der Folge drei Kinder geschenkt: Ansgar, Bernward und Ina.

Halbfas veröffentlicht bis 1971 mehrere Vorträge, in denen er die Kirche äusserst kritisch analysiert. Nach 1972 wendet er sich dann wieder der Religionsdidaktik zu. Er präzisiert in den folgenden Jahren sein Konzept eines schulintegrierten Religionsunterrichtes, indem er den Entwurf der «Fundamentalkatechetik» weiterentwickelt und teilweise modifiziert. Seine weiteren Publikationen verweisen auf wichtige Elemente dieses Konzeptes.

Mit «Das Menschenhaus» (1972), einem Lesebuch mit literarischen Texten zum religionsunterrichtlichen Gebrauch, wird deutlich, dass Halbfas' Konzept einem hermeneutischen Wahrheitsverständnis verpflichtet ist und seine Themen potentiell aus einer Vielzahl von Zeugnissen menschlicher Welt- und Selbstreflexionen in allen Kulturen der Erde und zu allen Zeiten gewinnen kann. Dem Phänomen des *homo religiosus*, den geschichtlichen Religionen und der Verhältnisbestimmung der jüdisch-christlichen Glaubenstradition zu jenen wendet er seine Aufmerksamkeit 1976 im Buch «Religion» zu. «Der Sprung in den Brunnen. Eine Gebetsschule» von 1981 zeigt Halbfas' Bemühen um eine weltfähige Spiritualität und didaktisch-methodische Anregungen zu ihrer Vermittlung. 1982 veröffentlicht Halbfas schliesslich jenes Werk, das ihm das Etikett des Symboldidaktikers eingetragen hat, «Das dritte Auge».

Der Ertrag dieser unterschiedlichen religionsdidaktischen Arbeiten findet sich dann gebündelt und integriert in dem umfassenden Unterrichtswerk, das Halbfas seit 1983 verfasst hat und dessen letzter Band, das Lehrerhandbuch 10, 1997 erschienen ist.

2 Gehaltene Bewegung

«Ich habe mein Theologiestudium absolviert in ungebrochener Kontinuität gegenüber der eigenen Kindheit ... Ich hatte neben meinem Engagement in der kirchlichen Jugendarbeit, die ich in der Studienzeit beibehielt, damals bereits das 1960 erschienene ‹Handbuch der Jugendseelsorge und Jugendführung› im Kopf und war darum wohl nur zu selektiver Wahrnehmung fähig.»[1]

2.1 SYSTEMATISCHE VORBEMERKUNG: ERFAHRUNG UND OFFENBARUNG – DOGMATISCHE KONZEPTE UND PRAKTISCHE KONSEQUENZEN IN DER KATHOLISCHEN THEOLOGIE UM 1960

Die katholische Theologie um 1960 war geprägt von der *material-kerygmatischen* Rückbesinnung auf die Bibel, die sich als eine Erneuerungsbewegung in bewusster Abgrenzung zur Neuscholastik verstand. Diese theologische Landschaft soll zunächst skizziert werden, um dann, solchermassen orientiert, Halbfas' theologischen Ausgangspunkt anhand seines «Handbuchs der Jugendseelsorge und Jugendführung» näher bezeichnen zu können. Dabei wird sich zeigen, dass Halbfas zu dieser Zeit sprachlich und sachlich zwar in die vorkonziliare Konzeption katholischer Jugendarbeit eingebettet war, dass er jedoch auch versuchte aus den sich abzeichnenden Sackgassen heraus nach neuen Wegen zu suchen. Freilich vollzog sich dieser Weg der Erneuerung noch derart moderat, dass die späteren Konflikte mit der Amtskirche von hier aus noch keineswegs zwingend erscheinen.

Die Wahrheit des christlichen Glaubens wird in ihrer Bedeutung für das Leben des Menschen am Ende des 20. Jahrhunderts bekanntlich nicht mehr als unmittelbar evident erfahren. Seit beginnender Säkularisation im Zeitalter des Barock, im wesentlichen seit der Aufklärung, als die Weltdeutung des Christentums seine monopolartige Stellung in der europäischen Gesellschaft einbüsste, war ihre Evidenz von Epoche zu Epoche stets mehr oder weniger gefährdet.

---

[1] Den Kapiteln 2 bis 7 habe ich jeweils kurze Leitzitate von Hubertus Halbfas vorangestellt. Sie sind alle dem Interview «Auf dem Weg zur zweiten Unmittelbarkeit» entnommen. KBl 88(b), S. 441-449

Nachdem Glaube und Kirche in der Nachkriegszeit noch als Garanten für den inneren und äusseren Wiederaufbau gegolten hatten, haben die Kirchen im Zuge eines vielschichtigen gesellschaftlichen Wandels in der Moderne ihre vormalige Stellung weitgehend eingebüsst, und der damit verbundene aktuelle Evidenzverlust wird im Zerfall der volkskirchlichen Strukturen in dramatischer Weise vor Augen geführt.

Ein wesentliches Kennzeichen dieser Entwicklung ist, dass die Wirklichkeitserfahrung des modernen Menschen in Opposition zu Gestalt und Lehre der Kirche gerät, ja dass auch innerkirchlich die Glaubenserfahrung des einzelnen Christen dazu neigt, der kirchlichen Glaubenslehre gegenüberzutreten, ein potentieller Dualismus, dessen theologiegeschichtlicher Ursprung freilich bereits im Hochmittelalter liegt.

In unserem thematischen Zusammenhang interessiert vor allem die Frage, wie die katholische Theologie um 1960 zwischen Erfahrung und Offenbarung vermittelte.

2.1.1 Zur Unterscheidung der fides quae *und der* fides qua creditur *in theologiegeschichtlicher Perspektive*[1]

In der Geschichte des theologischen Denkens tritt die Einheit zwischen Leben und Lehre erstmals greifbar bei Thomas von Aquin auseinander.[2] Für Clemens von Alexandria, Augustinus und Bonaventura war die heilige Lehre eine Hilfe zum einheitlichen christlich-kirchlichen Lebensvollzug. Wohl unterschieden sie innerhalb der Lehre eine wissenschaftliche und eine weisheitliche Dimension, betonten aber gleichzeitig die Zusammengehörigkeit beider Momente. «Sie verstanden unter Weisheit die ‹sapientia per cognitionem et amorem› und in diesem Sinne die heilige Lehre als Weisheit auf dem Weg durch die Wissenschaft.»[3]

Thomas von Aquin jedoch führt hier eine Unterscheidung ein; bei ihm tritt die Weisheit der theologischen Wissenschaft, sapientia cognitionis, neben die Weisheit des christlichen Lebens, sapientia amoris.

---

[1] Im Streit um die Wissenschaftlichkeit der Theologie, den H. Halbfas 1968/9 mit der Amtskirche führte spielte diese begriffliche Unterscheidung eine zentrale Rolle. Siehe unten Kap. 5.2.4

[2] Eine gründliche Darstellung des theologiegeschichtlichen Zusammenhangs, insbesondere eine detaillierte Entfaltung der theologischen Erkenntnistheorie bei Thomas von Aquin bietet W. Fürst, in: Praktisch-theologische Urteilskraft. Hier besonders S. 507ff.

[3] A.a.O. S. 511

Thomas hat in der weiteren Ausgestaltung seiner Theologie wohl die beiden Weisheiten aufeinander bezogen. W. Fürst nennt drei Verhältnisbestimmungen.[1] Für Thomas sei die Theologie erstens zwar vor allem spekulative Wissenschaft ..., weil sie vornehmlich von den göttlichen Dingen handle, aber eben nicht nur. In zweiter Linie gelte sie auch als praktische Wissenschaft, weil sie ebenfalls die menschlichen Handlungen betrachte ... Deswegen sei die heilige Lehre auch für Thomas spekulativ und praktisch zugleich und stehe deswegen über allen spekulativen und allen praktischen Wissenschaften ... Das praktische Ziel der Theologie aber sei die ewige Seligkeit ... Dies bedeutet: Die Weisheit als Gabe geht dem Rang nach der Weisheit als Verstandestugend voraus.

Zweitens sei der Glaube als eine den Verstand vollendende Tugend noch unvollkommen, denn Gott werde hier nicht in sich geschaut, sondern nur mit Hilfe von Begriffen erkannt. Die lebendige Vereinigung mit Gott, die den Menschen zur «visio beatifica» befähige, werde erst durch die Liebe vermittelt: Das Wissen um das, was zu glauben ist, gehöre, wenn die Gnade dazukomme, zur «Gabe der Wissenschaft». Die geglaubten Dinge aber aus ihnen selbst zu wissen, gehöre zur «Gabe der Weisheit». Daher entspreche die Gabe der Wissenschaft dem Glauben, die Gabe der Weisheit aber mehr der Liebe, die das Denken des Menschen mit Gott eine.

Nun hat aber die Theologie ihr praktisches Ziel in der ewigen Seligkeit, die nur durch das Leben der Liebe zu erreichen ist. Kommt zur Weisheit als Verstandestugend nicht die Weisheit als Gabe hinzu, so besteht ein Missverhältnis zwischen Erkenntnismittel und Erkenntnisziel. Die Weisheit als Gabe übertrifft demnach die Weisheit als Verstandestugend, denn sie leitet den Theologen nicht nur in der spekulativen Betrachtung der Wahrheit, sondern auch in seinem praktischen Tätigsein und ermöglicht ihm hierin eine vollkommene Gotteserkenntnis.

Drittens bedarf schliesslich jeder Christ der Gabe der Weisheit, um sein Handeln der Wahrheit Gottes gemäss zu gestalten. Der, dessen Aufgabe es ist, andere auf dem Weg zu Gott zu leiten, bedarf ihrer aber in einer besonderen Weise. Will folglich der Theologe seine Wissenschaft so betreiben, dass sie ihr Ziel erreicht, so bedarf er nicht nur des anfanghaften Glaubens, sondern er muss selbst in der Liebe leben und dem Ziel des ewigen Lebens in Hoffnung entgegengehen.

Damit ist nun aber eine klare Antwort auf die Frage nach dem Verhältnis der beiden Arten von Weisheit möglich: Thomas verbindet die Weisheit des

---

[1] A.a.O. S. 512f.

Glaubenswissens letztlich doch mit der Weisheit des Glaubenslebens, und zwar in der Person des Theologen: Insofern erwächst Theologie auch bei Thomas aus dem Leben in Glaube, Hoffnung und Liebe.

Die Einheit zwischen der theologischen Erkenntnis und dem christlichen Handeln ist jedoch faktisch in zwei Bereiche aufgespalten und im Laufe der Jahrhunderte hat sich von hier aus eine immer weiter fortschreitende Trennung von objektivem Glaubensinhalt, über dessen Tradition die Kirche zu wachen hat, also der «fides quae», und subjektivem Glaubensbewusstsein, also der «fides qua creditur»,vollzogen. Im Verlaufe der Neuzeit traten wissenschaftliche Theologie und personal-soziales Leben der Menschen dann immer mehr auseinander.[1] In einer parallelen Entwicklung spaltete sich auch die Praxisreflexion zunehmend von der theologischen Systematik ab, weswegen seit dem 17. Jahrhundert die praktischen Disziplinen eingeführt wurden, um den Lebensbezug der christlichen Lehre zu wahren.[2] Die Moraltheologie sollte als eigenständiges Fach den gefährdeten Bezug der christlichen Botschaft zur ethischen Lebenspraxis festigen und pflegen.

Unter dem Eindruck, dass die Kirche selbst immer mehr zur partikularen Grösse innerhalb der Gesellschaft wurde, gliederte man am Ende des 18. Jahrhunderts die Pastoraltheologie als eigenständiges Fach aus der Moraltheologie aus und betrachtete sie als neue «theologia practica», mit deren Hilfe man die kirchliche Tradierung des Christentums in der Gesellschaft zu sichern hoffte.[3]

In einer weiteren Entwicklungslinie vollzog sich auch die Absonderung der Anthropologie von der Theologie, was schliesslich zu einem weitgehenden Verlust des Existentiellen und Weisheitlichen aus der theologischen Wissenschaft führte. «So klafft nun zwischen der objektiven Glaubenserfahrung der kirchlichen Überlieferung und der subjektiven Daseinserfahrung des gläubigen Menschen eine tiefe Kluft, die nur schwer überbrückbar erscheint. Die Wahrheit ist in ihrer Bedeutung für die menschliche Freiheit nicht mehr unmittelbar evident, ja sie scheint ihr sogar vielfach zu widersprechen.»[4] In der Gegenwart stellt diese Kluft eine der Haupt-

---

[1] A.a.O. S. 515
[2] Vgl. J. Theiner: Die Entwicklung der Moraltheologie zur eigenständigen Disziplin, Regensburg 1970 (Studien zur Geschichte der katholischen Moraltheologie, hrsg. von M. Müller, Bd. 17)
[3] Vgl. W. Pannenberg: Wissenschaftstheorie und Theologie, Frankfurt 1973
[4] W. Fürst: a.a.O. S. 515f.

schwierigkeiten für die Überlieferung des Christentums dar und die Frage der Vermittlung zwischen Tradition und Erfahrung ist zur praktisch-theologischen Schlüsselfrage schlechthin geworden.

Für Halbfas' Weg in den Sechzigerjahren ist diese Struktur äusserst bedeutsam geworden. Zunächst scheint es, als vermöchte er die Disparität zwischen dem Glauben der Kirche und der subjektiven Glaubenserfahrung des Einzelnen nicht wahrzunehmen, dann bestimmt sie zunehmend sein theologisches Bemühen, um schliesslich gar zum dominierenden Thema schlechthin zu werden. Denn im September 1968 verfasste er unter dem Titel «Die Funktion der Theologie in Kirche und Gesellschaft» einen Aufsatz, in dem er Thesen vertrat, die seine Vorgesetzten mit einem kirchlichen Lehrauftrag für unvereinbar hielten.[1]

2.1.2 Die Neuscholastik als Theologie der Verteidigung gegen die Moderne

In gewisser Weise atmet das Denken eines Teiles der katholischen Theologie um 1960, vor allem dasjenige der Amtskirche, immer noch den Geist des 19. Jahrhunderts. Insbesondere ähnelt die Rolle, welche die neuscholastische Theologie dabei spielt, weitgehend jener Beschützerinnen-Rolle, wie sie diese zur Zeit ihrer Renaissance gut hundert Jahre zuvor eingenommen hatte. Ein kurzer Blick zurück, soll deshalb diesen Zusammenhang aufzeigen.

In der 2. Hälfte des 19. Jahrhunderts beschleunigte sich der Wandel des Wirklichkeitsbewusstseins in bisher nie gekanntem Ausmass. Nach Bernhard Welte kann dieses neue Bewusstsein «vor allem durch ein neues entscheidendes Hervortreten der positiven Daten in Natur und Geschichte» gekennzeichnet werden.[2] Statt wie bisher an der Idee orientierte sich die Zeit zunehmend am planmässig und methodisch Erfassbaren. Die neue Naturwissenschaft brachte bald eine Fülle von Ergebnissen, die sich in technischen Erfindungen niederschlugen, und die historischen Arbeitsmethoden revolutionierten die Erkenntisprozesse der Geisteswissenschaften.

Zur innersten Struktur dieses geschichtlichen Bewusstseins gehörte eine Orientierung am Einzelnen, am einzelnen berechenbaren Objekt, an der isoliert berechenbaren Wirkung, an der bezeugten geschichtlichen Tatsache. Dabei gelang es diesem Denken nur noch bedingt, die Vielfalt der Erscheinungen als Einheit zu beschreiben. «Die isolierte, wirkende und erfahrbare Dinghaftigkeit

---

[1] Vgl. die detaillierte Darstellung unten im Kapitel 5.2.4
[2] B. Welte: Auf der Spur des Ewigen, S. 396

gewinnt als Modell des Denkens solche Macht, dass alles, was daher nicht zu begreifen ist, in den Schein des Nichtigen und Illusionären tritt und überdies als den aufsteigenden Elan des Zeitalters gefährdend in das Licht kommt, der böse aber demnächst zu überwindende Feind des allmächtigen Fortschritts zu sein. Von daher wird man verstehen, dass die geschichtliche Bildung des Bewusstseins dieser Epoche die Tendenz hat, eine positive und polemische Schranke, eine im Namen der Wissenschaft gesetzte Verneinung des Göttlichen und Heiligen und der ernsten Möglichkeiten seines Denkens auszubilden.»[1]

Dieser Zeitgeist forderte auch die Theologie heraus. Sie blieb sich eines Auftrags bewusst, dessen Darstellung mit den Grundkategorien der Zeit in Widerspruch geriet, und formulierte im Rückgriff auf die Scholastik eine Theologie des Trotzdem, welche die Tradition bewahren sollte.

Entscheidende Impulse für diese Tendenz gingen von Papst Pius IX. aus, dessen Pontifikat (1846–1878) im Zeichen des Ringens zwischen Liberalismus und Restauration stand.

Er und seine Berater waren nicht in der Lage, die prägenden politischen, gesellschaftlichen und geistigen Phänomene der Zeit in ihrer Ambivalenz wahrzunehmen, weshalb Pius IX. Demokratie mit revolutionärer Anarchie verwechselte, und im Liberalismus den Jahrhundertirrtum schlechthin erblickte, der das Übernatürliche negierte und dem es entgegenzuwirken galt, indem das christliche Leben wieder ausschliesslich auf Offenbarung zurückgebunden werden sollte. Ein wirkungsgeschichtlicher Höhepunkt dieses Kampfes gegen die Zeitströmungen stellte der *Syllabus* dar, in dem Pius IX. 1864 die wesentlichen liberalen Irrtümer verurteilte.[2]

Für die katholische Theologie ging damit allerdings eine in verschiedener Hinsicht äusserst fruchtbare erste Jahrhunderthälfte zu Ende. In Deutschland hatten sich vor allem Adam Möhler, Johann von Drey, Johann Kuhn, Anton Staudenmaier und Johann Babtist Hirscher, die man unter der Bezeichnung *Tübinger Schule* zusammenfasst, differenziert mit den geisti-

---

[1] A.a.O. S. 397
[2] An den Pranger gestellt werden ein ganze Reihe von «-ismen»; so der Pantheismus, Naturalismus und absoluter Rationalismus, gemässigter Rationalismus, Kommunismus, Sozialismus etc.; zurückgewiesen wird u. a. die Trennung von Staat und Kirche, die Zivilehe, Ehescheidung, Kult- und Meinungsfreiheit wie auch der Gedanke, dass es für die Kirche günstig wäre, wenn sich der apostolische Stuhl der weltlichen Herrschaft entäussere.

gen Strömungen der Zeit auseinandergesetzt. Die Theologie hatte «offen im offenen Strome des grossen geistigen Aufbruchs»[1] gestanden. Sie hatte sich gegenüber Glauben und Kirche frei und selbständig bewegt, in mündiger Urteilsfähigkeit, ohne jedoch ehrfurchts- und bindungslos zu sein. In grundlegend neuer Weise hatte sie über *Einheit und Vielfalt* als konstitutive Elemente der Kirche nachgedacht sowie den Gedanken der Entwicklung in die theologische Reflexion eingeführt.

So schreibt Drey in seinen Tagebüchern aus den Jahren 1812–1815: «Es zeigen sich, wie in allem Leben, einander entgegengesetzte Prinzipe: das eine derselben ist auf Einheit, das andere aber auf Mannigfaltigkeit, Fortschritt und Freiheit gerichtet. Beiden nun soll ihr Recht geschehen: keines soll das andere hemmen und stören, ... es kann also nirgends Gleichförmigkeit, Hemmung und Schranke sich zeigen, aber auch nirgends Trennung, Sprung und Willkür, sondern überall wird die lebendige Gestalt hervorgehen ... An eben diesen Kennzeichen wird eine wahre und lebendige Kirchenverfassung erkannt werden müssen.»[2]

Ziemlich genau um die Jahrhundertmitte erschienen dann in kurzer Folge verschiedene neuscholastische Theologien, deren erste, jene des Jesuiten Josef Kleutgen, bereits von ihrem Titel her die konservative Wende des Denkens zum Ausdruck bringt, er lautet: «Theologie der Vorzeit, verteidigt von Josef Kleutgen, Priester der Gesellschaft Jesu». Das heisst also, der Soldat der Kirche verdrängt den freien Selbstdenker des Christentums, indem er eine Verteidigungsposition der Vorzeit bezieht, nämlich die der Scholastik als einer sicheren Festung gegenüber der theologisch bedrohlich erscheinenden Gegenwart.[3]

Damit wurde an eine philosophisch-theologische Tradition angeknüpft, die Thomas von Aquin im 13. Jahrhundert begründet hatte und die vor allem in Spanien und Frankreich bis ins 19. Jahrhundert da und dort lebendig geblieben war. Durch die Massnahmen Papst Leos XIII., seine Thomas-Enzyklika aus dem Jahre 1879, die von ihm initiierte wissenschaftliche Thomasausgabe und die Gründung scholastischer Akademien wie diejenige in Loewen, wurde die

---

[1] A.a.O. S. 385
[2] zitiert nach B. Welte S. 389
[3] Zur ersten Gruppe der Autoren gehören weiter: Konstantin von Schätzler, Denzinger, Clemens, Stöckl u. a.; a.a.O. S. 398

neuscholastische Theologie entscheidend stabilisiert und blieb die eigentliche theologische Schule bis zum 2. Vatikanum.[1]

Der kurze historische Überblick mag erklären, weshalb die Neuscholastik von ihrem Ursprung her einen stark defensiv-konservativen Charakter hat. Zwar ist nach 1920 beispielsweise bei Max Scheler eine Neubesinnung auszumachen, derzufolge gegenüber modernen Gedanken nicht mehr nur polemisiert wird; ja, es entwickelt sich ein neuer Typ scholastischer Philosophie, welcher versucht, das Bewusstsein der Zeit von innen heraus zu bewältigen und zu assimilieren.[2] Doch von ihrer Wurzel her bleibt es eine ständige Möglichkeit dieser Theologie, vorab in ihrer lehramtlich festgeschriebenen Form, sich als eine Art defensive Festung des Geistes anzubieten, in deren Schutzbezirk Auftrag und Sendung überdauern konnten, sollte der Zeitgeist allzu bedrohlich werden.

Mit Thomas von Aquin hat diese theologische Rückzugsbewegung eine hervorragende und besonders geeignete Grundlage erhalten. Denn zum einen stellt er eine der grössten Erscheinungen innerhalb der abendländischen Theologie dar; zum anderen nimmt er «in seinem Denken auf höchster Ebene eine nach allen Seiten ausgleichende Mittellage ein, sein Denken hat durchgängig den Stil eines fast allseitigen Sowohl-als-auch, von dem aus so gut wie alle Problemstellungen anvisiert werden können und in dem darum auch fast alle Zeiten in irgend einer Weise sich selbst wiedererkennen zu können glaubten».[3]

Der Rückgriff auf die scholastische Theologie hatte unvermeidliche Folgen, die zunächst in der 2. Hälfte des 19. Jahrhunderts historisch fassbar wurden, aber auch im 20. Jahrhundert in demselben Mass wirksam blieben wie neuscholastische Argumente als Abwehrmechanismen gegen bedrohliche Modernismen ins Feld geführt wurden. Mit B. Welte können neun Folgeerscheinungen unterschieden werden:

1. Das Bemühen um eine Einheit gebende geistige Durchdringung der Welt wurde aufgegeben und das Prinzip der Einheit trat der Vielfalt als Prinzip gegenüber.[4]

---

[1] A.a.O. S. 399
[2] A.a.O. S. 407
[3] A.a.O. S. 400
[4] Ebd.

2. Soziologisch führte dies zu einer Absonderung der katholischen Christen, welche sich als festgefügtes Corpus catholicum mehr und mehr aus der restlichen Gesellschaft mit ihren Lebens- und Denkformen ausgrenzten. Dies ging bis zum Extrem eines sich bildenden Ghetto-Bewusstseins samt dem dazugehörigen Minderwertigkeitskomplex.[1]
3. Theologisch entsprach dieser äusseren Absonderung eine grundsätzlich negative und apologetische Abwehrhaltung gegen die gesamte Moderne.
4. Das Verhältnis der Konfessionen sank auf eine isolierende, oft aggressive Negativität herab. In kulturkämpferischer Polemik suchte man meist nur, sein Gegenüber des Unrechts zu überführen.
5. Den genannten Dissoziationen entsprachen bemerkenswerte Aufspaltungen im Denkstil der Theologie selber. Mehr und mehr wandelte sie sich zu einem nur noch äusserlich geordneten Aggregat von einzelnen Sätzen und verlor die durchdachte Einheit, die in der ersten Jahrhunderthälfte noch so leidenschaftlich gesucht worden war.
6. In der Lehre von Glaube, Sakrament und Kirche wurden die objektiven äusseren Merkmale scharf hervorgehoben und vom Subjektiven, abgesetzt; damit trat die zentrale Autorität in der Kirche theologisch in einen Gegensatz zur Erfahrung des Einzelnen.[2]
7. Dieser Tendenz zur einseitigen Objektivierung entsprach dogmatisch die sich stark herausbildende Lehre vom Übernatürlichen, welche das Geheimnis der christlichen Offenbarung scharf von allem Natürlichen absetzte.[3]
8. Wohl die folgenschwerste Aufspaltung ergab sich aber im Verhältnis des Christentums zum Geschichtlichen. Dem neuscholastischen Denken musste das Geschichtliche dem Glauben gegenüber zur Bedrohung werden. Von der Theologie aus erschien die Geschichte als eine Macht, die alles in Frage stellte, Anlass genug, den Glauben von diesem beunruhigenden Element abzutrennen und als ein zeitloses System darzubieten. Die Theologie rückte eine metaphysische Konzeption des Christentums vor dessen geschichtlichen Charakter.
9. Damit trat schliesslich wissenschaftstheoretisch innerhalb der Theologie die Geschichtsforschung neben die Dogmatik und entwickelte sich völlig eigen-

---

[1] Um 1900 regen sich innerhalb der katholischen Welt Initiativen, die diesen Zustand durchbrechen wollten. Ein Beispiel für diese Aufbruchstimmung ist die Gründung der Zeitschrift «Hochland» durch Hermann Schell, Albert Erhard und Karl Muth. vgl. a.a.O. S. 401

[2] Vgl. dazu die obigen Ausführungen über die *fides quae* und die *fides qua creditur*

[3] A.a.O. S. 402

ständig, was zur Folge hatte, dass Geschichte nur noch material-, aber nicht mehr formal-theologisch und die Theologie als Dogmatik nur noch material-, aber nicht mehr formal-historisch betrieben wurde.

So kann als wesentliches Merkmal der neuscholastischen Theologie zusammenfassend festgestellt werden, dass sie insgesamt trennend wirkte. «Das so erscheinende dissoziierende Wesen in der Theologie des Zeitalters hat aber noch eine andere, ausserordentlich merkwürdige und wichtige Konsequenz. Nachdem die Theologie, soweit sie systematisch war, sich auf eine feste und scheinbar zeitunabhängige Schule zurückgezogen hatte ..., mussten Spannungserscheinungen, ja eine die ganze so strukturierte Theologie umgebende Spannungszone und die ihr zugehörige Nervosität entstehen. Diese ist eine notwendige Folge überall dort, wo die Einheit des Bewusstseins auseinander fällt ... Überall, wo die geistigen Dissoziationen wirklich gespürt werden, springen die geistigen Spannungen hoch.»[1] Solcher Verlust der «Einheit des Bewusstseins» wirkte sich besonders im Bereich der katechetischen Vermittlung aus.

2.1.3 Zwischen systematischer Darstellung und kindgemässer Vermittlung

Seit dem Zeitalter der katholischen Reform hatten hauptsächlich kontrovers-theologische oder apologetische Katechismen im Dienst der religiösen Jugenderziehung gestanden, weit verbreitet beispielsweise die Katechismen des Jesuiten Petrus Canisius, die seit der Mitte des 16. Jahrhunderts erschienen waren. Unter dem Einfluss der Aufklärung im 18. Jahrhundert hatten aber auch in der katholischen Erziehung bereits anschauliche Erzählungen der biblischen Geschichten und die Reflexion der kindlichen Verstehensvoraussetzungen Einzug gehalten.

In der ersten Hälfte des 19. Jahrhunderts gestalteten dann aber vor allem J. B. Hirscher und J. M. Sailer den Bibelunterricht weiter aus. Biblische Erzählbücher anstelle der althergebrachten Katechismen sollten die Grundwahrheiten des Glaubens an Gestalten und Begebenheiten der Bibel anschaulich machen. Bei Hirscher, Sailer und anderen Zeitgenossen ist damit das Bemühen spürbar, von der Doktrin der Satzwahrheit weg zu einer Vermittlung von christozentrischer Heilsgeschichte zu gelangen, die sowohl Frömmigkeit, als auch Sittlichkeit zu prägen imstande ist.[2]

---

[1] A.a.O. S. 404f.
[2] Vgl. K. Wegenast: Religionspädagogik II, S. 3f.; ebenfalls: W. Langer: Kerygma und Katechese, S. 154

Durch die neuscholastische Wende trat aber auch in der Katechetik die systematische Darstellung in den Vordergrund und überlagerte das Interesse an der kindgemässen Vermittlung. So knüpfte der 1847 erschienene Katechismus von J. Deharbe wieder am lehrhaften Stil von Canisius an. Am Anfang des 20. Jahrhunderts wirkte die Reformpädagogik auch erneuernd auf Katechetik und Religionsunterricht. Der Begriff *Religionspädagogik*, im katholischen Bereich erstmals 1913 von Joseph Göttler verwendet, weist als Wegmarke die Richtung: Weg vom neuscholastischen Stoffprinzip, von der logischen Geschlossenheit und Vollständigkeit der Lehre hin zur Wertschätzung entwicklungspsychologischer Einsichten und unterrichtlicher Methoden und Medien.

Diese Reformkatechetik verstand unter religiöser Bildung und Erziehung nicht mehr wie in der Neuscholastik üblich die dogmatische Deduktion von offenbarter Wahrheit als Führung zum wahren Glauben, sondern fasste als Ziel die Erziehung zur religiös-sittlichen Persönlichkeit ins Auge; dieses sollte im wissenschaftlichen Bemühen und unter Einbezug verschiedener Disziplinen wie Psychologie, Soziologie und Pädagogik erreicht werden.

Schon vor Göttler und seinem Kreis hatten es sich A. Weber und H. Stieglitz zum Ziel gesetzt, die religiöse Erziehung in Kirche und Schule an andere Schulfächer anzuschliessen, indem sie die Herbart-Zillerschen Formalstufen auf den Katechismusunterricht übertrugen. Das bedeutete, dass nun auch hier statt des traditionellen Lehrvortrags und der dazugehörigen Memorier- und Abfragetechnik ein sogenanntes *entwickelndes Unterrichtsverfahren* Einzug hielt, welches in mehreren Schritten von der Anschauung zum Begriff führte, um schliesslich zu einer Anwendung im Leben und Denken der Schülerinnen und Schüler zu gelangen.[1] Diese *Münchner Methode* wurde in der Folge dann von G. Götzel für den Religionsunterricht weiterentwickelt, nach dessen Vorstellung Selbsttätigkeit und Eigeninteresse des Schülers durch arbeitsteilige Arbeitsverfahren, freies Klassengespräch und Debatte gefördert werden sollten.

Am Anfang des Jahrhunderts treten also innerhalb der katholischen Reformkatechetik das Bemühen um die Methoden und die Beachtung der Adressaten als didaktische Grössen neben die traditionellen Inhalte. Freilich blieben auch jetzt noch die Inhalte tonangebend und die «Theologie, von der man sich doch wenigstens hatte distanzieren wollen, blieb im Regiment, zumindest was die grundlegenden Partien der Religionspäda-

---

[1] Vgl. dazu E. M. Roloff (Hrsg.): Lexikon der Pädagogik, Erster Band, Freiburg 1931, Sp. 1337

gogik, die pädagogische Anthropologie, die Axiologie und die Teleologie anbetrifft.»[1] Doch hat die Münchner Methode in doppelter Hinsicht ein nicht hintergehbares didaktisches Bewusstsein geschaffen: Erstens konnte von nun an nur noch eine Katechese, die Adressat und Sache ernstnahm, dem heiligen Gegenstand und der Achtung vor dem Kind genügen, und zweitens war eine religiöse Erziehung ohne Anschauung und ohne Interesse des Schülers als unsinnig zu betrachten. Dieses Achtung vor den jungen Menschen ist bei Halbfas von Beginn weg spürbar. Dabei betont er im Einklang mit der Reformkatechetik vor allem die Einsicht, dass die jugendlichen Adressaten in ihrer Subjektivität zu respektieren sind.

2.1.4 Der material-kerygmatische Vermittlungsversuch

Die Katholische Kirche unterschied bis zum 2. Vatikanischen Konzil theologisch strikt zwischen Natur und Übernatur. Die heilbringende Offenbarung gehört in dieser Systematik dem oberen, metaphysischen Bereich an, weshalb demnach der Mensch das Heil erlangt, indem Gott sich ihm in übernatürlicher Weise offenbart und ihm seinen ewigen Willen kundtut.[2]

Mit menschlicher Einsicht ist dieser göttliche Ratschluss freilich nicht zu erfassen, er übersteigt das Fassungsvermögen des Menschengeistes und verlangt deshalb den Gehorsam des Verstandes und Willens gegenüber der Autorität des sich offenbarenden Gottes. «Glaube ist reiner Gehorsam, der gerade da ganz zu sich selbst kommt, wo er gegen natürliche Einsicht und Erfahrung steht. Er bedeutet letztlich den Verzicht auf die Autorität eigener Erfahrung.»[3] In einem derartigen Verständnis von Offenbarung, das als neuscholastisch bezeichnet werden kann, gibt es keine Vermittlungsmöglichkeit zur menschlichen Erfahrung hin.

---

[1] Wegenast, a.a.O. S. 6
[2] Vgl. G. Baudler: Erfahrung und Offenbarung, in: Heimbrock, Handbuch II, S. 468. Die konsequente Entfaltung dieser Offenbarungsdominanz in der Praxis rief nach einer strikt dogmatischen Begründung der katholischen Religionspädagogik, wie sie beispielhaft Rudolf Peil in einem Aufsatz aus dem Jahre 1939 entfaltet hat; er trägt den Titel: «Die Notwendigkeit einer theologischen Begründung katholischer Religionspädagogik auf der Dogmatik von der Gotteskindschaft» (vgl. Wegenast: Religionspädagogik, 1983). Es sei darauf hingewiesen, dass derselbe R. Peil, mittlerweile Bonner Emeritus, am 14.6. 68 die erste öffentliche Stellungnahme gegen die «Fundamentalkatechetik» von H. Halbfas publizierte.
[3] Ebd.

Denn Er-fahren hat eine etymologische Wurzel in der germanischen Vorstellung vom «gereisten Mann», der eben die Welt nicht nur vom Hörensagen, also den Berichten anderer her, kennt, sondern weil er selbst dabei gewesen ist, selbst miterlebt, mitgelitten und mitgehandelt hat. Das Dabeisein und Erleben selbst ist jedoch noch keine Erfahrung; erst, wo aus dem Dabeisein und Erleben eine selbständige Einsicht und Erkenntnis erwächst, entsteht sie, «indem der Mensch das, was er erlebt, mit dem zusammenbringt, was er schon weiss, schon jeweils vorher erfahren hat und also seinen je gegenwärtigen Verstehenshorizont bildet. Wenn es ihm gelingt, das neu Erlebte in den vorgegebenen Verstehenshorizont einzufügen, weitet dieser sich aus und der Mensch gewinnt Zuwachs an Erfahrung»[1].

Ein Anstoss, der menschliche Erfahrung und göttliche Offenbarung im theologischen Denken zu vermitteln suchte, erfolgte schon vor dem Zweiten Weltkrieg von Seiten der Praktischen Theologie her. Im katholischen Bereich brachte ihn das 1936 erschienene Buch von J.-A. Jungmann «Die Frohbotschaft und unsere Glaubensverkündigung».

Jungmann wendet sich darin gegen einen Katechismusunterricht, der göttliche Offenbarung in Merksätze einpackt, um diese auswendig lernen zu lassen und von daher dann menschliches Verhalten zu steuern. Nach Jungmann trägt der biblische Gott nicht in erster Linie metaphysische Wahrheiten und moralische Weisungen als Vorgaben an den Menschen heran. Er erschliesst sich ihm vielmehr selbst in geschichtlichen Ereignissen und geht einen Bund mit ihm ein, der seinen Höhepunkt in Jesus Christus findet. Diese geschichtlich ergangene Selbstmitteilung Gottes an die Menschen bezeugt in einmaliger Weise die Bibel, die den jungen Menschen als Herausforderung zum Nacherleben und Nachvollzug vorgelegt werden soll. Es gilt, in den Glauben *einzuführen* und *einzuweisen*, weniger ihn zu lehren. [2]

Obwohl dieser kerygmatische Ansatz das ganzheitliche Erleben als bibeldidaktischen Grundsatz betont, bleibt der sich offenbarende Gott diesem menschlichen Erleben gegenüber fremd. Gott erschliesst sich zwar dem Menschen nicht mehr bloss in katechetischen Lehrsätzen, sondern als ge-

---

[1] Ebd.
[2] Evangelischerseits prägt H. Kittel 1947 den Begriff der *Evangelischen Unterweisung*, der in etwa dem entspricht, was auf katholischer Seite *Glaubensunterweisung* heisst. Vgl. H. Kittel: Vom Religionsunterricht zur Evangelischen Unterweisung, Hannover 1947

schichtlich Handelnder, dabei aber doch auch so, dass dieses Handeln den menschlichen Verstehens- und Erfahrungshorizont radikal übersteigt, so dass kein partnerschaftlicher Dialog entsteht. Der Mensch wird von der Gottesoffenbarung überwältigt, die einzig angemessene Antwort heisst Glaubensgehorsam. Damit wird Offenbarung für den Menschen zu einer Kategorie der tiefgreifenden Gemütserfahrung, die in seinen schon vorgegebenen Verstehens- und Erfahrungshorizont jedoch nicht einzuordnen ist.

2.2 DAS PÄDAGOGISCHE UND THEOLOGISCHE PROFIL IM «HANDBUCH DER JUGENDSEELSORGE UND JUGENDFÜHRUNG»

2.2.1 Einleitung

Hubertus Halbfas' praktisch-theologisches Profil findet seinen ersten namhaften Ausdruck im «Handbuch der Jugendseelsorge und Jugendführung» aus dem Jahre 1960.[1] Jahrelanges Engagement in der katholischen Jugendarbeit liess in dem angehenden Priester noch während des Studiums in Paderborn den Plan reifen, ein umfassendes Grundlagenwerk kirchlicher Jugendarbeit zu konzipieren. Halbfas bietet neben einer Bestandesaufnahme eine eigentliche Morphologie katholischer Bildungs- und Jugendarbeit in Deutschland, indem er das damals aktuelle Postulat des Bundes Deutscher Katholischer Jugend nach einem neuen Leitbild der katholischen Jugendarbeit aufnimmt und eine Perspektive für die Zukunft entwickelt.[2]

Ein Blick in das Inhaltsverzeichnis des über sechshundertseitigen Werkes belegt den umfassenden Anspruch, der bei der Konzipierung leitend war. Nach einer ersten Zielformulierung katholischer Erziehungs- und Bildungsarbeit werden die Einflussbereiche der verschiedenen Erziehungsfaktoren in der Jugendarbeit umrissen und ihre jeweiligen Aufgabenberei-

---

[1] H. Halbfas: Handbuch der Jugendseelsorge und Jugendführung, Düsseldorf 1960

[2] Vgl. a.a.O. S. 12: «Der gegenwärtige Aufbruch in Theologie und Verkündigung wurde berücksichtigt und bei aller Einordnung in den Rahmen des Ganzen doch so deutlich herausgearbeitet, dass sich das langsam ausprägende Leitbild einer zukünftigen Seelsorge in den wesentlichen Konturen skizzieren liess. In Zusammenschau hiermit wurde versucht, unter besonderer Beachtung der Jugendpsychologie die Grundzüge einer zeitgemässen Jugendpastoral aufzuzeigen.»

che erläutert.[1] Es folgt eine Systematik der wichtigsten Sozialformen, in denen sich katholische Jugendarbeit ereignet: die Gruppe, die Abteilung, der Arbeitskreis, Vereinsformen, Einzelmitgliedschaft und lose Gemeinschaften, gefolgt von Überlegungen zu den altersspezifischen Entwicklungsphasen der Zehn- bis Vierzehnjährigen, bzw. der Vierzehn- bis Achtzehnjährigen. Das grundlegende erste Drittel des Buches schliesst mit der Besprechung der *Führungsmittel*, in der auch methodische Hinweise in pädagogisch-psychologischer Perspektive gegeben werden.

Im zweiten Teil entfaltet das Handbuch eine systematische Detailanalyse der wichtigsten Veranstaltungsformen und -elemente offener und bündischer Jugendarbeit und schliesst im dritten mit einer umfassenden Methodik der Erziehungsverfahren in der Jugendarbeit, die gesonderte Hinweise zur körperlichen, geistigen, moralischen und religiösen Erziehung enthält.

2.2.2 Unmittelbare Voraussetzungen

Was waren die unmittelbaren Voraussetzungen im Bereich der katholischen Jugendarbeit, an die das Handbuch anknüpft?

Der Neubeginn kirchlicher Jugendarbeit nach dem Zweiten Weltkrieg erfolgte durch Frauen und Männer, die bereits vor dem Krieg bzw. in den Jahren nach der nationalsozialistischen Machtergreifung und nach der Zerschlagung der kirchlichen Jugendorganisationen Jugendarbeit betrieben hatten. Allen voran Prälat Ludwig Wolker, der 1926 zum Generalpräses des Katholischen Jungmännerverbandes gewählt worden war. Dessen damals geprägtes Leitwort «Es lebe Christus in deutscher Jugend!» wurde als Motto in die Bundesordnung des Bundes der Deutschen Katholischen Jugend (BDKJ) aufgenommen und symbolisierte den Neuanfang unter gleichzeitiger Anknüpfung an die Tradition.[2]

> Als Grundlage für den Wiederaufbau galten die neu überarbeiteten Richtlinien für die Katholische Jugendseelsorge aus dem Jahre 1936, welche die kirchliche Jugendarbeit als ordentliche und vordringlichste Aufgabe dem Pfarrklerus zuweisen und als Adressaten alle Jugendlichen in der jeweiligen Pfarrgemeinde

---

[1] Als erziehungsrelevante Faktoren werden genannt: Der Jugendseelsorger, der Jungführer, der erwachsene Mitarbeiter, das Elternhaus, das (Jugendgruppen-)Heim, die Natur, das Milieu.
[2] Vgl. W. Tscheetzsch: Kirchliche Jugendarbeit im Wandel, in: H.-G. Ziebertz/ W. Simon: Bilanz der Religionspädagogik, S. 449

ins Auge fassen.[1] Es soll eine Körperschaft junger Katholiken errichtet werden, die unterschiedliche Gliederungen umfassen kann und vor allem auch die unterschiedlichen Milieus berücksichtigen soll, wobei die studierende Jugend und die Kolpingjugend ausdrücklich genannt werden. Der kirchenorganische Aufbau gliedert sich nach Pfarreien und Diözesen.

Die Gründung des BDKJ im Jahre 1947 war zunächst umstritten, denn der Gedanke der Einheit stand gegen den Wunsch nach Vielfalt, und nur auf dem Weg des Kompromisses gelang es Wolker, seine Vorstellungen zu realisieren. Die Anfangszeit des Bundes war dann geprägt durch die sozialen Schwierigkeit der unmittelbaren Nachkriegszeit:

Über 2 Millionen Kinder und Jugendliche zählten zu den Vertriebenen, die Zahl der Halb- bzw. Vollwaisen wurde 1950 mit 1,3 Millionen beziffert. Sehr viele Jugendliche litten unter ungenügender Ernährung, schlechter Gesundheit und miserablen Wohnverhältnissen. Die Statistik weist für 1950 eine halbe Million arbeitsloser Jugendlicher bis zum 25. Lebensjahr aus.[2] Zu den Aufgaben kirchlicher Jugendarbeit gehörte somit ebenso die Unterbringung obdachloser Jugendlicher wie die Sorge um eine ethisch-religiöse Neuorientierung, wozu insbesondere ein verbreitetes Verlagswesen dienen sollte, aber auch Initiativen im Blick auf die religiöse Bildung durch Jahresthemen und deren differenzierte Bearbeitung in den Jugendgruppen.

1957 existierte der Bund der Deutschen Katholischen Jugend zehn Jahre; im selben Jahr erschienen die neubearbeiteten «Oberhirtlichen Richtlinien für die Katholische Jugendseelsorge Deutschlands», die, auf den Richtlinien von 1936 und der späteren überarbeiteten Fassung aufbauend, die neue amtskirchliche Grundlage der kirchlichen Jugendarbeit bilden sollten. Jugendseelsorge erscheint hier als Erziehung:

«Die Kirche hat ein Erziehungsrecht für die Menschen, die durch Glaube und Taufe zu ihr gehören und eine Erziehungspflicht für alle Bereiche des ‹übernatürlichen› und des ‹natürlichen› Lebens, sofern dieses für das übernatürliche von Bedeutung ist. Christliche Erziehung ist Befähigung zur Nachfolge Christi, zur Reifung zum ‹Vollalter Christi› (Eph. 4,13). Zu den Aufgaben kirchlicher Jugendarbeit zählen diese Verlautbarungen die Glaubensverkündigung an die

---

[1] F. Schmid: Grundlagentexte zur katholischen Jugendarbeit, Freiburg 1986 (Handbuch kirchlicher Jugendarbeit Bd. 3) S. 110-114
[2] Vgl. Tzscheetzsch a.a.O. S. 450

heranwachsende Jugend, die Feier des Gottesdienstes und die Sakramentenspendung, Gebetserziehung, Gemeinschaftsbildung und Apostolat. Jugendarbeit wird auch hier zur ‹cura ordinaria› erklärt, wobei zwischen einer allgemeinen Jugendseelsorge, die sich an möglichst alle Jugendlichen richtet, und der ‹cura specialis›, die sich an die Jugendlichen in den ‹kirchlichen Lebensgemeinschaften› wendet, unterschieden wird. Ausführlich beschreiben die Richtlinien Möglichkeiten der Glaubensverkündigung, der Gottesdienstgestaltung, der christlichen Lebensformung und der apostolischen Anleitung für die allgemeine Jugendseelsorge sowie die speziellen apostolischen Aufgaben der kirchlichen Lebensgemeinschaften. Die Leitung und Verantwortung für die Jugendseelsorge liegt in der Diözese beim Bischof, im Dekanat beim Dekan und in der Pfarrei beim Pfarrer (kirchenorganische Struktur). Abschliessend verweisen die Richtlinien – den Erziehungsgedanken fortführend – auf die Notwendigkeit einer Zusammenarbeit der Jugendseelsorge mit Elternhaus und Schule.»[1]

Während der Jahre des Aufbaus wurde die Jugendseelsorge im Rückgriff auf die Tradition vor und während des Zweiten Weltkriegs ohne Widerspruch als ordentliche Aufgabe der Kirche angesehen. Dabei war die Zeit weniger durch theoretische Reflexion über Ziele und Aufgaben kirchlicher Jugendarbeit als vielmehr durch eine pragmatisch orientierte Aufbauarbeit gekennzeichnet. Ziel war die Missionierung der Jugend Deutschlands und die kirchliche Nachwuchsförderung unter jungen Katholikinnen und Katholiken im Horizont einer Rechristianisierung Europas nach dem Zusammenbruch der nationalsozialistischen Ideologie. Diese grosse Vision passte nahtlos in das damalige Selbstverständnis der katholischen Kirche, die über ein geschlossenes und durch die geschichtliche Entwicklung als überlegen ausgewiesenes Weltbild verfügte, das für alle Lebensbereiche unzweifelhafte, auch durch die Vernunft einsehbare Prinzipien enthielt.[2]
So zeigte denn der BDKJ eine Tendenz zur Verkirchlichung, indem er amtskirchliche Positionen selbstverständlich im gesellschaftlichen und politischen Bereich vertrat. Zudem bewegte er sich in deutlicher Nähe zur CDU, was auch der Situation des gesamten katholischen Milieus entsprach.

---

[1] Vgl. W. Tzscheetzsch a.a.O.
[2] Vgl dazu auch: K. Gabriel: Die Katholiken in den Fünfziger Jahren: Restauration, Modernisierung und beginnende Auflösung eines konfessionellen Milieus, in: J. Horstmann (Hg.): Ende des Katholizismus oder Gestaltwandel der Kirche? Schwerte 1993, S. 37-57

In pädagogisch-gesellschaftspolitischer Hinsicht bemühte man sich um die soziale Integration junger Menschen in das neue demokratische Gemeinwesen. Die Jugendverbände, die bis Mitte der Fünfziger Jahre die Jugendarbeit monopolisierten, verstanden sich zunehmend als Erziehungs- und Bildungsinstitute, die Jugendlichen menschliche Tugenden und Werte zu vermitteln suchten.[1] Diese Bildungsanstrengungen sahen sich freilich durch andere Angebote an Jugendliche konkurrenziert. Städte und Gemeinden waren im Laufe des Jahrzehnts mit zusehends verbesserten Bildungsangeboten an die Jugend gelangt, was der BDKJ in einem empfindlichen Mitgliederschwund zu spüren bekam.

1957 setzte sich der Bundesvorstand des BDKJ in einer kritischen Analyse mit den ersten zehn Jahren seines Bestehens auseinander. In diesem Rückblick wurden gleichzeitig Postulate für die zukünftige Arbeit im BDKJ entwickelt. Diese betrafen, wie eingangs erwähnt, das Leitbild der Jungführerin und des Jungführers. Ausdrücklich setzte sich der Vorstand des BDKJ vom charismatischen Führungsverständnis der Jugendbewegung ab und forderte eine qualifizierte Ausbildung der Mitarbeiterinnen und Mitarbeiter in der kirchlichen Jugendarbeit, die sich an pädagogischer Theorie zu orientieren habe.[2] Gleichzeitig forderte er, vermehrt hauptberufliche Mitarbeiterinnen und Mitarbeiter in der kirchlichen Jugendarbeit einzusetzen, womit ein erstes Signal für die Professionalisierung der Jugendarbeit gegeben war, die dann vor allem in den Siebziger- und Achtzigerjahren vehement einsetzte.

2.2.3 Die Bedeutung des Handbuches im zeitgenössischen Kontext

Damit ist ein erster Interpretationsrahmen abgesteckt, innerhalb dessen wir Halbfas zunächst zu verstehen haben. Denn an dieser Standortbestimmung des Bundesvorstandes des BDKJ knüpft er unmittelbar an, indem er die

---

[1] Vgl. Tzscheetzsch a.a.O. S. 451

[2] In ihrem Referat anlässlich des zehnjährigen Bestehens des BDKJ betonen die Bundesführerin Theresia Hauser und der Bundesführer Dr. Gerhard Schreeb eine entscheidende Wandlung im Führungsverständnis: «Gegenüber einem früheren Führungspathos tritt das Bewusstsein einer sozialen Verantwortung in den Vordergrund. Gewiss gründet das Charisma des Führertums (wie übrigens auch das des Lehrertums) auf einer Urbegabung, die nicht erlernbar ist. Aber mit der Begabung allein ist es nicht getan. Die nüchterne Alltagsarbeit verlangt ein Wissen und Können, das nur entstehen kann, wenn die Begabung durch Praxis, Lehre und Bildung ausgiebig fundiert wird.» (zit. nach Tzscheetzsch: Handbuch S. 33)

genannten Postulate aufnimmt und sie in systematischer Weise in Richtung auf einer Theorie entfaltet. Schon im Vorwort verabschiedet er sich vom charismatischen Führungsverständnis der Jugendbewegung, die das Führertum als persönliche Erwählung und Sendung durch das Schicksal des einzelnen verstanden hat[1], und fordert, die kirchliche Jugendarbeit müsse durch eine «zeitgerechte» Ausbildung der Mitarbeiterinnen und Mitarbeiter qualifizierter werden:

«Die charismatische Führerbegabung, welche der Jugendbewegung noch in hohem Masse eigen war, kommt heute kaum noch vor und würde für sich allein den *Anforderungen der Gegenwart* nicht mehr genügen. Neben der unabdingbaren *Persönlichkeitsbildung* muss ein gediegenes Mass an *Wissen und Können* das natürliche Führungstalent fundieren. Die Lebendigkeit und Wirksamkeit unserer Jugendorganisationen steht und fällt mit der Qualität ihrer Führerschaft sowie der *zeitgerechten Inspiration*, Hilfe und Leitung des Seelsorgers und erwachsenen Mitarbeiters.» [2]

Die sensible Wahrnehmung der gesellschaftlichen Veränderungen, welche die traditionellen kirchlichen Arbeitsstrukturen immer ungenügender erscheinen lassen, bildet den Ausgangspunkt des Handbuches. Fast gleichzeitig wird die Überzeugung laut, dass diesem Mangel durch eine bestimmte Form von Bildung zu begegnen sei, nämlich durch Bildung der Persönlichkeit und Vermittlung von Kompetenzen und Fertigkeiten. Diese unmittelbare Problemanzeige und der eingeschlagene Lösungsweg gründen im Bewusstsein eines noch grundsätzlicheren Defizits:

«Leider ist die Ausbildung und Schulung dieser Führungskräfte, entsprechend der Systemlosigkeit der möglichen Angebote, ein stückhaftes, mehr oder weniger zusammenhangloses Bemühen: nur selten gelingt es trotz eifriger Teilnahme an Kursen, Arbeitstagungen, Exerzitien usw., jenen geschlossenen Überblick über das Ganze zu vermitteln, der allein befähigen kann, mit Mass und Plan an einer Stelle des Bundes zu arbeiten, ohne die Wertschätzung und Achtung für die übrigen Aufgabenbereiche zu verlieren.» [3]

Halbfas deutet demnach die ungenügende Fachkompetenz des einzelnen Mitarbeiters als Ausdruck einer didaktischen «Systemlosigkeit», die

---

[1] Vgl. Tzscheetzsch S. 34
[2] H. Halbfas, Handbuch, S. 11; Hervorhebungen durch M. M.
[3] A.a.O. S. 12f.

den «geschlossenen Überblick über das Ganze» meist verhindert; mit anderen Worten: das Fehlen einer umfassenden Theorie der Jugendarbeit wird als Grundmangel betrachtet, dem das Handbuch entgegentreten möchte.

Im Blick auf die oben erwähnten Nachwuchssorgen im BDKJ misst das Handbuch der Ausbildung von Jungführerinnen und Jungführern grosse Bedeutung bei; dabei setzt Halbfas pädagogische Akzente. Die Führerinnen und Führer sollen ihren Dienst in apostolischer Eigenverantwortung verrichten, d.h. die Bildungsarbeit im Rahmen der kirchlichen Jugendarbeit ist gekennzeichnet durch den Vorrang des Handelns der Jugendlichen selbst, wobei die Führerinnen und Führer ihrerseits in ihrer Persönlichkeitsbildung vom Jugendseelsorger begleitet werden, der ihre Arbeit aktuell und situativ begleitet. Die Mitarbeit von Erwachsenen hat also lediglich unterstützenden Charakter.

«Jungführertum bedeutet die Führung von Gemeinschaften der Jugend durch die Jugend selbst; der Jungführer ist dabei nur wenige Jahre älter als seine Kameraden. ... Er versteht sein Amt als Dienst an den jüngeren Brüdern, als ein Apostolat Hand in Hand mit dem Priester am Aufbau des Reiches Gottes in Kirche und Welt.

Katholisches Jungführertum weiss sich folglich nicht in unabhängiger Verantwortung. Weil es selbst die Bindung an Gott und alle übergeordnete Autorität anerkennt und auch die Reife und Erfahrung des Erwachsenen sucht, darf es für die eigene Führungsarbeit ernsthafte Anerkennung beanspruchen.» (S.35)

Die Persönlichkeitsbildung der Jungführerinnen und der Jungführer, mithin eine wichtige Grundaufgabe kirchlicher Jugendarbeit, da Autorität und Führungswillen begründend, realisiert sich aber durch eine Wertvermittlung, die «das Leben des Menschen unter die Herrschaft Christi führt». (S.40) Wichtig erscheint mir hier, dass implizit eine reflexive Aneignung dieser Werte vorausgesetzt wird, die dann als Zustand unter der Herrschaft Christi beschrieben werden kann und die Voraussetzung für die Forderung liefert, dass «die Autorität des Jungführers ... mehr in seiner Person als im Amte begründet liegen» müsse.(S. 184) Das schliesst den Anspruch mit ein, sich auch als Mensch, in Beruf und Umwelt zu bewähren, und entspricht dem Bedürfnis der Gruppe, von ihrem Führer etwas lernen zu können.[1] Dazu muss die Ehrfurcht vor den anvertrauten jungen Menschen kommen, aber auch die Verbundenheit mit ihnen:

> «Hinzukommen muss die Ehrfurcht vor dem Menschen, die das Geheimnis des anderen achtet und durch keine Neugier in dessen Innenleben einzudringen wünscht ... Ehrfurcht ist aber nicht auf den Menschen begrenzt, sondern bestimmt die Gesamteinstellung des Jungführers zur Schöpfung und zu Gott ... So sehr die Ehrfurcht auf den richtigen und notwendigen Abstand zum Mitmenschen schaut, so notwendig ist andererseits die *Verbundenheit mit* jedem einzelnen in der Gemeinschaft.» (S. 37)

Als zentral erscheint der Glaube an die bildende Kraft der Ordnung, im Sinne einer Theorie wie oben dargelegt, im Sinne der Hierarchie wie im vorigen Zitat oder im Sinne der Schöpfungsordnung. Ehrfurcht und Wertschätzung gegenüber Gott und seinen Geschöpfen sind Ausdruck dieser Bildung. Daher versteht Halbfas unter Führung betontermassen eine indirekte, ja gewissermassen reflexive Aufgabe sozialer Verantwortung[2], die sich pädagogisch vorzüglich über die Vorbildwirkung der Jungführer ereignet:

> «Ein Jungführer, der im Leben seiner Leute Platz und Geltung findet, ist nicht nur gelegentlich, sondern immer – und zwar grundsätzlich, ob er es weiss oder nicht – in seinem ganzen Verhalten Beispiel. Seine Aufgabe ist allerdings nicht, einzelne gute Beispiele vor aller Augen zu demonstrieren, sondern aus seinem innersten Denken und Handeln heraus beispielhaft zu sein. Die grosse Wirkkraft des Jungführertums liegt darin, dass es durch sein Beispiel überzeugt und führt. ... Sie (die Beispielhaftigkeit) ist die wichtigste Voraussetzung für jedes erzieherische Tun. Sie darf nicht bewusst von Fall zu Fall angenommen werden, sondern muss mit grösster Selbstverständlichkeit absichtslos gelebt werden. Das heisst, der Jungführer darf sich nicht begnügen, in diesem und jenem beispielhaft zu sein, sondern muss danach streben, durch sein Gesamtverhalten Beispiel zu werden. Und zwar darf sich niemand einbilden, solche Beispielhaftigkeit schon darzustellen, aber die Sehnsucht muss doch darauf gehen, selbst in der Beherrschung und Gestaltung der einsamsten Stunden

---

[1] Unter dem spezifischen Blickwinkel des Jungführers als Vermittler zwischen Kirche und Gesellschaft spitzt Halbfas in «Jugend und Kirche» sein Urteil zu und hält fest: «Ein Jungführer hat nur dann lebensbestimmenden Einfluss auf den Jugendlichen, wenn ihm für den Aussenbereich des modernen Lebens Autorität zuerkannt wird.» a.a.O. S. 309

[2] Dies ebenfalls im Anschluss an die Standortbestimmung des BDKJ

Beispiel zu sein.» (S. 168) Der Jungführer hat aber nicht nur die Aufgabe selbst Vorbild zu sein, sondern er ist seinen Gruppenmitgliedern auch bei der Suche nach eigenen Vorbildern behilflich. (S. 169)

Das Handbuch skizziert für die verschiedenen Altersgruppen differenzierte Leitungsprofile und bringt damit Aufgeschlossenheit für entwicklungspsychologische Einsichten zum Ausdruck.

Von Gruppenführerin und -führer wird Vielseitigkeit, Vitalität und Phantasie gefordert. Da sie für die noch unfertigen Jungen und Mädchen eine stärkere Autorität darstellen als in späteren Jahren, haben sie Abstand zu wahren und keine allzu enge Kameradschaft einzugehen: «Der Ton für Gespräche und Befehle bleibt aber vornehm und freundlich. Es wird nie kommandiert, nie geschulmeistert und nie in Zimperlichkeit Sorge geäussert.» (S. 129)

In den Mädchen- und den Jungenschaftsgruppen, wo sich Jugendliche im Alter von 14–18 Jahren treffen, soll das Verhältnis der Führer zu den Mitgliedern ihrer Gruppen betont kameradschaftlich gestaltet werden. Für diese Altersgruppe ist es besonders wichtig, dass der Jungführer die leibliche, seelische und geistige Situation und die daraus resultierenden *Verhaltensweisen* verstehen lernt. Halbfas betont besonders die Notwendigkeit eines Vorsprungs an Lebensreife: «Der Führer braucht Taktgefühl und Einfühlungskraft, um jeden in seiner Art und augenblicklichen Situation richtig nehmen zu können. Dass er in einem kameradschaftlichen Verhältnis zu den nur wenig jüngeren steht, wird ihm diese Aufgabe erleichtern. Die genannten Merkmale des Jungführers müssen sich mit einer Hochschätzung seiner Berufung und seines Tuns verbinden. Verantwortung und Demut vor Gott aus dem Wissen um die eigenen Grenzen werden dann zusammengehen mit einem aufrechten Streben nach Schulung und Reife sowie wachsender Christusverbundenheit. Der Jungführer wird aus eigenem Antrieb in den Jungführerrunden mitarbeiten, er wird im Selbststudium Werkbücher auswerten und sich in späteren Jahren um eine gewisse Theorie der Jugendarbeit, der Jugendführung und der Arbeitspläne bemühen. Am entscheidensten ist aber der rechte Vorsprung eines reicheren Lebens, den der Jungführer seiner Gemeinschaft voraus hat und auf den er niemals verzichten kann, selbst bei noch so zahlreichen sonstigen Begabungen und sittlichen Qualitäten nicht.» (S. 37)

Ähnliches gilt für die Führungsverantwortung der Jugendgruppen der über 18-Jährigen. Gerade hier ist die entsprechende Lebensreife unabdingbare Voraussetzung für das Jungführersein. Da die Aufgaben der Gruppe jetzt auf alle Teilnehmer verteilt werden können, ist weniger die vitale Überlegenheit gefordert als vielmehr die Kraft einer apostolisch lebendigen Persönlichkeit (S. 141):

«Der Jungführer muss sich bewusst sein, dass er seine bedeutsamste Einflusschance nur im Kontakt mit allen Lebens- und Interessenbereichen durch einen persönlichen Einsatz für jeden einzelnen finden kann.» (S. 133f.)

Dieses Anforderungsprofil entwirft das Handbuch, wie gesagt, vor dem Hintergrund eines prekären Personalmangels und chronischer Überforderung in der verantwortlichen Führerschaft des BDKJ[1], zwei Problemkreise, die in der zweiten Hälfte der Fünfziger Jahre Gegenstand verschiedenster Untersuchungen und Diskussionen sind[2] und zwischen denen manche Stellungnahmen einen inneren Zusammenhang sehen:

«Die Klage, dass Jugendgruppenleiter kaum mehr in der benötigten Anzahl zu finden seien und dass die wenigen Bereitwilligen nur noch in Ausnahmefällen der gestellten Aufgabe halbwegs gerecht werden können, stellt keine Seltenheit

---

[1] «Es ist eine Tatsache, dass wir einen erschreckenden Führermangel zu verzeichnen haben und dass die Führerschaft immer jünger wird. Die Altersschicht, aus der die Führerschaft kommen sollte, fehlt weitgehend. Die Jugendlichen schrecken vor der Übernahme einer Aufgabe zurück, die so anspruchsvoll und differenziert von ihnen zu leisten wäre. Mit dem ständigen Anwachsen der Aufgaben wird die Führerschaft überfordert. ... Die zu junge Führerschaft unterliegt der Gefahr des zu frühen Verbrauchs, der Resignation und der Müdigkeit.» aus: Referat «10 Jahre Bund» 1957; zit. nach Tzscheetzsch S. 41

[2] Vgl. dazu Tzscheetzsch S. 42f., v.a. die Anm. 172-184; um die Situation zu erheben, werden beispielsweise über die Diözesanführungen an ausgewählte Dekanate Fragebogen verteilt. Die Auswertung von 775 zurückgekommenen Fragebogen ergibt: Die Vorbereitung auf die Führungsaufgaben durch Pfarrei und Dekanat ist nicht ausreichend. Die Bereitschaft zur autodidaktischen Erarbeitung entsprechender Kenntnisse für die Gruppenarbeit ist gross. Auch die Unterstützung für die alltägliche Gruppenarbeit erweist sich als unzureichend, wobei allerdings die Führerrunden als ständige Hilfe den wichtigsten Platz einnehmen. Die Führungszeitschrift «Die Jungführerin» wird als für die Praxis nicht besonders hilfreich eingestuft.
Die erhobene Situation findet folgende Interpretation: «Die Führerinnen übernehmen sich. Zu der zeitlichen Überlastung durch den Beruf kommt eine fast als aufregend zu bezeichnende Belastung durch Doppel- und dreifache Dienste an der Jugend. Mehr als die Hälfte aller Führerinnen hat neben der Gruppenführung noch weitere Verantwortungsbereiche auf sich genommen: Pfarr- und Dekanatsführung, Kassen- und Zeitschriftenverwaltung, Leitung von Arbeits- und Interessenkreisen; Verwaltung der Bücherei und des Schaukastens, Seelsorge- und Fürsorgehilfe, Mitarbeit an anderen Gruppen und vieles andere.» (T. Pfeiffer: Die Situation der Gruppenführerin, 1958, zit. nach Tzscheetzsch S. 42f.)

mehr dar, sondern ist zumeist die Regel geworden. Freilich wird mit der flüchtigen Bemerkung, dieser Mangel datiere allein aus dem schwindenden Opfergeist der Jugend, generell ein ungerechter Vorwurf ausgesprochen. Die Jugend einer hochindustrialisierten, mit allen Massenmedien ausgestatteten Welt stellt an einen Leitenden und Führenden notwendigerweise Ansprüche, die ein Gleichaltriger oder nur um wenige Jahre Älterer nicht mehr zu erfüllen vermag. Gleichwohl erwarten auch immer viele verantwortliche Erwachsene von ihrem Gruppenleiter, dass er als Hans-Dampf-in-allen-Gassen singen und musizieren, erzählen, vorlesen, laienspielen, inszenieren, basteln, Feste arrangieren, organisieren und ungezählte Bildungsthemen vermitteln kann!»[1]

Während also diese und andere zeitgenössische Stimmen den Anspruch an die Führerschaft zumindest relativieren, um Druck abzubauen, hält Halbfas in eigentümlicher Deutlichkeit an einem idealistisch-anspruchsvollen Persönlichkeitsbild des Jungführers fest. Dabei widerspricht er der Meinung, der Jungführermangel hänge mit dem Fehlen von Gymnasiasten in der Jugendarbeit zusammen, der Notstand sei also nicht einfach durch mehr Wissen zu beheben:

«Es ist falsch, zu glauben, der Gymnasiast sei normalerweise der geeignetere (Jungführer). ... Intellektuelles Sachwissen ist von charakterlicher und religiöser Beispielkraft oft weit entfernt und gibt nicht einmal die Garantie höherer Geistigkeit. Der Gymnasiast ist darum bei der Auswahl des Jungführernachwuchses keineswegs vorzugsberechtigt. Folgende Überlegungen bekräftigen diese Ansicht: 1. Es gibt unzählige Berichte über sitzengebliebene Jungführer, über Familienskandale und verpfuschte Berufswege. Wer mit Leib und Seele in jungen Jahren eine Jungengemeinschaft führt, wird in seiner Gedankenwelt davon so stark in Anspruch genommen, dass ihm die Freiheit für andere Pflichten nur unvollkommen bleibt. Von allen Berufen verträgt das gerade der Gymnasiast mit seinen täglichen Schularbeiten und periodischen Klassenarbeiten am wenigsten. Besonders der etwas leistungsschwache Schüler wird durch die erhöhte Aktivität in der Gruppe einen Ausgleich für das schulische Versagen suchen. 2. Der durchschnittliche Abiturient ist achtzehn oder neunzehn Jahre alt. Wer Verantwortung kennt, wird niemandem in der Oberprima zumuten, seine Gruppe dann noch zu führen. Bestenfalls kommen nur Obersekundaner und Unterprimaner als Jungführer in Frage. Bei solcher Praxis ist die Jugend-

---

[1] Vgl. E. Lutz: Neue Wege in der Jugendarbeit, München 1962, S. 12f.; zit. nach Tzscheetzsch S. 43

arbeit aber ständigem Wechsel unterworfen, ohne dass sie sich je in Ruhe und gerader Linie fortentwickeln kann.» (S. 36)

Der drohenden Überforderung des Jungführers möchte Halbfas durch eine gezielte Auswahl des Jungführernachwuchses begegnen? Im Anschluss an Peter R. Hofstätter formuliert er Kriterien der Führereignung; zunächst aus psychologischer Sicht: die *Tüchtigkeit* eines Gruppenmitgliedes und seinen Beitrag zur Gruppenarbeit, die *Fähigkeit,* sich seiner Umwelt und deren Regeln anzupassen, und ausgeprägtes *Selbstvertrauen* (S. 38); dann aber auch aus pädagogischer Sicht: charaktervolle Menschen mit Haltungs- und Zieltreue, wobei ein an Werten sich orientierender Charakter auch immer die Religiosität miteinschliesse (S. 39).

Eine immer wieder genannte Konsequenz aus der Situationsanalyse im BDKJ ist die Forderung nach der *Mitarbeit des Erwachsenen,* neben der des Seelsorgers auch die des Laien.[1] Halbfas nimmt diesen Gedanken auf. Auch für ihn kann der Beitrag Erwachsener einen Weg aus der Überforderung jugendlicher Leiter weisen, im Handbuch betont er jedoch den subsidiären Charakter solcher Mitarbeit im Sinne der Hilfe zur Selbsthilfe. Als Hilfestellungen kommen überwiegend Sachaufgaben, aber keine reinen Führungsaufgaben in Betracht. Der erwachsene Mitarbeiter soll Gruppenpatenschaften übernehmen, Arbeitskreise leiten, technische Hilfen anbieten und schliesslich als freier Mitarbeiter mit entsprechendem sachlichen Wissen beratend für bestimmte Themen zur Verfügung stehen. Eine besondere Art der Mithilfe erwachsener Mitarbeiter besteht darin, dass sich ein Kreis besonders unter alten und kranken Menschen findet, die den Jugendseelsorger und die kirchliche Jugendarbeit durch ihr Gebet unterstützen.[2] Mit dem verstärkten Einsatz erwachsener Mitarbeiter stellt sich für Halbfas

---

[1] «Die Mitarbeit des Erwachsenen ist bereits in der Person des Seelsorgers gegeben. Sie soll aber erweitert werden durch die verstärkte Hinzuziehung von erwachsenen Laien, die zum Teil aus der Jugendarbeit kommen und deren reiche Erfahrung oft ungenützt ist. Ihre Mitarbeit würde sich sowohl erstrecken auf Vortragstätigkeiten und Leitung von bestimmten Massnahmen und Aktionen wie auch auf die ständige Beratung des Führungskreises.» T. Pfeiffer: Die Situation der Gruppenführerin, 1958; zit. nach Tzscheetzsch S. 46

[2] Vgl. Halbfas: Handbuch, S. 46ff. In «Jugend und Kirche» wird Halbfas hier eine Akzentverschiebung vornehmen, indem die Führungsverantwortung in die Hände älterer Mitarbeiter gelegt werden soll, die die Unterführer anleiten. vgl. «Jugend und Kirche», S. 314f.

auch an dieser Stelle das Problem ihrer Ausbildung und der zugrundliegenden Theorie. (S. 48)

Die Sorge um die nachwachsende Führerschaft beginnt bereits mit dem Eintritt eines Jungen oder Mädchens in eine Gruppe. Besonders wichtig ist dabei, die Gemeinschaftswilligkeit und Verantwortungsfähigkeit zu fördern, wobei dieser Weg über «eine solide, zielklare Taterziehung (führt), die an Aufgaben und Gruppenämtern Treue im kleinen übt, das Selbstvertrauen stärkt und die Liebe zur Sache begründet. Das Recht zu misslungenen Versuchen muss grosszügig eingeräumt sein. Ohne Fehler kann niemand Erfahrung und Eigenstand gewinnen.» (S. 40)

> Für die 14-15-Jährigen sollen *Nachwuchsführerrunden* eingerichtet werden, in denen an die zukünftigen Jungführer deutliche Forderungen zu richten sind und sie lernen, die an sie gestellten Aufgaben und Erwartungen zu erfüllen. «Die Erziehung des Jungführernachwuchses soll streng sein in allen Fragen der Haltung, grosszügig bei jugendlichem Übermut und ausgelassenem Sinn. ... Immer deutlicher sollen die Jungführer erkennen, dass ihre Aufgabe im Dienen liegt.» (S.41)

Im Rahmen der Persönlichkeitsbildung in der Nachwuchsführerschulung sollen Standardthemen behandelt werden, die Halbfas in drei grosse Themenkomplexe gliedert. Der erste Themenkreis «Gott – das religiöse Leben» umfasst Gebetserziehung, Schrifterziehung, eucharistische Erziehung, Busserziehung, Gewissensbildung und Apostolatserziehung. Der zweite Themenkreis «Mensch – Das sittliche Leben» beinhaltet die göttlichen Tugenden, Glaube, Hoffnung und Liebe; die Kardinaltugenden, Opfererziehung, Sexualerziehung, Gehorsam, Demut, Dankbarkeit und Wahrhaftigkeit, Treue und Ehre. Der dritte Themenkreis «Welt – der Sozialbezug des Lebens» beinhaltet die Bereiche Elternhaus, Familienerziehung; Schule, Beruf und Berufserziehung, Erziehung und Gemeinschaft durch Gemeinschaft; staatsbürgerliche Erziehung und schliesslich die Erziehung zu mündiger Gliedschaft in der Kirche. (S. 163f.) Diese Themen sollen auch zur Weiterbildung der im Amt stehenden Führer in entsprechender Weise behandelt werden. (S. 164)

Bis weit in die Sechziger Jahre bleibt die Aufgabe der gemeinsamen Führerbildung aller Führer und Führerinnen der in der Pfarrei tätigen Gliedgemeinschaften unbestritten.[1] Halbfas hebt im Handbuch die reli-

---

[1] «Bei der gemeinsamen Führerbildung in der Pfarrei liegt der Schwerpunkt auf der Persönlichkeitsbildung der Glaubensschulung. Dazu kommt die Suche und Be-

giösen Erziehungsaufgaben der Pfarrführerrunde in ihrer Bedeutung für die Persönlichkeitsbildung der Jungführer hervor:

«Den Vorrang behauptet die religiöse Bildung, die zu einer wachen Verantwortungswilligkeit und Reife im Glaubensleben und einer vorbildlichen Lebensgestaltung aus Christus führen soll. Reine Schulaufgaben der Fertigkeitsvermittlung gehören normalerweise nicht zum Arbeitsplan der Führerrunden, obgleich es ausserordentlich zu begrüssen ist, wenn der Jugendseelsorger auch hier praktische Hilfe leisten kann.» (S. 27). Dafür hebt das Handbuch explizit die Wissensvermittlung hervor, die aus Themen wie der Psychologie der Altersstufen, Führungsfragen, Gestaltung von Gruppen-, Spiel- und Sportstunden oder ähnlichem bestehen kann. (S. 242f.) Als Schwerpunktaufgaben für die Bildungsarbeit in den Führerrunden werden die Erziehung zu apostolischer Verantwortung, die Erziehung zur Nächstenliebe und Caritasarbeit und die liturgische Erziehung zur Eucharistiefeier als Lebensmittelpunkt der Jugendarbeit genannt. (S. 30) Methodisch schlägt Halbfas vor, ein Thema zur Persönlichkeitsbildung in ca. 30 Minuten durch Vortrag oder im Gespräch zu erarbeiten und daran anschliessend eine Aufgabe zu stellen, die der persönlichen Lebensgestaltung der Jungführer dient. Daran anschliessend soll sich ein Informationsgespräch, bei dem wichtige Neuigkeiten aus dem Leben des Bundes auf Pfarrei-, Dekanats-, Diözesan- und Bundesebene mitgeteilt werden sollen. Schliesslich soll ein wissensvermittelndes Thema zur Führungspraxis behandelt werden, das von einem älteren Jungführer oder erwachsenen Mitarbeiter gestaltet wird. Im Monatskalender soll eine Vorschau auf kommende Ereignisse gegeben werden. Die Führerrunde soll dann mit einem Gebet schliessen. (S. 244)

Die von den Führungsorganen des BDKJs auf Bundesebene beratenen und beschlossenen Jahresthemen und die Jahresaufgaben des BDKJs geben «der Bildungsarbeit eines Jahres in den Gruppenstunden, Versammlungen, Treffen, Kursen und religiösen Veranstaltungen einen deutlichen und für niemanden zu übersehenden Akzent». (S. 164) Fünf Jahre später kritisiert Halbfas an dieser Stelle die mangelnde Orientierung an der konkreten Lebenssituation junger Menschen: «Solange es keine induktive Führerschulung gibt, die auf Pfarrebene vom Phänomen ausgeht, um von dort das Gültige zu erfragen, kann auch keine Verantwortung für aktuelle Gegebenheiten des Alltags plausibel gemacht werden. Die Stoffvorlagen der Füh-

---

treuung von Nachwuchskräften, vor allem durch den Jugendseelsorger.» vgl. Vorlage der Strukturkommission, 1966, S. 42; zit. nach Tzscheetzsch: Handbuch, S. 61f.

rerzeitschriften sind leider zum grössten Teil deduktiv konzipiert.»[1] Darüber hinaus seien die Jahresthemen so formuliert, dass sie die Lebenswirklichkeit der Jugendlichen kaum beträfen.[2] Damit ist die Richtung der weiteren Entwicklung angegeben.

2.2.4 Die «kritische Perspektive eines Ordnungsbildes vom Weltganzen» als Konstante in Halbfas' Werk

Im vorigen Kapitel habe ich versucht, das «Handbuch der Jugendführung und Jugendseelsorge» auf dem Hintergrund seines Entstehungszusammenhanges zu lesen und zu einem vorläufigen Verständnis seines pädagogischen und theologischen Profils zu gelangen. Im folgenden soll nun das vorläufige Ergebnis im Horizont der weiteren Arbeiten von Hubertus Halbfas vertieft und kritisch gewürdigt werden.

Aus eigener Erfahrung vertraut mit den wachsenden Problemen der katholischen Jugendarbeit, Mitgliederschwund, Leitermangel und Qualitätsverlust durch Überforderung, greift Halbfas die zeitgenössische Forderung nach einer Theorie kirchlicher Jugendarbeit auf. Er tut das in der Überzeugung, mangelnde theoretische Grundlagen bildeten die eigentliche Ursache für die Missstände, und angesichts seiner damaligen biographischen Situation als 25-jähriger Student ausserdem mit einem hohen Anspruch, was hier in doppeltem Sinne verstanden werden kann, zunächst als hoher Anspruch des Autoren an sich selbst, seinen Gegenstand umfassend darzustellen und etwas Neues zu schaffen, dann aber auch im Sinne eines Anspruches an seine Adressaten, von dem er sich auch dann nicht abbrin-

---

[1] Vgl. H. Halbfas: Jugend und Kirche, S. 296 Bereits «1959 beklagt die Bundeskonferenz der Mannesjugend die fehlende planvolle Arbeit in der kirchlichen Jugendarbeit», was vor allem darauf zurückzuführen sei, dass eine gute Analyse der Situation junger Menschen fehle. Als Konsequenz wird die Notwendigkeit betont, «die soziologische und pädagogische Jugendsituation zu untersuchen und brauchbare Unterlagen zusammenzustellen». Für die Führerschaftsbildung wird die Orientierung am jeweiligen Milieu der jungen Menschen gefordert: «Je mehr aber die Bildungsarbeit konkrete Verwirklichung zeigen soll, desto mehr muss sie nach dem Milieu spezialisiert sein, auch wenn die Grundthemen gemeinsam sind.» Diese Orientierung am Milieu ist vor allen Dingen um der Glaubhaftigkeit der kirchlichen Jugendarbeit willen geboten. Diese Glaubhaftigkeit stellt sich nur dann ein, wenn die junge Generation «in der natürlichen Eigengesetzlichkeit ihrer Lebensgebiete ernstgenommen wird und diese Lebensgebiete nicht nur als Mittel betrachtet werden, um die Jugend anzulocken». Vgl. Tzscheetzsch S. 68 (Zitate ebenda)
[2] Ebd.

gen lässt, wenn Überforderung droht. Diese anhand des Handbuchs der Jugendseelsorge herausgearbeitete Charakteristik begegnet mir in den Lehrerhandbüchern des Unterrichtswerkes in gleicher Weise, ja sogar explizit[1], weswegen ich solch implizit oder explizit vorgetragenen Anspruch im Blick auf Halbfas' Gesamtwerk als eine charakteristische Konstante bezeichnen möchte. Ähnlich verhält es sich mit der im «Handbuch der Jugendseelsorge» angetroffenen Kritik an der «Systemlosigkeit» und am «zusammenhanglosen Bemühen», demgegenüber Halbfas einen «geschlossenen Überblick über das Ganze» anmahnt. Diese Kritik und die entsprechende Forderung werden von Halbfas in verschiedenem Zusammenhang immer wieder vorgetragen und sind als prinzipielle Mahnung an die Adresse der Praktiker ins Unterrichtswerk eingegangen:

> «Es (das Lehrerhandbuch) stattet den Lehrer mit so vielen Verstehenszugängen und Hintergrundwissen aus, dass er dem Schülerbuch ganz neue Ebenen und Hintergründe zufügen kann ... Es gelingt allerdings nicht, in einen einzigen Band zu fassen, was schulpädagogische und fachliche Orientierung erfordern. Letztlich bietet erst die vollständige Reihe ein schulisches und fachdidaktisches Gesamtbild. ...
> Da die Handbücher insgesamt nicht für ein gelegentliches Nachschlagen und Auswerten von Einzelmaterialien gedacht sind, sind sie nur dem nützlich, der sie zu Hause am eigenen Arbeitsplatz verfügbar hat.»[2]

Der Anspruch, das Ganze zu überblicken und die Abwehr zufälliger Beliebigkeit in der Praxis verdichten sich, wie im letzten Kapitel angezeigt, im kritischen Aufweis grundlegender Defizite verbunden mit dem Impetus nach einer ausgleichenden Theorie. Diese Struktur ist im Entstehungszusammenhang des «Handbuches der Jugendseelsorge und Jugendführung» auf dem Hintergrund der früheren Defizite in der Jugendarbeit anzutreffen und sie lässt sich implizit auch an autobiographischen Äusserungen im Zusammenhang mit den Büchern «Der Religionsunterricht» und «Funda-

---

[1] Vgl. dazu z.B. Lehrerhandbuch 5. Religionsunterricht in Sekundarschulen, S. 30.

[2] Lehrerhandbuch 5 ‹Religionsunterricht in Sekundarschulen›, S. 28; der zitierte Abschnitt endet mit einem Anspruch, der m. E. etwas peinlich, weil krämerisch wirkt: «... Die Meinung, eine solche Anschaffung sei unzumutbar, mag sich am Alltag eines beliebigen Handwerkers messen, der bereits für eine einzige Maschine unter Umständen einen Bankkredit aufnehmen muss.»

mentalkatechetik» zeigen¹. Dass Halbfas auch im Zusammenhang mit dem Publikationsbeginn seines wohl umfassendsten Theorieentwurfes, des Unterrichtswerkes, eine kritische Bestandesaufnahme religionspädagogischer Praxis vorgenommen hat, stellt schliesslich eine auffällige Parallele zur Entstehung des Handbuchs dar. 1981, also zwei Jahre vor dem Erscheinen des ersten Bandes, blickt er in einem Aufsatz mit dem Titel «Die geistigen Defizite» kritisch auf zehn Jahre religionspädagogische Arbeit zurück.[2] Freilich bilanziert er hier im Unterschied zur Situation Ende der Fünfzigerjahre selbst, ordnet die erhobenen Defizite in einem systematischen Zusammenhang und weist so auf die Notwendigkeit einer neuen Theorie. Die Pointe scheint mir nun aber darin zu bestehen, dass die genannten Defizite mit den Eckpunkten seiner Unterrichtstheorie identisch sind, die im Unterrichtswerk entfaltet werden, was bereits ein flüchtiger Vergleich belegt.[3] Ich paraphrasiere den Inhalt des Aufsatzes kurz.

Halbfas würdigt zunächst die religionspädagogische Debatte zu Beginn der Siebzigerjahre, insbesondere ihr «vordem nur selten erreichtes theoretisches Niveau»[4]. Im weiteren Verlauf des Jahrzehnts sei die Theoriediskussion dann mehr und mehr verebbt:

«Theoretische Publikationen konzentrierten sich zunehmend mehr auf Detailprobleme, vermochten aber übergreifende Fachdiskussionen nicht mehr anzustossen. Inzwischen sind kritische Besinnungen auf den Status quo so selten geworden, dass erste Stagnationssymptome sich mit allgemeinen Restau-

---

[1] «Ich wollte mit diesem Buch (Der Religionsunterricht) etwas zusammenhalten, was auseinander zu treiben drohte. Wollte in dem, was ich lehrte, vor mir selbst und vor der Studentenschaft glaubwürdig bleiben und entdeckte nun den Weg der historisch-kritischen Forschung.» (aus: Interview mit H. H. in: KBl 1988 S. 443) «Im Anschluss an ‹Der Religionsunterricht› war mir klar geworden, dass mit einer historisch-kritischen Exegese allein noch keine Religionsdidaktik zu entwickeln war. Dazu schien mir ein grösserer hermeneutischer Rahmen notwendig zu sein.» (a.a.O. S. 444)
[2] Vgl. H. Halbfas: Die geistigen Defizite, Kritischer Rückblick auf 10 Jahre religionspädagogische Arbeit, in: KBl 106 (1981), S. 256-260. Die Zweitveröffentlichung in der Einleitung zu «Das dritte Auge» S. 13-18 unterstreicht die Bedeutung des Textes als eine der Theorie vorauslaufenden, kritischen Diagnose.
[3] Vgl. Religionsunterricht in Sekundarschulen, Lehrerhandbuch 5, S. 17-31
[4] A.a.O. S. 256

rationstendenzen verbinden, ohne hinreichend deutlich aufgedeckt und zum Pro und Kontra gezwungen zu werden.»[1]

Halbfas trägt in der Folge seine Defizit-Analyse unter vier Gesichtspunkten vor, die er jeweils differenziert und kritisch bespricht: Er nennt Didaktik, Hermeneutik, Schulkultur und Spiritualität.

Im didaktischen Bereich könnten die vorhandenen Religionscurricula als Koordinatensysteme nicht mehr befriedigen, weil insbesondere eine religiöse Sprachlehre darin kaum reflektiert sei. Halbfas differenziert dieses Defizit in der Sprachdidaktik in zweifacher Hinsicht. Er fordert eine Symboldidaktik, die das Symbol als *die* spezifische Ausdrucksgestalt religiöser Erfahrung und Kommunikation erschliesst und so das Verständnis für das Wesen der Religion zu öffnen vermag. In ähnlicher Eindringlichkeit spricht er über die Notwendigkeit einer Bilddidaktik.

Unter dem Stichwort Hermeneutik stellt Halbfas eine Vernachlässigung der Fähigkeiten im Umgang mit Texten fest. Der Religionsunterricht zeige eine Überlieferungsschwäche und verdränge die historische Dimension.

Ohne eine dezidierte Integration in eine lebendige Schulkultur, so Halbfas' dritte Kritik, könne der Religionsunterricht seine spezifischen Ziele nicht zum Tragen bringen. Er misst der Gestaltung des Klassenzimmers dabei grosse Bedeutung bei. Nicht minder wichtig sind Beiträge des Religionsunterrichts an die schulischen Umgangsformen, die Feste und die öffentlichen Aktivitäten der Schule.

Schliesslich vermisst Halbfas' in den Konzepten des Religionsunterrichts spirituelle Tiefe. Die Religionsbücher liessen insbesondere den Versuch vermissen, durch Text und Gestaltung zur Innenseite ihrer Themen zu führen. Die Fähigkeit, bei einem einzelnen Text oder Bild zu verweilen, weiche einer

---

[1] A.a.O. S. 257; inhaltlich kommen namhafte Vertreter beider Konfessionen zur gleichen Beurteilung. So katholischerseits A. Exeler: «Während die Jahre 1968-1977 von einem starken Reformwillen geprägt waren, sind inzwischen die grossen Infragesteller nur noch wenig gefragt. Was man inzwischen mehr sucht, sind charismatische Persönlichkeiten ... Viele Reformthemen werden gar nicht mehr diskutiert.» (aus: A. Exeler: Einige Hinweise auf die gegenwärtige religionspädagogische Landschaft, in: KBl 105 (1980) S. 125) Ähnlich urteilt auf evangelischer Seite K. Wegenast: «Seit Beginn der achtziger Jahre ist es ruhiger geworden in der katholischen RP. Das zeigt sich schon darin, dass jetzt statt streitbarer Publikationen, wie etwa der ‹Fundamentalkatechetik› von H.Halbfas aus dem Jahre 1968 (oder) G. Stachels ‹Der Bibelunterricht› aus dem Jahr 1967 ... abgeklärte ‹Einführungen in die RP› erscheinen mit Referaten über Geschichtliches ...» (aus: K. Wegenast: Evangelische und katholische Religionspädagogik seit 1965, in: Materialdienst des konfessionskundlichen Instituts Bensheim 36 (1985) S. 97)

Mentalität, die das flüchtig benutzte Material als verbraucht betrachte. Letztlich sei die innere Beziehungslosigkeit des Religionslehrers zur Sache Ursache solcher Konsummethodik. Mit besonderer Deutlichkeit könne das dies an den Gottes-Kapiteln der Religionsbücher abgelesen werden. Insbesondere sei die Verschränkung von Gotteserfahrung und Selbsterfahrung eine noch unbekannte didaktische Dimension.

Ich meine also im «Handbuch der Jugendführung und Jugendseelsorge» eine Arbeits- und Denkweise von Hubertus Halbfas aufgewiesen zu haben, die sich durch sein 40-jähriges Schaffen verfolgen und bis hinein in sein Unterrichtswerk als *kritische Perspektive eines Ordnungsbildes vom Weltganzen* identifizieren lässt. In dieser Formulierung nehme ich ein Zitat aus dem Handbuch der Jugendseelsorge auf, wo Halbfas in Anlehnung an Max Müller festhält:

«Ein gebildeter Mensch braucht deswegen nicht sonderlich viel zu wissen, weil es im Bildungsprozess nicht auf nacktes Wissen ankommt, sondern auf den Erwerb eines Ordnungsbildes vom Weltganzen, in dem der Mensch seinen eigenen Standort richtig schaut und ein ‹richtiges Grundverhältnis zu den Hauptbereichen des Seins und zu Gott› herstellt.»[1]

Theorie, griechisch für *Schau*, ist offensichtlich einer von Halbfas' Lieblingsbegriffen. Im Verständnis des Handbuches und im Kontext seines Gesamtwerkes hat der Theoriebegriff eine Nähe zu diesem *Ordnungsbild vom Weltganzen*, welches im Handbuch noch ungefährdet als christlich-katholische Weltordnung verstanden wird. Ohne zu zögern kritisiert Halbfas aus dieser Perspektive die immer brüchiger werdende Erziehungswirklichkeit katholischer Lebenswelt und Kultur, deren Mangel in Unvollständigkeit und Unordnung besteht, zwei Begriffe, die wie ihre Antonyme im obigen Zitat semantisch nahe beieinander liegen, wenn sie sich nicht sogar wechselseitig auslegen. Eine Theorie der Bildung lässt sich demnach im absoluten Sinn beschreiben als Einweisung des Menschen in die Ordnung des Seins, die im letzten Sinn Gott selber ist. Gleichzeitig ist damit die unaufhebbare Theorie-Praxis-Spannung angetönt, in der ich Halbfas eher auf

---

[1] Vgl. H. Halbfas: Handbuch, S. 160; das Zitat von M. Müller aus: Artikel «Bildung», Staatslexikon II, Sp. 23ff., Freiburg 1958. Dort auch die Definition: «Bildung ist grundsätzliche Orientierung des ganzen Menschseins (Intellekt, Wille und Gefühl) im Ganzen des Seins. Diese Orientierung ist ohne Religion nicht möglich.»

der Seite der Theoretiker und Perfektionisten sehe, die an der allzeitigen Mangelhaftigkeit der Praxis leiden.[1]

2.2.5 Die Bildungskonzeption[2] des Handbuches der Jugendseelsorge

«Ehe mit der Bildung des Menschen begonnen werden kann, muss ein Bild dieses Menschen vor dem inneren Auge des Erziehers stehen.»[3] Halbfas setzt an den Anfang seines Handbuchs ein Zitat, welches gleich zu Beginn einen moralpädagogischen Akzent legt. Anfang als Prinzip? – Eher als Mitte, um die vielstimmig, manchmal gar dissonant, die verschiedensten Bildungsvorstellungen anklingen. Der Anfangsakkord bringt «Wesen und Ziel katholischer Jugenderziehung», eine sich steigernde Zitatensammlung, beginnend mit dem Schweizer Moralpädagogen Fr. W. Foerster[4] und als

---

[1] Vgl. H. v. Mallinckrodt weist in einem ausserordentlich klärenden Aufsatz zu Halbfas' existential-hermeneutischem Ansatz in der «Fundamentalkatechetik» ausdrücklich darauf hin, dass Halbfas dort dem «praktischen Moment zu wenig Raum zur Entfaltung lässt». in: G. Stachel: Existentiale Hermeneutik S. 87; vgl. dazu auch unten Kapitel 5.4.

[2] Ich benutze mit K. E. Nipkow den Begriff *Bildung* als pädagogische Leitkategorie, wogegen H. Halbfas im Handbuch als pädagogischen Oberbegriff *Erziehung* verwendet: «Erziehung ist der umfassende Begriff für alle personalen Bemühungen, den Menschen ganzheitlich aufzuerbauen und zu vollenden, soweit von ihm Vollkommenheit erreicht werden kann. Der Führungswille und alle Führungsarbeit in den katholischen Lebensgemeinschaften der Jugend unterstehen als ein wesentlicher Teil dieser Bemühungen deswegen dem Oberbegriff Erziehung.» Halbfas: Handbuch, S. 15

[3] Ebd.

[4] «Seit dem Sündenfall kennzeichnet allerdings der Kampf zwischen Gut und Böse (des Menschen) Wesen; durch die innere, geistige Loslösung des Menschen von Gott ist sein Geist geschwächt und auch die Transparenz der Dinge auf Gott hin verdunkelt, so dass er mit seinen Gedanken am Äusseren klebt und die Herrschaft über das Fleisch verloren hat. Das geistige und geistliche Leben des Menschen wird seither durch die materielle Welt bedroht – und deshalb muss sich der Geist mit ganzer Zielsicherheit auf die Ursache seines Daseins ausrichten, wenn er nicht, der Materie oder anderen Teilgütern einseitig versklavt, in ‹die vergeistigte Tierheit, die intelligente Barbarei, die technisierte Unterwelt› abfallen will.» a.a.O. S. 16 (Zitat aus: F. W. Foerster, Christus und das menschliche Leben, Recklinghausen, 1953, S. 394) Auffällig hier der antimodernistische Akzent in Foersters Zitat, der ansonsten *der religionspädagogischen Phase* am Anfang des 20. Jahrhunderts zuzurechnen ist und von dem es wesentlich aufgeschlossenere Aussagen gibt. Vgl. dazu: H. Schilling: Grundlagen, S. 62

Höhepunkt die wichtige amtskirchliche Stellungnahme zur christlichen Erziehung, die Erziehungsenzyklika ‹Divini illius Magistri› Pius XI.[1]:

> «Da aber nun die Erziehung ‹ihrem Wesen nach in der Bildung des Menschen besteht, wie er sein und im Diesseits seine Lebensführung gestalten soll, um das erhabene Ziel zu erreichen, für das er erschaffen ist, so ist es wahr, dass es keine wahre Erziehung geben kann, die nicht ganz auf das letzte Ziel hingerichtet ist und dass es darum in der gegenwärtigen Ordnung der Vorsehung, nachdem Gott sich uns in seinem eingeborenen Sohn geoffenbart hat, der allein der Weg, die Wahrheit und das Leben ist, keine angemessene und vollkommene Erziehung ausser der christlichen geben kann.›»[2]

Mit diesem amtskirchlichen Posaunenstoss zeigt Halbfas Flagge, was jedoch eher als Captatio benevolentiae denn als Credo zu verstehen ist. Denn im weiteren Verlauf des Buches wird klar, dass er das Erziehungsverständnis der zitierten Enzyklika, in der die Erziehungsziele im wesentlichen durch Fremdbildung erreicht werden sollen, anders akzentuiert. Der Erziehungsprozess soll seiner Ansicht nach, wie schon im Kap. 2.2.3 angetönt, hauptsächlich durch die Selbstbildung[3] der ‹Zöglinge› getragen sein. Damit vertritt Halbfas eher einen reflexiven Bildungsbegriff, wie er in den

---

[1] Das Programm Pius XI. bestand im Ausbau des Reiches Christi durch die Kirche und in der Kirche als oberstes Ziel, was durch die «Katholischen Aktion» verwirklicht werden sollte. Darunter verstand er die Mitarbeit und Teilhabe der Laien am hierarchischen Apostolat der Kirche durch persönliche Heiligung, seelsorgerisches Wirken und soziale Aktion. Vgl. G. Maron: Pius XI. in: TRE Bd. 26, S. 673

[2] Vgl. H. Halbfas: Handbuch, S. 16

[3] Vgl. a.a.O. S. 447, Anm. 1: «Erziehung oder Bildung? Beide Begriffe werden oft wechselweise gebraucht und dann in ihrer Bedeutung gleichgesetzt. Wenn wir den Menschen wesentlich aus seiner Gottesbildlichkeit heraus verstehen, kann Bildung nichts anderes sein, als das Herausbilden (Transparentwerden) dieses göttlichen Bildcharakters im Menschen, in dem er sich wesensmässig selbstverwirklicht. Bildung muss darum total sein, den ganzen Menschen umfassen und durch ein gesundes Gewissen auf das hin orientiert sein, was dem Menschen wesensgemäss und wesentlich ist. So gesehen kann Bildung dann immer nur Selbstbildung, doch nie Fremdbildung sein. Weil aber der Mensch aus sich selbst nicht die Wesensschau auf sein Leben und die Welt finden kann (zumal alle Bildung in einer gläubigen Perspektive geschieht) ist er auf die Unterweisung und Führung fremder, gebildeter Menschen angewiesen. Diese Hinführung (die eher durch das Sein-Vorbild als durch Reden und Tun erfolgt) ist im Grunde das, was wir unter Erziehung verstehen. Das eine aber gibt es nicht ohne das andere.»

ersten Jahrzehnten des 20. Jahrhunderts von den katholischen Moral- und Wertpädagogen vertreten worden ist. Methodenbewusstsein[1], insbesondere der induktive Weg[2], gehört ebenso zu diesem Profil wie eine aufgeschlossene Haltung gegenüber entwicklungspsychologischen Überlegungen[3]. In der Wertschätzung des jungen Menschen und der pointierten Betonung seiner Freiheit, die das ganze Handbuch wie ein Refrain durchzieht, schwingt des weiteren auch eine reformpädagogische Klangfarbe mit.[4]:

«Hinzukommen muss die Ehrfurcht vor dem Menschen, die das Geheimnis des anderen achtet und durch keine Neugier in dessen Innenleben einzudringen wünscht. In dieser Ehrfurcht muss die Freiheit des Einzelnen, die er in der Gemeinschaft geniesst, ihre Garantie haben.»[5]

---

[1] A.a.O. S. 29: «Jede Arbeitsmethode ist sachlich bedingt, d h. alle Dinge wollen ihrer Art gemäss verstanden und gehandhabt werden. Dieses sachgemässe Tun ist gleichzeitig auch ein methodisch richtiges Tun.»

[2] A.a.O. S. 493: «In dieser Perspektive wird die Methode der sittlichen Unterweisung induktiv sein müssen. Es wird also kein abstraktes Lehrgebäude dem Jugendlichen vorgestellt, sondern ganz konkret wird ihm in seinem eigenen Erlebnisbereich gezeigt, was natürlich, d. h. der Schöpfungsordnung (dem Willen Gottes) entsprechend ist ... Diese induktive Methode, die vom Einzelfall zur objektiv geltenden Wahrheit, von der Peripherie zum Zentrum vorgeht, ist die einzige Weise, die den Fähigkeiten des Jungführers angemessen ist.

[3] A.a.O. S. 214: «Die verschiedenen Alters- und Entwicklungsstufen im menschlichen Leben haben ihre unvertauschbare Ansprechbarkeit und Streberichtung, die ihr jeweiliges Verhältnis zur Umwelt bestimmen. Daraus ergibt sich für die religiöse Erziehung: Nicht alles Religiöse ist in jeder Lebensphase fällig und kann nicht in jeder Lebensphase echt und ursprünglich vollzogen werden. Das gilt auch von den Wahrheiten, die der christlichen Glaubensverkündigung aufgegeben sind.»

[4] Vgl. dazu Halbfas' Faible für Maria Montessori, die er im Handbuch zitiert und deren pädagogische Massstäbe er bis heute anmahnt. H. Halbfas: Zur Rezeption der Montessori-Pädagogik, in: KBl 112 (1987) S .403; Halbfas spricht rückblickend selbst von einem pädagogischen «Interesse»: «Das ‹Handbuch der Jugendseelsorge und Jugendführung› von 1960 belegt das pädagogische Interesse, die Rückbindung an praktische Erfahrung und an das Rüstzeug, das jeder braucht, der mit Kindern und Jugendlichen zu tun hat. Diese Linie verlängert sich in meine Analyse ‹Jugend und Kirche› hinein.» (aus: Interview mit H. H.; KBl 88(b) S. 441-449)

[5] Vgl. H. Halbfas: Handbuch, S. 37

Als Ausdruck dieses Ernstnehmens der jungen Menschen wird Inhalt und Umfang der realisierten Aktivitäten gänzlich an die Fertigkeiten, Kompetenzen und die Selbstverantwortung der Jungleiterinnen und -leiter geknüpft und so ist eine der wichtigsten Erziehungsmethoden das Tun.[1] Ebenso müssen verpflichtende Handlungen und Haltungen zur Diskussion gestellt werden, weil nur die eigene Motivation für eine Entscheidung gültig werden kann:

> «... denn es kommt gar keine Motivation zustande, wenn nicht in einer freien eigenen Entscheidung die Motive als verbindlich anerkannt werden. Befehle, Anweisungen und Mahnungen dienen also nicht der Motivation, weil sie in ein Verhalten (zu Recht oder Unrecht) drängen wollen, ohne dass man sich vorher um die Überzeugung und Werteinsicht des anderen für solches Verhalten bemüht. Motivieren helfen kann folglich nur der, welcher grundsätzlich seine Ratschläge, Meinungen und Werturteile diskutierbar sein lässt. Dadurch lernt der Jugendliche, sich aus seinem Wissen ein Gewissen zu machen, Motive gegeneinander abzuwägen und in den als gültig erkannten, Verpflichtung und Rechtfertigung für seine Haltung zu sehen.»[2]

Disziplin, Zucht und Ordnung werden an die Einsicht gebunden, dass Freiheit keine Willkür ist, sondern die Rechte des anderen unangetastet lässt. Das beinhaltet einerseits eine Absage an Drill und äusseren Zwang, soll andererseits aber «durch den Anruf des Helden in der Seele» erreicht werden, «der den Hunger nach Gott ahnt».[3] Die Charakterbildung insgesamt soll nach der Methode einer «indirekten Erziehung» geschehen, die

---

[1] «Das Jungführertum wird in allem ernst genommen. Was der Jungführer selbständig tun kann, soll er auch selbständig tun. Der Priester hütet sich sorgsam vor Arbeiten, die dem Jungführer zustehen. Solange dieser noch nicht fähig ist, sie aufzugreifen, sollen sie ungetan bleiben.» a.a.O. S. 38

[2] A.a.O. S. 158f.

[3] A.a.O. S. 181; das Zitat lautet weiter: «Darum ist echte Disziplin froh und befreiend, weil sie Menschen miteinander vereint, die gemeinsam auf dem Wege zur Heiligkeit sind; (heilig ist der Mensch, der heil ist). Zur Disziplin einer Jugendgemeinschaft gehören wesentlich interessierte Mitarbeit, Pünktlichkeit und Zuverlässigkeit im Kleinen, Ordnung, Gehorsam, kameradschaftliche Rücksichtnahme und ein gewisses Selbstbewusstsein der Gemeinschaft ... *Selbst- und Gemeinschaftsdisziplin* ist Voraussetzung aller Jugendarbeit. Wo sie völlig fehlt und auch für spätere Zeiten ausbleibt, sind keine Erfolge möglich.» (Ebd.)

durch «absichtslose Erziehungseinflüsse», vor allem «durch den zwanglosen Umgang mit dem Erzieher wirksam werden».[1]

Dabei soll es darum gehen, «jene Werte, Ziele, Motive anzubieten, deren Übernahme dem jugendlichen Kraft und Willen stählt, mit seinen Schwächen und Fehlern fertig werden zu wollen. Direkte Erziehung ginge in solchen Fällen rein negativ darauf aus, den Fehler unmittelbar abzuschaffen (z. B. durch direktes Ansprechen des Fehlers und Massnahmen, ihn nicht mehr hochkommen zu lassen). Dabei bleibt der Jugendliche passiv, da er nicht für seine Selbsterziehung begeistert und eingewiesen wird.»[2]

Die Betonung der Freiheit der jungen Menschen, des Respekts ihrer Persönlichkeit und der Selbstbildung sind Akzente, die von Halbfas konsequent durchgehalten werden und zunächst recht modern klingen. Sie dienen aber dem grösseren Erziehungsziel der Einweisung des Menschen in die Ordnung der Welt und das rechte Verhältnis zu Gott. Der reflexive Prozess der Subjektwerdung steht nicht in jenem dialektischen Verhältnis zur Sozialisation wie dies im modernen kritischen Bildungsbegriff der Fall ist. So kommt der Selbstfindung im Blick auf die Gesamttheorie, die im Handbuch entfaltet wird, nur ein relativer Eigenwert zu, und die ganze Persönlichkeitsbildung steht in der potentiellen Gefahr zu einem Instrument kirchlicher Interessen zu werden, zumal wenn – was Halbfas zwar vermeidet – Gott als Gewissensinstanz mit ins Spiel kommt, wie das in popularisierten Formen katholischer Erziehung geschehen ist. Jedenfalls findet sich im Handbuch jene Einsicht in die ambivalenten Mechanismen solchen Gesinnungsdrucks noch nirgends. Dieses Problembewusstsein gewinnt Halbfas erst über die Einsicht in die Geschichtlichkeit aller theologischen Rede sowie aller Vorstellungen von Bildung; der Weg dorthin aber führt bei ihm über eine geschärfte Wahrnehmung der Jugend und ihres Verhältnisses zu Kirche und Wirklichkeit, ein Thema, das sich im Handbuch ankündigt und ihn im Kapitel über die musische Geisteserziehung unversehens zu einer sprachlichen Schärfe inspiriert, wie sie einem im Handbuch nur selten, in seinen späteren Werken jedoch immer häufiger begegnet:

«Presse, Funk, Fernsehen und Film veränderten das menschliche Kulturschaffen beträchtlich und sind zu mächtigen Freizeitfaktoren geworden. Nur noch der Phantast kann dieser Weltgestaltung vorbeigehen und wähnen, durch

---

[1] Vgl. H. Halbfas: Handbuch, S. 489
[2] Ebd.

ein Pflegen der alten Musenkünste den Gefahren der immer stärker konsumierten Unterhaltungsmittel zu entgehen. Das Nächstliegende in dieser Situation darf deshalb nicht ein Behütenwollen vor den Gefahren des heutigen Freizeitangebots sein ..., sondern die musische Erziehung muss offen zur ganzen Welt hin sein, soll nicht abschirmen wollen, sondern ein ressentimentfreies Verhältnis zur Welt der Technik und der Massenmedien ermöglichen. Es genügt somit nicht, das musische Tun zu fördern, gegenüber den modernen Konsumgütern der Freizeit aber lediglich zur Aszese zu ermahnen. Geistige Erziehung muss weltfähig machen! Unsere Jugendorganisationen dürfen in ihren Liedern und Geschichten, auf Fahrt und Lager, in ihren Gesprächen und Besichtigungen nicht mehr so tun, als gäbe es bloss die Welt der klassischen Musen, aber keine komplizierte und die Jugend faszinierende Welt der Technik und der unterhaltenden Konsumgüter. Nur in der Auseinandersetzung mit ihr lernt der Jugendliche ... jene geistige Souveränität, aus der heraus er letzthin ihren Gefahren kritisch zu begegnen, ihre Vorzüge aber unvoreingenommen zu geniessen weiss.»[1]

Dieser Textausschnitt scheint mir in mehrerer Hinsicht bemerkenswert. Ich meine, man könne hier eine sich anbahnende Wende in Halbfas' Erziehungsdenken erkennen. Die Welt hat sich durch den Einfluss der modernen Massenkommunikationsmittel und der Technik rasant verändert. Dieser geschichtliche Wandel wird hier grundsätzlich bejaht, deswegen wird zum Phantasten, wer diesen Prozess ausblendet. Ziel der musischen Erziehung kann es nicht sein, vor dieser Wirklichkeit «abzuschirmen», sondern in ein «ressentimentfreies Verhältnis» zu ihr zu gelangen. Didaktische Arrangements müssen die jungen Menschen folglich zur kritischen Auseinandersetzung mit dieser ambivalenten Wirklichkeit führen, um mit dieser Ambivalenz souverän umgehen zu lernen. Bedenkt man die Struktur des hier beschriebenen Bildungsvorgangs, so verblasst das idealistisch-geschlossene Erziehungsmodell, das tendenziell zu einer Spaltung zwischen Mensch und Welt führt, gegenüber einem dialogisch-weltoffenen, welches souveräne Kritikfähigkeit und Fähigkeit zum Weltgenuss als Ziele verfolgt. Dies aber impliziert eine Neubewertung der Weltwirklichkeit als Massstab und Faktor der Erziehung. Es braucht kaum erläutert zu werden, wie weit dieses Bildungsdenken von den Erziehungsvorstellungen entfernt ist, die Halbfas am Anfang des Handbuchs zitiert.

---

[1] Vgl. H. Halbfas: Handbuch, S. 451f.

Nun bleibt der Zündstoff dieses neuen Ansatzes allerdings in seinem Kontext verdeckt, als Eindruck flüchtig und in der dargebotenen Pointierung nur mit dem Überblick über das Gesamtwerk wahrnehmbar. Denn Halbfas macht sich hier ja Gedanken über die musischen Aspekte der Geisteserziehung. Man übertrage den Gedankengang aber auf das Verhältnis von Glaube und Welt, ersetze im obigen Zitat den Terminus «geistige Erziehung» durch «Glaube» und erhält sinngemäss Aussagen, die knappe zehn Jahre später mit der Forderung nach «weltfähigem Glauben» für einige Aufregung sorgten.[1] In unserem Textzusammenhang wird die vorübergehende Aufregung allerdings gleich wieder zurückgenommen. Denn im unmittelbaren Anschluss an das obige Zitat kann man unter dem Titel «Gewöhnung» als Methode der geistigen Erziehung das schiere Gegenteil des Vorherigen lesen:

«Eine Welt rastloser Arbeit aber ist eine Welt des Ungeistes: sie steht wider die menschliche Würde, weil sie den Menschen abstumpft ... Langeweile ... regiert dann die arbeitsfreie Zeit, wenngleich das moderne Management ‹Freizeitgestaltung› durch Konsum von Massenunterhaltungsmitteln gegen die Leere organisiert. Musse ist also notwendige Voraussetzung für jene geistige Lebendigkeit, in welcher der Mensch zu sich selbst kommt: zu fruchtbarem Denken und einem genussvollen Erleben der Wirklichkeit jenseits der Sensation.»[2]

Wird hier nicht genau jene Askese, die der erste Text als Erziehungsmethode diskreditiert hat, wieder in Amt und Würden bestätigt, und zwar im Dienst einer generellen Abwehr der modernen Freizeitangebote, deren Vorzüge gerade eben zum Genuss freigegeben worden sind? So finden sich also in Halbfas' frühem «Handbuch der Jugendseelsorge» schon Ansätze seiner Sorge um eine weltfähige Didaktik, die gewissermassen auf Entfaltung warten.

---

[1] «So ist der Glaube nie ohne Welt, vielmehr ist die Welt sein Material und seine Konkretion ... Glaube lässt die Wirklichkeit nie hinter sich, sondern führt in sie hinein. Er nimmt die Wirklichkeit wie sie ist und erweist sich gerade im Annehmen und Aushalten, wie im Gestalten und Verändern der Wirklichkeit.» vgl. Fundamentalkatechetik, S. 55f.
[2] Vgl. H. Halbfas: Handbuch, S. 453

2.2.6 Das Konzept der religiösen Erziehung im Handbuch der Jugendseelsorge

Beim Versuch, wesentliche bildungstheoretische Standpunkte des Handbuchs der Jugendseelsorge zu identifizieren, hat sich im vorausgehenden Abschnitt gezeigt, dass Halbfas pädagogische Grundsätze vertritt, die sich durchaus in heute gängige Bildungskonzepte einfügen liessen, so sein Methodenbewusstsein, die Betonung von Bildung als Selbstbildung, vor allem aber seine Wertschätzung des jungen Menschen, Anliegen, für die er bis heute eintritt. Er steht damit in der Tradition wert-, moral-, und reformpädagogischer Bestrebungen[1], die im ersten Drittel des 20. Jahrhunderts das Erziehungsverständnis prägten und ihre Anliegen unter dem neuen Begriff ‹Religionspädagogik› zusammenfassten.[2] Halbfas gebraucht diesen Terminus im Handbuch jedoch nicht. Bemerkenswerter noch, er reflektiert auch seine wissenschaftstheoretischen Voraussetzungen noch nicht und die potentielle Spannung zwischen den beiden Bezugsdisziplinen Theologie und Pädagogik scheint ihn nicht zu berühren.[3] Vielmehr gehört offenbar ge-

---

[1] Halbfas bezieht sich im Handbuch wiederholt auf den bereits eingangs des letzten Abschnitts zitierten F. W. Foerster (1869–1966). Foerster, zunächst Ethiker und Moralpädagoge, begann das Interesse evangelischer und katholischer Reformkatechetiker auf sich zu lenken, als er in den Jahren 1903/4 eine sensationelle Wendung zum Religiösen hin vollzog. So wandte er sich von der ‹Deutschen Gesellschaft für Ethische Kultur›, die für religionslose Moralbegründung und areligiösen Moralunterricht eintrat, ab, um immer entschiedener für eine religiöse Begründung der Sittlichkeit einzutreten. In seinem Buch ‹Schule und Charakter› (1907) schreibt er: «Man wird beginnen, sich mit grosser Intensität der Pflege ethischer Kräfte zu widmen – und dabei wird man gewahr werden, dass die ethische Seelsorge aus ihrer eigensten Psychologie heraus nach religiöser Begründung und Befestigung verlangt.» (Foerster: Schule und Charakter, Zürich 1907, S. 202). In einem programmatischen Aufsatz unter dem Titel «Die Persönlichkeit Christi und die moderne Jugend» (MevRU I, S. 41-51) umreisst er 1908 die religionspädagogische Methode: «Die wahre religionspädagogische Methode muss daher heute eine induktiv-realistische, vom Zustande des lebendigen Menschen ausgehende sein.» (S. 41) Dabei ist es Foerster wichtig, «nicht vom Gotte auszugehen, sondern vom Menschen und aus der Schilderung des Menschen das Übermenschliche ahnen zu lassen.» (S. 42) Vgl. zu Fr. W. Foerster auch die ausführlicheren Angaben bei H. Schilling: Grundlagen S. 62ff., von hier auch die Zitate.

[2] Vgl. hierzu die einleitenden Bemerkungen im Kapitel 2.1.3.

[3] H. Schilling hat die Genese der religionspädagogischen Bewegung zu Beginn des 20. Jahrhunderts in seiner oben schon mehrfach zitierten, bis heute gültigen Untersuchung zu den Grundlagen der Religionspädagogik differenziert dargestellt. Er

rade das spannungsvolle Nebeneinander induktiver und deduktiver Denkweisen zu den typischen Merkmalen seiner Arbeit.

Was Halbfas im zweiten Teil des Buches zur religiösen Erziehung zu sagen hat, bindet denn auch alles bisher Entfaltete an ein dogmatisch deduziertes Ordnungsgefüge zurück, eine Theorie der religiösen Erziehung eben; so relativiert es den Eigenwert der in die Theorie der Jugendführung eingeflossenen erziehungswissenschaftlichen Erkenntnisse und macht deutlich, dass Halbfas die theologischen und pädagogischen Aussagen nicht parataktisch, sondern hypotaktisch zuordnet. Er teilt damit die traditionelle katholische Überzeugung, nach der Theologie und Pädagogik im Verhältnis prinzipieller Über- und Unterordnung stehen. Weil dabei die Theologie ihren Vorrang aus Offenbarung und Glaube ableitet, erweist sich dieses Verhältnis überdies sakral legitimiert und damit als hierarchisch bestimmt:

«Alle Erziehung ist letzthin religiöse Erziehung, so dass F. X. Eggersdorfer definieren kann: ‹Erziehung ist Heilswille am Kind› ...

Aus diesem Grunde wollen die vorausgegangenen Kapitel als Hinführung zu religiöser Erziehung verstanden werden, zumal es keine religiöse Erziehung gibt, die als isolierter Komplex neben anderen, von ihr unabhängigen Erziehungsbereichen stände. Religiöse Erziehung *durch* Leibeserziehung, *durch* Geisteserziehung, *durch* sittliche Erziehung ist unsere Perspektive, denn in all diesen Aufgaben geht es uns zuinnerst um Gottes Ehre und des Menschen umfassendes Heil. Der religiösen Erziehung dienen darum nicht allein die Veranstaltungen der allgemeinen Jugendseelsorge, sondern in bedeutendem Masse auch die Eigenveranstaltungen der Jugendgemeinschaften: Gruppenstunde, Versammlung, Fest und Feier, Fahrt und Lager, sowie deren Elemente: Singen,

---

kommt zum Schluss, «dass Religionspädagogik zunächst einmal im Zuge jener innerkatechetischen Entwicklung begriffen werden müsse, die im 19. Jahrhundert mit der Verabsolutierung der Schulkatechese, mit immer stärker werdender Betonung ihres Erziehungsmoments und mit fortschreitender Pädagogisierung der Katechetik verbunden war und die schliesslich im beginnenden 20. Jahrhundert zur katholischen und evangelischen Reformkatechetik geführt hat.» (a.a.O. S. 72) Er konstatiert ferner, «dass die Religionspädagogik dort, wo sie sich faktisch nach dem von Göttler entworfenen ... wissenschaftstheoretischen Modell entfaltete, zur katholischen Sonderform der Kultur- und Wertpädagogik geworden ist» (a.a.O. S. 100), die freilich bald schon – v.a. durch J. Bernberg und R. Peil – scharf kritisiert wurde. Diese machten geltend, dass Religionspädagogik und Katechetik wegen ihrer prinzipiellen Rückbindung an Offenbarung, Glaube und Bekenntnis nicht mit den Erkenntnismitteln der Erziehungswissenschaften, sondern sachlich angemessen und wissenschaftlich legitim nur auf dem Boden der Theologie betrieben werden dürfe. (Vgl. a.a.O. S. 101)

Vorlesen, Wochenbericht, Leitwort, Vortrag, Gespräch, Schriftlesung, Gemeinsames Gebet.»[1]

Halbfas interpretiert mit F. X. Eggersdorfer *Erziehung* also soteriologisch[2] und es wird deutlich, dass sich mit der theologischen Umdeutung des pädagogischen Begriffes *Erziehung* in *Heilswille* eine Hierarchisierung vollzieht, durch die sämtliche erzieherischen Unternehmungen in eine höhere Ordnung gestellt werden.

Die Denkfigur, die hier zugrunde liegt, hat H. Schilling als Proportionalitäts-Analogie bezeichnet. An einem Kernsatz aus Klemens von Alexandriens «Paidagogos»: «... der Herr verhält sich so gegen uns wie wir gegen unsere Kinder»[3], zeigt er das Zustandekommen dieser Analogie auf: Das christliche Heilsverhältnis (Gott-Heilsempfänger) wird als Analogon des Erziehungsverhältnisses (Erzieher-Zögling) aufgefasst. «Wird nun vollends aus dieser Verhältnisgleichung ein Analogieschluss gezogen, d. h. schliesst man aus der Ähnlichkeit der beiden Verhältnisse, dass auch die Eigenschaften der Verhältnisglieder des einen Verhältnisses denen des anderen ähnlich sind, so ist es von da aus nur noch ein kleiner Schritt bis zu jener metaphorisch verkürzten Aussage, die auf der einen Seite Gott (Christus) als Erzieher und den Heilsempfänger als Erziehungsobjekt begreift, während sie auf der anderen Seite den Erzieher in der Rolle des Heilsvermittlers und den Zögling in derjenigen des Heilsempfängers sieht. Und gerade diese Metaphorik ist in der katholischen Pädagogik gang und gäbe. Auf Grund der ihr von alters her eigenen analogischen Denkweise legt

---

[1] Vgl. H. Halbfas: Handbuch, S. 547

[2] Vgl. F. X. Eggersdorfer, Art. «Erziehung» in Lexikon der Pädagogik der Gegenwart, hrsg. von J. Spieler, 2 Bde. Freiburg 1930 ff., Bd. I, 673

[3] Die bewusste kategoriale Umsetzung von Heilsgeschehen in Erziehungsgeschehen und damit von Theologie in Heilspädagogik hat altchristliche Wurzeln und geht vermutlich auf Klemens von Alexandrien (gest. vor 215 n. Chr.) zurück. Anknüpfend an neutestamentliche Ansätze wie Tit. 2, 11f. entwirft er in seinem «Paidagogos» eine Perspektive, in der die Heilsgeschichte zum göttlichen Bildungswerk, die Offenbarung zum Bildungskanon, der ewige Logos zum Pädagogen der Menschheit und das Evangelium zu einer Pädagogik des Logos wird: «Mit allen Kräften, mit Verwendung aller Mittel seiner Weisheit hat sich der Erzieher der Menschheit, unser göttlicher Logos, darangemacht, die Unmündigen zu retten, indem er ermahnt, tadelt, Vorwürfe macht, zurechtweist, droht, heilt, Verheissungen gibt, Gnadengaben spendet, den unvernünftigen Trieben der Menschheit gleichsam viele hemmende Zügel anlegt. Um es kurz zu sagen, der Herr verhält sich so gegen uns wie wir gegen unsere Kinder.» (vgl. hierzu H. Schilling, Grundlagen, S. 180, von hier auch zitiert)

sie nicht nur das Heilsverhältnis (Gott/Christus-Heilsempfänger) als Erziehungsverhältnis (Erzieher-Zögling) aus, beschreibt sie nicht nur Erlösung als Erziehung und betreibt nicht nur Theologie als Heilspädagogik, sondern dies alles auch umgekehrt: Das Erziehungsverhältnis bekommt die Rolle eines Heilsverhältnisses, Erziehung verwandelt sich in Heilsvermittlung und Pädagogik in Erziehungstheologie.»[1]

Das von Halbfas aufgenommene Eggersdorfer-Zitat basiert demnach auf der Annahme, dass Heilsintention und Heilseffekt zu den wesentlichen Merkmalen erzieherischen Handelns gehöre. Eine Erziehungslehre, *die Erziehung als Heilsverwirklichung* beschreibt, wird konsequenterweise aber auch das Erziehungsziel im Bereich der eschatologischen Heilsgüter bestimmen:

«Das Erziehungsziel ist vom Lebensziel des Menschen her zu bestimmen. Seinem Endziel sind alle anderen Mittel- und Teilziele untergeordnet; von ihm bekommen sie Rang und Bedeutung zugemessen ...

Unser Erziehungs- und Lebensziel ist mit dem Ziel der Nachfolge Christi identisch ... Unsere Erziehung führt zu Gott durch Christus. Christus ist das Vorbild, dessen Nachbild im jungen Menschen geweckt und gestaltet werden soll ...»[2]

Das traditionell katholische Bildungszieldenken bewegt sich in der Kategorie der Gottebenbildlichkeit, bzw. Christförmigkeit, die in der scholastisch-mystischen Imago-Dei-Lehre beheimatet ist. Dass Halbfas insbesondere die mystische Metapher der *imitatio Christi* aufnimmt, unterstreicht freilich die Unverfügbarkeit des Zieles und die Bedeutung der Selbstbildung im Erziehungsprozess; denn er betont ja immer wieder, dass der Beitrag des Erziehers eher in einem «Sein-Vorbild» als in «Reden oder Tun» liege.[3] Andere prominente katholische Autoren heben vergleichsweise die aktive Rolle des Erziehers stärker hervor.[4] Doch will mir scheinen, gerade in der

---

[1] Vgl. H. Schilling: Grundlagen, S. 181f.
[2] Vgl. H. Halbfas: Handbuch, S. 547f.
[3] Vgl. F. X. Eggersdorfer, Art. «Erziehung», a.a.O.
[4] So J. Bernberg: «Menschen erziehen heisst, Christus in ihnen zeugen.» in: Umriss der katholischen Pädagogik, Regensburg 1923, S. 81 oder auch J. Engert: «Bildung als Handlung ist demgemäss die Führung des werdenden Menschen zum Bildungsgut; wesenhaft ausgedrückt die Zeugung des geistigen Menschen aus Gott als ein renasci ex Deo (Joh. 3,5), gewirkt durch den hl. Geist Gottes, vermittelt durch

Betonung dieser Imitatio-Metapher komme zum Ausdruck, dass Halbfas von der Erreichbarkeit seiner bildungstheologischen Zielsetzungen überzeugt ist; dies offensichtlich weniger im Vertrauen auf die Leistungsfähigkeit erzieherischer Massnahmen als aus der Zuversicht, dass Gott das erzieherisch Wichtigste besorgt. Vorausgesetzt nämlich, christliche Erziehung sei ein Analogon, mehr noch, ein Spezifikum göttlichen Heilswirkens, dürfte ja auch das Erziehungsziel jenseits der Grenze menschlicher Möglichkeiten liegen, denn Gott selbst würde, wo die menschlich-erzieherische Kraft versagt, mit übernatürlichen Mitteln zu Hilfe kommen. So könnte eine folgerichtige theologische Begründung für Halbfas' Bildungsziel-Optimismus lauten.[1] Jedoch, derlei Präzisierungen finden sich nicht im Handbuch. In auffälliger Weise bleibt es zu supranaturalistischen Explikationen auf Distanz, von denen sich im zeitgenössischen Kontext viele nachweisen lassen.[2] Und er vermeidet die supranaturalistischen Vorstellungen konsequent:

> «An dieser Stelle muss mit Nachdruck darauf hingewiesen werden, dass sich die Aufgabe der Erziehung nicht darin erschöpft, die Naturanlagen des jungen Menschen zu entfalten, sondern die natürlichen Anlagen und Kräfte des menschlichen Lebens der übernatürlichen Mitteilung göttlichen Lebens zu öffnen, ‹sie so über sich selbst hinaus zu steigern›[3], so dass der ganze Mensch vom göttlichen Leben erfasst und verklärt wird und mit dem Menschen die ihm zugehörige Welt. Dann erstrebt Erziehung, dass Gottes Reich komme, Menschen und Welt heute schon erfasst und zum Himmel macht, dass der Mensch diesem ständigen Kommen Gottes geöffnet bleibt und ihm dient, bis alles in der sichtbaren Wiederkunft des Herrn vollendet ist und der neue Mensch in dem neuen Himmel und der neuen Erde sein letztes Ziel gefunden hat.»[4]

---

den im Auftrag und Geist der Kirche tätigen Bildner und Erzieher.» in: Die Bildungslehre der katholischen Religion, München 1932, S. 69 (zitiert nach H. Schilling, Grundlagen S. 187)

[1] Vgl. H. Schilling: Grundlagen S. 189

[2] Ich nenne exemplarisch L. Bopp, der den Vorgang, der auf das Ziel der Gottebenbildlichkeit des Zöglings hinführen soll, als sakramental mystischen Akt beschreibt, indem er sagt, der Erzieher habe «die Höchstaufgabe und das letzte Ziel, zusammen mit dem ewigen Vater, im Anvertrauten Christus selber hervorzubringen, ähnlich wie Maria in der Teilnahme an Gottes Vaterschaft dem Sohne Gottes Menschengestalt in ihrem Schoss verlieh ...» in: Heilerziehung aus dem Glauben. Zugleich eine theologische Einführung in die Pädagogik überhaupt, Freiburg 1958, S. 103 (zitiert nach H. Schilling S. 190)

[3] Vgl. Foerster, Erziehung und Selbsterziehung, Zürich 1917, S. 107

[4] Vgl. H. Halbfas: Handbuch, S. 484

Halbfas zieht eine Linie bis zum Ziel der Schöpfungsvollendung; und im theologischen Bild vom *kommenden Gottesreich* findet er eine dynamische Formel, die Vervollkommnung nicht statisch in ein Jenseits verlegt, sondern das Eschaton schon im Hier und Jetzt verankert. Es ist also festzuhalten, dass ihm im Gegensatz zu vielen zeitgenössischen Autoren viel an der Weltbezogenheit seiner theologischen Rede liegt.

Wenn die Lehre von Wesen, Ziel und von den Subjekten der Erziehung ins Theologische übersetzt und in Heilspädagogik umgewandelt werden, dann müssen konsequenterweise auch Teile der Methodik theologisiert werden, oder umgekehrt: dann wird das kirchliche Handeln am Menschen, v. a. in den Sakramenten, als Erziehungsmittel ausgelegt:

> «In der Taufe bekommt jeder Mensch die drei göttlichen Tugenden des Glaubens, der Hoffnung und der Liebe ‹eingegossen›. Diese göttlichen Tugenden sind die Lebenskräfte des Gnadenlebens und gleichzeitig die Grundlegung für den übernatürlichen Adel des sittlichen Lebens, denn christliche Sittlichkeit ist nichts anderes als Leben aus den Gnadenquellen der drei göttlichen Tugenden. Die göttlichen Tugenden ordnen den Menschen in seiner ganzen Existenz auf Gott hin und befähigen ihn zur Nachfolge Christi mitten im alltäglichen Leben. Sie sind Seinserhöhung, die schlechthin das übersteigt, was der Mensch aus sich selbst sein kann.» [1]

Um das Ziel der Christförmigkeit als pädagogischen Begriff plausibel zu machen, muss nun also eine Methode aufgezeigt werden, die über die Grenze des *Natürlichen hinaus ins Übernatürliche* führt. Diese Methode, dieses übernatürliche Erziehungsmittel stellt im Zitat das Taufsakrament dar. Mit der Taufe wird die Gnade über einem Menschenleben mächtig. Glaube, Liebe und Hoffnung, die drei katholischen Kardinaltugenden wiesen dem Menschen seinen Platz in der göttlichen Ordnung der Welt zu, die Gnade aber zieht ihn aus dem Bereich des Natürlichen in die Seinserhöhung übernatürlichen Adels.

Das Handbuch steht in guter katholischer Tradition, wenn es den natürlichen Erziehungsmitteln wie Gewöhnung, Belehrung, Beispiel, Wetteifer, Belohnung und Strafe die übernatürlichen zur Seite stellt. Unter ihnen steht die Gnade als die Summe aller an erster Stelle. Im weiteren folgen dann Gebet, Glaubensverkündigung und Sakramente und andere. Nun ist die

---

[1] Vgl. H. Halbfas: Handbuch, S. 494

Vorstellung, die hinter der Rede von der «Seinserhöhung» und vom «übernatürlichen Adel des sittlichen Lebens» steht, fraglos hierarchisch geprägt, doch sie intendiert wiederum weniger das supranaturalistische Konzept einer «Übernatur»[1], sondern kann interpretiert werden als ein sekundärer geistlicher Reifungsprozess auf der Grundlage einer gesunden moralischen Ordnung:

> «In (der) Einordnung und Fundamentierung der religiösen Erziehung im natürlichen Lebensraum des jungen Menschen wird der pädagogisch so wichtige Satz: ‹gratia supponit naturam› ernst genommen. Eine gesunde vitale und moralische Ordnung ist im Jugendlichen die beste Grundlage für religiöses Leben und Reifen.»[2]

H. Schilling hat darauf aufmerksam gemacht, dass das Verhältnis der natürlichen Erziehungsmittel zu den übernatürlichen nach dem dogmatischen Grundmuster des Verhältnisses zwischen Gnade und Natur modelliert ist.[3] In diesem Zusammenhang spricht K. Rahner vom «durchschnittlichen Verständnis von Natur und Gnade in der nachtridentinischen und neuscholastischen Theologie»[4] und kennzeichnet dasselbe summierend wie folgt:

> «Kurz, das Verhältnis zwischen Natur und Gnade wird so gedacht, dass sie wie zwei ganz vorsichtig übereinandergelagerte Schichten erscheinen, die sich möglichst wenig durchdringen. Dementsprechend ist die Ausgerichtetheit der Natur auf die Gnade möglichst negativ gedacht: die Gnade ist zwar tatsächlich eine unüberbietbare Vervollkommnung der Natur; zwar kann Gott als der Herr

---

[1] Vgl. Th. Soiron beschreibt beispielsweise die «Übernatur als Einheits- und Führungsprinzip der katholischen Religionspädagogik»: Die natürliche Erziehung habe «die Aufgabe, die Natur zum Organ der Übernatur zu bereiten und sie ihr zur Verfügung zu stellen. Das ist aber ein Supranaturalismus, der die Rechte der Natur durchaus wahrt, der auch eine innernatürliche Vollendung fordert, der sie aber so fordert, dass sie ihre letzte Sinnverwirklichung in der Übernatur findet und sich darum in all ihrer Arbeit zuletzt in ihr rechtfertigt und rechtfertigen muss. Dieser Supranaturalismus garantiert die Struktureinheit des Christen, des Gotteskindes; er zeichnet die Perspektive, in der der Säkularismus überwunden, und eine Erziehung geleistet wird, die dem wirklichen Christen, dem katholischen Menschen dient.» vgl. den Aufsatz Soirons «Übernatur als Einheits- und Führungsprinzip der katholischen Religionspädagogik», in: L. Bocks (Hrsg.): Übernatur und erziehender Religionsunterricht, Hildesheim 1937, S. 13-36 (zitiert nach H. Schilling: Grundlagen, S. 195)
[2] Vgl. H. Halbfas: Handbuch, S. 547
[3] Vgl. H. Schilling, a.a.O. S. 196
[4] Vgl. K. Rahner: Natur und Gnade, in: Schriften zur Theologie, Bd. IV, Einsiedeln-Zürich-Köln 1961, S. 209

dieser Natur vom Menschen fordern, dass er sich dem faktisch existierenden Willen Gottes zu einem übernatürlichen Ziel und Leben für den Menschen unterwirft und sich für die Gnade öffnet, aber die Natur von sich aus hat dazu nur eine ‹potentia oboedientialis›, die in einem möglichst negativen Sinn aufgefasst wird: die blosse Nichtwidersprüchlichkeit einer solchen Erhebung der Natur.»[1]

Ich meine, dass dieses Natur-Gnade-Schema auch im Erziehungskonzept des Handbuchs Eingang gefunden hat, jedoch nicht in seiner klassischneuscholastischen Erscheinungsform; denn die Natur wird deutlich aufgewertet. Halbfas betont die Wichtigkeit des «natürlichen Lebensraums» junger Menschen, also *der Natur*, als des ordentlichen Raumes, in dem sich *religiöse Erziehung*, also *die Gnade* entfalten kann. Noch deutlicher kommt dies im folgenden Zitat zum Ausdruck:

«Menschliche Natur ist alles das, was im Wesen des Menschen an Kräften und Möglichkeiten grundgelegt ist, um ganz er selbst zu werden und den göttlichen Bildcharakter in der ihm eigenen und gemässen Weise herauszubilden. Auf diesen Kräften, Trieben und Anlagen baut sich das menschliche Leben auf, doch sind sie nicht schlechthin geordnet und harmonisch untereinander geeint, sondern seit dem Sündenfall in ihrer Einheit gestört, stets versucht auszubrechen und sich zu verselbstständigen. Diese Unordnung in der menschlichen Natur, die etwa durch Auflehnung eines Triebes gegen das Ordnungsganze oder durch Übergehen der Rechte der Triebnatur entsteht, bewirkt immer eine Deformierung und Disharmonie in der Natur des Menschen, *denn Natur ist ‹etwas Verbindliches›, das nicht der Willkür untersteht, sondern als gottgegebene Ordnung in sich selbst die Gesetze trägt, nach denen sie erkannt und anerkannt werden will.*»[2]

Die menschliche Natur enthält gewissermassen in nuce alle Entfaltungsmöglichkeiten, letztlich sogar den göttlichen Bildcharakter. Zwar ist sie seit dem Sündenfall in ihrer harmonischen Einheit, ihrer Ordnung, gestört. Diese Störung wird jedoch als potentielle Fähigkeit zur Unordnung gekennzeichnet, nicht als statischer Ist-Zustand. Nein, die Natur trägt in sich selbst die Gesetze der göttlichen Ordnung. Deswegen hat sie auch aus sich selbst heraus erzieherische Potenz.

---

[1] K. Rahner, a.a.O. S. 212
[2] Vgl. H. Halbfas: Handbuch, S. 483 (Hervorhebung durch M. M.)

Veranschaulichen lässt sich dies an den Ausführungen zur Ästhetik, vor allem zum Bild:

«Unsere Jugendgemeinschaften würden oft weniger ungeprägt sein, wenn die Heime mehr Zucht und Formgefühl atmeten. Sie haben die schöne Chance, eine stilvolle Gestaltung des eigenen Wohnraumes daheim anzuregen. Wenn der Jungführer für diese lohnende Aufgabe wach ist, wird er durch sie spürbaren Einfluss auf Geschmack und Lebensform des jungen Menschen gewinnen. Denn «die Form, die dich umgibt, wirkt auf dich selbst zurück, auch dann, wenn du sie kaum bewusst gewahrst. Sorgfalt kannst du nie genug an deine Heimstatt wenden. Die Heimstatt soll dir Zuflucht sein und dich durch alles, was sie bergen mag, zur Freude stimmen; zu warmer, seelischer Heiterkeit» (Bo Yin Ra).[1]

Die Bildhaftigkeit der hier verwendeten Sprache macht das Heim gewissermassen zum «lebendigen Erzieher». Es «atmet Zucht und Formgefühl»; wer sich also dort aufhält, wird demnach von seiner Ordnung geprägt. Diese Aussage betrifft den *natürlichen Bereich*, den natürlichen Lebensraum der Jugendlichen, das Heim, und die *natürliche Erziehung* zu «vitaler und moralischer Ordnung». Aber auch und gerade im religiösen Bereich traut Halbfas der Ästhetik zu, entscheidend bildende Impulse zu vermitteln. Vor allem *das Bild* hat dabei besondere Möglichkeiten:

«Wer Christus als Vorbild vermitteln möchte, muss bemüht sein, dieses Vorbild *bildhaft zu* vermitteln, weil der Mensch danach verlangt, wenn das Vorbild in ihm sein Nachbild wecken soll.»[2]

«Ein Heim mit Schränken, Tischen und Stühlen kann noch leer sein. Wohl mögen Möbel den Raum wohnlich füllen, aber das allein tut es nicht. Dem Heim fehlt noch das Fenster zu einer höheren Welt: ein Bild. Wir reden hier nicht vom Wandschmuck, sondern von einem grossen Bild, das die geistige Mitte des Raumes ausmacht. Solch ein Bild bedarf starker Aussagekraft; es soll wahrhaftig sein und den Menschen frei für eine höhere Welt machen.»[3]

«Die Jugend sieht gerne. Ihre Phantasie, Vorstellungswelt und Leitbilder werden stark von Bildern beeinflusst, denn das Bild ist optische Verkündigung

---

[1] Vgl. H. Halbfas: Handbuch, S. 55
[2] Vgl. H. Halbfas: a.a.O. S. 548
[3] Vgl. H. Halbfas: Handbuch, S. 57

und soll das Heilsgeschehen sichtbar machen, soweit es sich eben in Zeichen und Gleichnissen, d.i. in Bildern, sichtbar machen lässt.»[1]

Ein Bild als «geistige Mitte», als «Fenster zu einer höheren Welt» und als «optische Verkündigung»: die Grenze zwischen *natürlicher und übernatürlicher Methode* scheint hier zu verschwimmen. Seine erzieherische Kraft wirkt zunächst Charakter bildend, dann aber in scheinbar kontinuierlicher Weiterführung ebenso als Verkündigung zum Glauben.

Freilich: Bild ist nicht einfach Bild und mit dem blossen Aufhängen ist es nicht getan. Halbfas kritisiert die Ästhetik der zeitgenössischen kirchlichen Kunst und stellt damit implizit inhaltliche und didaktische Kunst-Kriterien auf, die etwas über die kultur-historische und geistesgeschichtliche Voraussetzung seiner Ordnungs-Vorstellung aussagen: Er beklagt «die Flut unzulänglicher und entstellender Bilder», die der «Naturalismus seit der Renaissance» hervorgebracht hat; die Bibel diene dabei als Vorwand, technische Fertigkeiten zu produzieren, wobei die formale Artistik das inhaltliche Manko zu verdecken suche. Schliesslich wird deutlich, welche Kategorie von Bildern er im ästhetischen Sinn für geeignet hält:

«So ist es nicht verwunderlich, dass sich der Offenbarungsbereich, den die Kunst darstellt, immer mehr einengt: zunehmend werden Szenen aus dem irdischen Wirken Jesu bevorzugt, kaum trifft man auf Darstellungen des verklärten und erhöhten Herrn, und wenn, dann unterscheiden sie sich in nichts von der naturalistischen Darstellungsweise seines irdischen Lebens.»[2]

---

[1] Vgl. H. Halbfas: a.a.O. S. 549

[2] Das vollständige Zitat lautet: «So reich nun die christliche Kunst an wertvollen Christusdarstellungen ist, so verheerend ist auch die Flut unzulänglicher, entstellender Bilder – ganz abgesehen von ausgesprochenem Kitsch. Der Naturalismus, der spätestens seit der Renaissance die religiöse Kunst beherrscht, hat viel dazu beigetragen, die bildhafte Verkündigung heilsgeschichtlicher Ereignisse verflachen zu lassen, ja, die Dinge auf den Kopf zu stellen: die Bibel lediglich als ‹Vorwurf› zu benutzen, um daran sein Können zu produzieren, wobei es nicht mehr auf das ‹was›, sondern nur auf das ‹wie› ankommt. So ist es nicht verwunderlich, dass sich der Offenbarungsbereich, den die Kunst darstellt, immer mehr einengt: zunehmend werden Szenen aus dem irdischen Wirken Jesu bevorzugt, kaum trifft man auf Darstellungen des verklärten und erhöhten Herrn, und wenn, dann unterscheiden sie sich in nichts von der naturalistischen Darstellungsweise seines irdischen Lebens.» Vgl. H. Halbfas: Handbuch, S. 549

Hier argumentiert Halbfas mit ästhetischen Kriterien des Idealismus. Allerdings denkt er damit nicht konservativer, als die zeitgenössische Katechetik es im allgemeinen tut.

Neben diesem inhaltlichen Niveau fordert Halbfas aber auch ein didaktisches. Das Aufhängen eines Bildes dürfe sich nicht in der «materiellen Anschaffung» erschöpfen. Das Bild müsse «allen gedeutet werden», «damit die Jugend nicht nur zwischen Bildern, sondern vor allem mit Bildern lebt ...»[1]

Die etwas breiter dokumentierte Veranschaulichung anhand von Ästhetik und Bild zeigt zunächst, dass die hierarchische Zuordnung von Natur und Gnade zwar beim frühen Halbfas sprachlich noch anklingt, dass er sich jedoch schon 1960 im wesentlichen davon verabschiedet hat. Sie ist einem andern Denkmodell gewichen, dass ich als *zentristisch* bezeichnen möchte. Es ist ganzheitlicher und verläuft strukturell von der Peripherie zur Mitte hin, wobei die Peripherie zu deuten ist als die Oberfläche der Wirklichkeit, die Mitte aber als das Mysterium Christi. Bei näherem Zusehen erweist sich dieses theologische Denken, wie gleich noch zu zeigen ist, beeinflusst durch die material-kerygmatische Erneuerung.

In zweiter Linie zeigt sich, dass die zentrale Bedeutung, welche die Bilddidaktik in Halbfas' aktueller Unterrichtstheorie hat, bis in sein erstes Werk zurückverfolgen lässt. Die dort enthaltene ästhetische Theorie fusst im wesentlichen auf denselben Grundannahmen wie die Ausführungen im Handbuch.

«Die material-kerygmatische Erneuerung der Glaubensverkündigung gehört zu den schönsten Hoffnungen der Kirche unserer Zeit. Ihre Rückbesinnung auf die Quellen hat uns gerade jene Werte und Grundzüge der Offenbarung herausgestellt, die den Fragen und Nöten der Menschheit von heute entsprechen und die insbesondere die Jugend wieder hellhörig machen kann für die dynamische, weltvertiefende und lebensstärkende Kraft der Frohen Botschaft.»[2]

---

[1] Das vollständige Zitat lautet: «Doch einerlei, welche Kunst sich die Gemeinschaft erobern mag: nie darf es nur eine materielle Anschaffung sein, die nicht zum geistigen Besitz führt. Das Leben und die Zeit des Künstlers, seine Aussage und die Sprache des Bildes müssen allen gedeutet werden, damit die Jugend nicht nur zwischen Bildern, sondern vor allem mit Bildern lebt und ihre Abgründigkeit erfährt.» Vgl. Halbfas: Handbuch, S. 57

[2] Vgl. H. Halbfas: Handbuch, S. 210

Mit dieser zuversichtlichen Stellungnahme gibt Halbfas hier den theologischen Standpunkt an, der den Hintergrund zu seinem didaktischen Denken bildet. Mit direkten Bezügen auf F. X. Arnold und J. A. Jungmann sowie auf die weiter zurückliegenden Gedanken J. M. Sailers bekommt seine Theologie eine Kontur.[1]

Mit Arnold und Sailer lehnt er «ein Christentum des Begriffs» ab[2], ebenfalls mit Arnold fordert er eine heilsgeschichtliche Akzentuierung der Glaubensunterweisung:

«Keine Ideen, Weltanschauungen, Philosophien, sondern ‹Ereignis und Drama›; nicht ein System von Lehren, sondern ein System der Taten, der Heilstaten Gottes und damit eben Geschichte»[3] Konkret bedeutet dies eine theologische Konzentration auf die Auferstehung Christi[4] und als weitere Konsequenz daraus auf die Eschata[5].

Damit werden klare Antworten auf die material-kerygmatische Frage gegeben, wie sie ebenfalls F. X. Arnold gestellt hat: «Was ist zu verkünden und wo liegt die Mitte, der zentrale Inhalt dessen, was in Predigt und Katechese zu sagen ist?»[6] Und diese Antworten decken sich weitgehend mit den klassischen Ausführungen J. A. Jungmanns über Verkündigung und Unterweisung. Diese «haben nicht eine popularisierte systematische (scholastische) Theologie zu

---

[1] Vgl. oben die Kapitel 2.1.3 und 2.1.4

[2] Vgl. J. M. Sailer: «Du sollst kein blosses Christentum des Begriffs predigen, sondern eine leben- und tatenvolle, eine historische Christuswelt ...»; zitiert im Handbuch S. 210 aus F. X. Arnold: Katechese aus der Mitte der Heilsgeschichte, KBl 81, 1956 S. 232

[3] Vgl. H. Halbfas: Handbuch, S. 210; vgl. F. X. Arnold: a.a.O.

[4] «Das Osterkerygma ist Kern und Lebensmitte aller christlichen Heilswahrheiten, nämlich die Botschaft von unserer Auferstehung und der sichtbaren Weltneugestaltung in Anteilnahme an Christi Tod, Auferstehung und Verherrlichung. So ist denn in Christus das Schicksal und die Zukunft aller Welt geeint. Er ist der alleinige Herr aller und über alles.» Handbuch, S. 211

[5] «Die ersten christlichen Jahrhunderte ersehnten freudig die Wiederkunft des Herrn. Der heutige Mensch assoziiert damit einseitig die Angst, das Gericht, den Untergang der Welt. Die letzten Dinge müssen wieder gepredigt werden als öffentliche Vollendung des Reiches Gottes. Die Auferstehung Christi hat den neuen Himmel und die neue Erde schon geschaffen. Die Auferstehung ist darum Anfang der Verklärung von Mensch und Welt. In ihr hat die Zukunft bereits begonnen.» Vgl. Handbuch, a.a.O.

[6] Vgl. F. X. Arnold: Der Gestaltwandel des katechetischen Problems seit Mitte des 19. Jahrhunderts, in: KBl 77, 1952, S. 49-57

lehren, sondern die Frohe Botschaft auszurichten; sie haben nicht eine theologische Terminologie, sondern die Sprache der Bibel zu benutzen; sie haben nicht ein logisches System zu entwerfen, sondern die Heilsgeschichte Gottes mit den Menschen nachzuzeichnen und deren Mittelpunkt, Christus, zu akzentuieren.»[1]

Denselben Autor zitiert Halbfas an anderer Stelle:

«Der Weg des Heils ist nun der Weg zu Gott, und zwar der Weg, den wir im Anschluss an Christus gehen sollen. Darum werden es immer zwei Gedanken sein, auf die wir zurückkommen: Gott und Christus, Theozentrik und Christozentrik. Die beiden Begriffe gehören eng zusammen, dürfen aber nicht miteinander vermengt werden. *Theozentrik meint die Gesamtorientierung unseres Menschenlebens; sie ist schon mit der Schöpfung gegeben und bleibt auch im Christentum das Grundgesetz, Christozentrik aber bezieht sich auf die Darstellung der Lehren, Einrichtungen und Hilfsmittel, durch die wir in der christlichen Heilsordnung zu Gott gelangen.*»[2]

Mit den Begriffen Theozentrik und Christozentrik, so scheint mir, komme die besondere material-kerygmatische Variante zum Ausdruck, die das kirchliche Handeln an der Jugend, wie es im Handbuch entfaltet wird, theologisch legitimiert. Theozentrisch ist das Bemühen, den Überblick über das Ordnungsganze der Schöpfung zu gewinnen und die Gesetze zu durchschauen, die sie in sich trägt. Es hebt ab auf einer Gesamtorientierung, «einem Ordnungsbild vom Weltganzen, in dem der Mensch seinen eigenen Standort richtig schaut und ein ‹richtiges Grundverhältnis zu den Hauptbereichen des Seins und zu Gott› herstellt.»[3]

Jedoch, «die biblischen Dokumente sind nicht Doktrin, sind kein Lehrsystem und keine Geschichtsschreibung um des Interesses und ihres historischen Wertes willen,»[4] sondern sie sind wesentlich durchdrungen von der Guten Nachricht, dass Jesus Christus das Heil der Welt ist. Christozentrisch ist also das Bemühen um den Einblick in die kerygmatische Mitte der Heilsgeschichte:

«Wer Bibelarbeit leiten will, muss einen Zentralblick in die Mitte der Frohbotschaft haben und von dieser Grundlehre zurück in alle einzelnen Lehren, die

---

[1] Vgl. hierzu W. Langer: Kerygma und Katechese, S. 153f.
[2] J. A. Jungmann: Katechetik. Aufgabe und Methode der religiösen Unterweisung, Freiburg 1955, S. 116 (zitiert im Handbuch, S. 57) Hervorhebung durch M. M.
[3] Vgl. H. Halbfas: Handbuch, S. 160; ebenso oben 2.2.4
[4] Vgl. H. Halbfas: Handbuch, S. 407

von dieser Mitte getragen und durchstrahlt werden. Diese Wesensschau in die Mitte und aus der Mitte der Heilsgeschichte heraus ist für jeden Künder christlicher Frohbotschaft unentbehrlich... Dieser Angelpunkt christlicher Verkündigung ist die Botschaft von Jesus dem Christus, dem menschgewordenen, gekreuzigten, auferstandenen und erhöhten Sohn Gottes, dem Mittler unseres Heiles, der der Grund und die Mitte und das Ziel der Schöpfung und ihrer Geschichte ist ...»[1]

Freilich, unmittelbar einsichtig für jedermann ist diese Mitte nicht. Denn, «um die Heilige Schrift zu deuten, genügt ... nicht Interesse, nicht Frömmigkeit, nicht systematische Theologie, sondern ist der Blick für das Wesentliche, die Liebe zum Mysterium, die Begeisterung für das Kerygma, der Wille zur Verkündigung notwendig ...»[2] Das Verständnis der Christozentrik, nach Jungmann also der Einrichtungen und Hilfsmittel, durch die man in der christlichen Heilsordnung zu Gott gelangen kann, ist in der Darstellung des Handbuchs ein Mysterium, das offenbar nicht allen offen steht.

Denn «es bliebe ... ein folgenschweres Missverständnis, zu meinen, Bibelarbeit (und damit ist auch die Bibelkatechese des Schulunterrichtes gemeint) geschehe in einer Behandlung der einzelnen heilsgeschichtlichen Ereignisse, falls man nur den Durchblick auf das Zentralgeheimnis, das in Christus offenbar wird, gewinnt. Bedutsam für das Verständnis des neutestamentlichen Kerygmas ist *die Einsicht in den Zusammenhang, die Einheit der Heilsgeschichte* ...»[3]

Ähnlich wie oben im Kapitel 2.2.4 entfaltet, begegnet uns an dieser Stelle im theologischen Konzept des Handbuchs eine elitäre Tendenz, die hier in der mystischen Struktur der Christusnachfolge begründet liegt. Um die Schrift zu verstehen, um insbesondere «einen Durchblick in das Zentralgeheimnis zu gewinnen», um schliesslich «Einsicht in den Zusammenhang der Heilsgeschichte und ihre eschatologische Dimension»[4] zu be-

---

[1] Ebd.
[2] Ebd.
[3] Vgl. H. Halbfas: Handbuch S. 408; Hervorhebung durch M. M.
[4] Vgl. dazu: «Unser Bemühen um die Heilige Schrift darf die Christusereignisse der Menschwerdung, des Todes, der Auferstehung und seiner Verherrlichung nie ausschliesslich im Perfekt sehen, so sehr sie auch historisch sind. Wo die Heilige Schrift nur als Dokument der Vergangenheit erklärt und verteidigt wird, schrumpfen die grossen Heilstaten Gottes in der nur-perspektivischen Sicht auf ein

kommen, bedarf es besonderer Fähigkeiten und, so erscheint es dem Leser zumindest, letztlich eines Wissenden, eines Mystagogen, der stufenweise in die Geheimnisse des Christusmysteriums einführt. Andererseits soll das Evangelium aber auch «die Rettungsbotschaft für die ganze Welt» sein:

> «Die Frohbotschaft vom Reiche Gottes ist Rettungsbotschaft für die ganze dem Tod verfallene Welt. Wer von Christi Tod und Auferstehung erfährt und der darin begonnenen Neugestaltung der Welt inne wird, in der Menschheit und Kosmos an der Auferstehung und Verherrlichung Christi teilhaben, ist damit auch berufen und gesandt, diese Frohe Botschaft weiterzugeben und mitzuhelfen, dass das Reich Gottes immer mehr komme und erstarke.»[1]

Eine Erklärung für den offensichtlichen Widerspruch der Aussagen mag sich aus den Kontexten ergeben, denen die Zitate entnommen sind. Die eben zitierte Stelle entstammt einer allgemeinen Darstellung der materialkerygmatischen Erneuerung im Kapitel «Glaubensverkündigung», soll also allen eine Wegweisung sein, die im Dienst der Glaubensverkündigung stehen.

Der vorige, eher elitär tönende Textausschnitt entstammt dem Kapitel «Bibelarbeit und Kerygma». So offen es also allen Menschen steht, das Evangelium zu hören und glaubend als Heil anzunehmen, so verborgen ist der Weg, der hineinführt in ein tieferes Schriftverständnis. Ich denke, dass hier ein Kirchenverständnis zugrunde liegt, das in seiner hierarchischen Ordnung die Menschen einordnet in die Vielen, die glauben, und die Wenigen, die wissen.

Kleinformat zusammen und sind dann nicht selten der Verniedlichung und Verkümmerung preisgegeben. Die unmittelbar aktuelle Bedeutung dieser Heilsereignisse im augenblicklichen Jetzt wird dann übersehen und erst recht ihre eschatologische Erfüllung in der schauererregenden Herrlichkeit Christi.» Handbuch S. 408
[1] Vgl. H. Halbfas: Handbuch, S. 213

3 Begrenzte Wege

«Die Arbeit mit den Studentinnen und Studenten, der Zwang zur unterrichtlichen Praxis und das begleitende theologische Studium führte sehr bald an die Grenzen dessen, was mit dem tradierten Vorrat theologischer Ansichten und Antworten bewältigt werden konnte.»

3.1 KINDHEIT UND JUGEND ALS THEMA VON THEOLOGIE UND RELIGIONSPÄDAGOGIK UM 1960

«In den theologischen Lehren vom Menschen kommt das Kind so gut wie gar nicht vor. Das Wesen des Menschen wird durchweg nach dem glaubensfähigen Erwachsenen und das Wesen der Glaubensfähigkeit auch wieder vom erwachsenen Menschen her bestimmt.»[1] Diese alarmierende Bilanz zog A. Flitner im Jahre 1958. Als Grund für den Ausfall der Kindheit und des Jugendalters in der damaligen evangelischen Religionspädagogik nannte er die Dominanz der dialektischen Theologie.[2] Er forderte, man müsse das Kind selbst und die Kindererziehung theoretisch und theologisch zunächst ernstnehmen, bevor die Kirche einen Beitrag zur Erziehung und Bildung der jungen Menschen leisten könne. Doch das Umdenken vollzog sich nur langsam, so dass W. Loch noch sechs Jahre später von der «Verleugnung des Kindes in der Evangelischen Pädagogik» sprach.[3] Die Religionspädagogik habe sich in den letzten drei Jahrzehnten theologisch völlig vereinnahmen lassen und sei zu einer «angewandten Dogmatik» verkommen. Daher habe sie den Kontakt zur «tatsächliche(n) Situation des heutigen Kindes und Jugendlichen»[4] verloren. Loch empfahl darum der Religionspädagogik dringend, sich verstärkt um eine «empirische Anthropologie des kindlichen und jugendlichen Glaubens»[5] zu kümmern.

---

[1] Vgl. A. Flitner: Die Kirche vor den Aufgaben der Erziehung, Heidelberg 1958, S. 10
[2] Vgl. N. Mette: Kindheit und Jugend, in: JRP 12, 1996, S. 118f.
[3] Vgl. W. Loch: Die Verleugnung des Kindes in der Evangelischen Pädagogik, Essen 1964
[4] A.a.O. S. 18, zitiert nach N. Mette: Kindheit und Jugend
[5] A.a.O. S. 29

Flitner wie Loch konnten beide auf die Arbeiten des niederländischen Pädagogen M.J. Langeveld verweisen, der im Jahre 1956 das Buch «Kind en Religie» vorgelegt hatte, welches drei Jahre später auch in deutscher Übersetzung erschien.[1] Der Autor entfaltet darin eine phänomenologisch ansetzende pädagogische Anthropologie. Nach Langeveld ist Religion «kein Entwicklungsprodukt» einer im Kinde vorfindlichen Anlage, sondern eine «neue Tatsache», die in das Leben des Kindes gebracht werden müsse (S. 96).[2] Langeveld umschreibt Religion in seinem Buch als ein Erleben des Ichs in der Welt auf dem Hintergrund eines unergründlichen Geheimnisses, das bisweilen Verheissung, bisweilen aber auch Bedrohung bedeute. Religion sei Beschäftigung des Menschen mit diesem Geheimnis. Er entwerfe in einer «Religion ein sinnvolles und zugleich geheimnisvolles Ganzes» (S. 35). Religion hat es also mit Erfahrungen dessen zu tun, «was innerhalb der menschlichen Welt als definitiv und als das Eigentliche erscheint» (S. 117). In einer religiösen Erziehung ist demnach «das Ganze aller möglichen Gefühle in ein bestimmtes Bild vom Menschen, seinem Leben und seiner Welt aufzunehmen, in ein Bild, das weder das Ganze aller dieser Möglichkeiten noch eine einzige dieser Möglichkeiten an sich aufhebt, sondern sie von neuem aufnimmt und damit neu setzt und entwickelt» (S. 111). Dass Religion, so verstanden, nicht Produkt eines kontinuierlichen Entwicklungsverlaufes ist, wird daran deutlich, dass auch das Gegenteil möglich ist. Langeveld macht ausdrücklich darauf aufmerksam, dass ein Kind bereits ebenso wie ein Erwachsener in einer Welt leben könne, die es durch und durch zu kennen glaube. «Ein solches Kind lässt sich nichts weismachen. Auch keine Religion. Das Kind hat seine Welt quasi-definitiv geschlossen. Statt in einer offenen Welt zu leben, der das Kind sich anvertraut, lebt es in einer geschlossenen Welt, der es misstrauisch gegenübersteht. Die religiöse Entwicklung müsse also bewusst durch eine entsprechende Erziehung angestossen werden. Zugleich müsse dies allerdings so erfolgen, dass das Kind zu einem selbständigen Entdecken ermutigt und angeleitet werde. «Das Kind, das erfahren hat, dass es selbst suchen darf und finden kann – bei aller Bereitschaft der Erwachsenen, ihm zu helfen, und aller unmittelbaren Hilfe und Führung, die eine religiöse Erziehung geben muss –, geht unendlich viel sicherer auf seinem Weg zu einem eigenen Glauben als das Kind, das seinen Kinderglauben nur noch krampfhaft festhalten kann und als Mensch inzwischen gänzlich verweltlicht...» (S.29f.).

---

[1] M. J. Langeveld: Das Kind und der Glaube, Braunschweig, 1959
[2] Ich zitiere nach N. Mette, Kindheit und Jugend

Zu Beginn der Sechzigerjahre wird auch katholischerseits ein Unbehagen gegenüber den traditionellen pastoraltheologischen Konzepten formuliert. Wichtige Ansätze zur Aufarbeitung der Defizite in der theologischen Anthropologie der Kindheit und Jugend steuerte Karl Rahner bei. Sein theologischer Ansatz nahm das menschliche Subjekt in seiner existentiellen Verfasstheit als «Hörer des Wortes»[1] ernst und mass ihm konstitutive Bedeutung für jegliche theologische Reflexion zu, dies in bewusster Abgrenzung von dem vermeintlich zeit- und kontextlosen Systemdenken der Neuscholastik.[2] Damit wurde er zu einem der geistigen Väter der «anthropologischen Wende» innerhalb der katholischen Theologie, die in vielen Dokumenten des Zweiten Vatikanischen Konzils ihren Niederschlag fand.

Theoderich Kampmann (1899–1983), Halbfas' Doktorvater in München, spricht im Jahre 1960 in seiner programmatischen Schrift «Erziehung und Glaube» von der «Fragwürdigkeit des Pädagogischen heute»[3]. Er konstatiert, dass «der Mensch ... dem Menschen (also sich selber) fragwürdig geworden (ist). Er erfährt sich selber weder einsichtig noch verfügbar, weder begreiflich noch behandelbar.» Mitverantwortlich für diesen Zustand, den er als schicksalhaft bezeichnet, sei der Polymorphismus der Wissenschaften, insbesondere Biologie, Psychologie, Soziologie und Theologie. Sein erkenntnistheoretischer Ansatz versucht empirische Methoden mit normativer Offenbarungstheologie zu vereinigen, und dies gerade in der Anthropologie, bei der Ermittlung des menschlichen Wesens. Jedoch die Einheit solchermassen ermittelter Anthropologie ist gefährdet. «Bildungsgüter» und «Bildungsformen», «Erziehungsziele» und «Erziehungswege innerhalb des abendländischen Lebensraumes divergieren». Und diese Feststellung schmerzt. «Denn über Bildung, Erziehung und Belehrung kann erst Massgebliches gesagt und Endgültiges ausgemacht werden, wenn Einigkeit besteht bezüglich jenes Wesens, um das alles kreist, bezüglich des Menschen, bezüglich seines empirisch erweisbaren Befunds und seines normativ auszumittelnden Wesensziels. Solche Einigkeit aber fehlt durchaus.»[4]

---

[1] Vgl. dazu sein wichtiges Buch: Karl Rahner: Hörer des Wortes: Zur Grundlegung einer Religionsphilosophie, München 1963

[2] Vgl. dazu: K. Rahner: Gedanken zu einer Theologie der Kindheit, in: Schriften VII, S. 313-329

[3] Vgl. Th. Kampmann: Erziehung und Glaube, München 1960 S. 11f.

[4] Vgl. Th. Kampmann: A.a.O. S. 11f.

Kampmann hat als einer der ersten katholischen Pastoraltheologen erfahrungsbezogene Untersuchungen unter seinen Schülern angeregt.[1] So verarbeitet Otto Betz in seiner Studie «Gefährliche Freiheit» soziokulturelle Befunde[2] und die Analyse in «Jugend und Kirche», die Halbfas 1964 in seiner Dissertation vorgelegt hat, darf sicher auch von Kampmanns Ansatz her angeregt gesehen werden.

Halbfas wendet sich hier den Humanwissenschaften zu, vor allem der Entwicklungspsychologie und der Humanpädagogik. Er nennt sein Buch «eine Diagnose». Das Verhältnis von Jugend und Kirche ist ihm fragwürdig geworden. Er möchte «die pastorale Praxis der katholischen Kirche in ihrer Wirkung auf den heutigen Menschen» analysieren (S. 22) und geht dabei «von einer ausführlicheren Untersuchung der psychophysischen Struktur des heutigen Jugendlichen aus, die klären soll, welche allgemein-menschlichen Voraussetzungen für ein gläubiges Reifen – und in Verlängerung dieses Aspektes – für geistliche Berufe bestehen.» Im Anschluss daran fragt Halbfas dann, «wie der Jugendliche die Kirche in den verschiedenen Begegnungssituationen seines Lebens erfährt», um schliesslich zur Hauptfrage zu kommen, «welche Faszinationskraft die Kirche in der Gegenwart auf den Jugendlichen ausüben bzw. nicht mehr ausüben kann. Denn das ist unsere Frage: Ob und wie die Kirche heute den jungen Menschen anspricht: Ob sie Interesse, Begeisterungsfähigkeit und Bereitschaft zum Dienst wecken kann, oder aber Gleichgültigkeit, Enttäuschung und Ablehnung auslöst.» (S. 22)

Obwohl der Verfasser über eine Fülle religionspsychologischer Einsichten verfügt, geht es ihm doch primär um ein pastoraltheologisches Anliegen, dem er Psychologisches, Soziologisches und Pädagogisches un-

---

[1] Halbfas hält 1966 in einem Referat zur «Bildungskonzeption des Bundes der Deutschen Katholischen Jugend» rückblickend fest: «Die Lage wird noch um einige Grade düsterer im Hinblick auf den theoretischen Beitrag, den wir von Rechts wegen von unseren Pastoraltheologen erwarten können sollten. Von allen Universitätsprofessoren hat bis heute allein Theoderich Kampmann Dissertationen über Fragen gegenwärtiger Jugendarbeit angeregt.» H. Halbfas: Die Bildungskonzeption des Bundes der Deutschen Katholischen Jugend, in: KBl 91, 1966, S. 574

[2] O. Betz: Gefährliche Freiheit, München 1961; hier entfaltet Betz kurz paraphrasiert folgenden Gedankengang: Kinder, Jugendliche und Erwachsene leben zunehmend in Räumen, in denen Religion und christlicher Glauben ohne Tiefenwirkung sind. Das Milieu ist kein wirksamer Sozialisationsraum mehr. Eine mehr und mehr weltlich erlebte und gedachte Welt erklärt sich selbst. Vgl. dazu auch: G. Bitter: Ansätze zu einer Didaktik des Glauben-Lernens, in: Ziebertz (Hg.), Bilanz der Religionspädagogik

terordnet. Soweit also gegenüber dem Handbuch der Jugendseelsorge keine Neuerung. Methodisch wird hier jedoch nun radikal von den Erfahrungen der Jugend her gefragt, die Kirche mit den Augen der Jugend zu sehen versucht. Was darüber Auskunft geben kann, wird gesichtet und geprüft: Dokumente, Tagebücher, Romanliteratur, Niederschriften, Meinungsumfragen, Erhebun und Statistiken. Dieser Ansatz und der damit verbundene Perspektivenwechsel markiert gegenüber dem idealtypischen Jugendlichen des Handbuches in der Tat eine signifikante Entwicklung.

3.2 Das Verständnis der psycho-physischen Entwicklung in «Jugend und Kirche»

Die Aufmerksamkeit der Untersuchung gilt zunächst dem *physischen Zustand* der Jugend und hier vor allem dem Phänomen der Akzeleration, die zu einer allgemeinen Verunsicherung in der Einschätzung und der Behandlung der Jugendlichen führe und das Bild der Jugend als unscharf erscheinen lasse. Sie wird interpretiert als eine «oberflächliche, flüchtige Form jugendlichen Reifens, ein Verzicht auf die ‹zweite Geburt› und auf ein organisches Zu-Ende-bringen der seelischen Entwicklung.» (S. 41)

In der Darstellung des Zusammenhanges erfahren die sich wandelnden Erscheinungsformen der Welt, so beispielsweise die Vermehrung von Stimuli, eine deutlich negative Bewertung.[1] Für die Jugend aber stellt sich die Situation, Verfrühung der körperlichen Reife und Vervielfältigung der konsumistischen Angebote, als Versuchung dar, die sie einerseits schicksalhaft erleidet, andererseits aber in ihrer Verantwortung herausfordert.[2] Auch die christliche

---

[1] Vgl. S. 37: «Betrachtet man von diesem Gesichtspunkt aus bestimmte Erscheinungsformen unserer Zeit, so entsteht das Bild eines reizüberzüchteten Systems, das durch seine permanenten Einwirkungen auf den Menschen sowohl eine maximale Empfindlichkeitssteigerung des Vegetativum als auch eine allmähliche Abstumpfung bewirkt, ohne die eine erträgliche Existenz in der modernen Zivilisation nicht möglich ist.»

[2] Vgl. S. 41: «Dadurch aber drängt man sie (die körperlich frühentwickelten Jungen und Mädchen) in eine zusätzliche geistig-seelische ‹Reifebeschleunigung›, d.h. in die Versuchung, sich vor der Zeit als Erwachsene zu fühlen und deren Ansprüche zu teilen. Sie besuchen Filme, die erst mit achtzehn Jahren freigegeben sind, rauchen öffentlich, verkehren in Wirtschaften, machen als Vierzehn- bis Sechzehnjährige einen Tanzkursus mit und haben Umgang mit dem anderen Geschlecht.

Existenz des jungen Menschen bleibt dadurch nicht unangefochten. Denn «der Zusammenhang zwischen menschlicher Reife und christlicher Reife lässt vermuten, dass die vom Pubeszenten geforderte Glaubensentscheidung ... und ein innerlich-gläubiges Christsein durch die Beunruhigung der psychophysischen Entwicklung stark gefährdet ist.» (S. 42) Als Konsequenz für den Unterricht, besonders für den Religionsunterricht, wird an dieser Stelle eine bewusstere Wirklichkeitsbezogenheit und methodische Rücksichtnahme gefordert: «Solange Seelsorger und Jugendgemeinschaften dabei bleiben, ihre Erziehungsbemühungen an den Zehn- bis Sechzehnjährigen primär verbal bestimmt sein zu lassen, ist seitens der Jugendlichen wenig Aufhorchen zu erwarten.» (S. 44)

Dann wendet sich der Text *der psychischen Entwicklung* der Jugend zu, indem er zunächst in markanter Weise definiert, was er nicht darunter verstanden haben möchte. Das naturwissenschaftliche Entwicklungsverständnis, welches Entwicklung als Funktion innerer Entfaltungsimpulse und umweltbedingter Wachstumseinflüsse versteht, sei nicht nur unzulänglich, sondern falsch. Alle (damals aktuellen) theoretischen Entwicklungsmodelle zusammengenommen bekämen das eigentlich Menschliche nicht in den Blick, weil sie einem positivistisch-pragmatischen Denken entsprängen, in welchem der Mensch Objekt sei. Damit wird allen Phasentheorien der Zeit, welche die psychische Entwicklung im deterministischen Sinne auf endogene oder exogene Faktoren zurückführen, eine Absage erteilt:

«Die biologischen und naturwissenschaftlich-psychologischen Entwicklungsmodelle sehen das Kind und den Jugendlichen in Kausalzusammenhängen, sei es, dass das Kind sich allein aus seinen vorgegebenen Anlagen heraus ‹entfaltet›, sei es – in der soziologischen Variante – , dass man das Kind in einem Geflecht funktionaler Umweltbeziehungen sieht, die es in seiner Entwicklung entscheidend ‹prägen›. In beiden Betrachtungsweisen ist das Kind ausschliesslich Objekt: Es ‹erleidet› seine Entwicklung (und) ‹unterliegt› Umwelteinflüssen... Immer handelt es sich um objektive und objektivierbare Vorgänge, die das Kind passiv an sich erfährt; hier ‹geschieht› Entwicklung.» (S. 49f.)

Die Folgen der pragmatisch-positivistischen Entwicklungspsychologie hält Halbfas für vernichtend: der Mensch werde seiner Verantwortung enthoben und wisse bei solcher Sicht nichts von seiner Würde als Subjekt.

Das alles können sie gewöhnlich vor den Augen der Öffentlichkeit unternehmen, und darum tun sie es weithin auch.»

Soweit also wird deutlich, was nicht unter psychischer Entwicklung zu verstehen ist. Wie aber wird der Begriff nun positiv gefüllt? Die Psychologie muss es sich zur Aufgabe machen, das Subjekt als *Subjekt* zu verstehen. Das Psychische ist eine Kategorie, deren Norm nicht durch Normen apsychischer Ordnung bestimmt werden kann.

In psychologischer Fragestellung darf nicht nach einem passiven Objekt, das sich «entwickelt», gefragt werden, vielmehr soll in geisteswissenschaftlicher Methode das Subjekt ins Zentrum gerückt werden, welches in aktiver Selbstgestaltung seine eigene Entwicklung vollzieht. Psychische Entwicklung sei in dieser Sicht nicht etwas, was einem Objekt «geschehe», sondern aktive und eigenverantwortliche Bewältigung von Aufgaben, die sich in jeder Phase in besonderer Weise stellten. Prinzip der psychischen Entwicklung sei Aktivität des Ich... Seiner Natur nach habe der Mensch als Subjekt die Anlage, um sich selbst zu wissen und in seinem Tun seine Entwicklung zu gestalten. Er bestimme darum den Verlauf der Entwicklungsphasen, wie er auch seine geistig-seelische Entwicklung eigenverantwortlich zum Abschluss bringe. (S. 50)

Konkret werden natürlich auch in «Jugend und Kirche» verschiedene Entwicklungsstadien unterschieden. Auf zwei Phasen geht der Text näher ein: In der *Vorpubertät* nennt er die «Wertung aller Dinge und Akte» als zentralen Organisationspunkt. «Der Vorpubeszent will, was auch immer ihm begegnet, beurteilen lernen, und zwar nicht nur als gut oder schlecht, sondern in seiner mannigfaltigen Wertdifferenzierung.» (S. 51) Die «Aufgabe», die sich dem *Pubertierenden* stellt, ist das Hinterfragen. «In der frühen Reifezeit hat er die Massstäbe seines Wertens ungefragt übernommen. Nun wollen diese selbst gefragt sein.» (S. 52)

Diese Unterscheidung deckt sich weitgehend mit den Stufentheorien der Zwanziger- und Dreissigerjahre. So unterteilte beispielsweise Joseph Göttler, Aristoteles folgend, Kindheit und Jugend in drei Jahrsiebte. Er nennt die ersten sieben Jahre die «Stufe der Sinnlichkeit»: Das Kind lebe noch ganz in der Gegenwart und begreife die Welt primär über die Sinne. Daran schliesst sich die «Zeit des Nacherlebens» an, in der die Acht- bis Vierzehnjährigen Normen verstehen lernten und sich durch eine charakteristische Wissbegierde auszeichneten. Erst auf der «Stufe der Idealität», dem dritten Jahrsiebt nach Göttler, werde das Verstehen abstrakter Begriffe möglich.[1]

---

[1] Vgl. J. Göttler, in: Lexikon der Pädagogik der Gegenwart II, 1931, S. 708

Damit bestätigt sich der anthropologische Ansatz des Handbuches der Jugendseelsorge. Er konvergiert mit dem Bildungsbegriff der Moral- und Wertpädagogik, wie ich ihn im Kapitel 2.2.5 für das Handbuch aufgewiesen habe.[1] Charakteristisch scheint mir dabei die differenzierte Unterscheidung der endogenen Faktoren, hinter der eine pointierte wissenschaftstheoretische Prämisse mit der dazugehörigen Anthropologie steht. Biologische Anlässe können psychische Phasen nicht «verursachen». Trotzdem kommt die phasenspezifische Fragehaltung von «innen»:

«Es sind in jeder Phase und zu allen Zeiten die gleichen Problemhaltungen als die gestaltenden Prinzipien zu betrachten, welche alle übrigen psychischen Regungen definieren. Immer bleibt gültig, dass den Jungen und Mädchen in der Pubertät die Welt zum Problem wird. Ihre *Fragehaltung* ist unveränderlich, was allerdings nicht ausschliesst, dass die *Problembereiche*, an denen sich die jugendliche Auseinandersetzung entzündet, infolge gewandelter Umwelteinflüsse inhaltlich anders akzentuiert sein können. Daraus kann dann auch eine veränderte Verhaltensweise resultieren, die mit soziologischen Methoden feststellbar ist, aber nie einen Rückschluss auf eine Strukturveränderung der psychischen Reifung gestattet. Die phasenspezifische Fragehaltung bleibt in formaler Hinsicht zeitunabhängig konstant, wechselt jedoch inhaltlich mit den jeweiligen zeitbedingten Anlässen, an welchen sich die Problembereitschaft entzündet.»[2]

Halbfas unterscheidet demnach zwischen zeitbedingten endogenen und exogenen Entwicklungsfaktoren, die auch mit empirischen Methoden, z. B. soziologischen Erhebungen, feststellbar sind, und einem ontologischen «Innen», welches zeitunabhängig konstant und immer gültig bleibt. Weder die Wertorientierung der Vorpubertät noch die hinterfragende Haltung der Pubertät werden durch irgendwelche Faktoren ausgelöst, sondern beides sind Konstanten, die der junge Mensch, zwar zunächst wohl noch unbewusst, dann aber zunehmend bewusster, als subjektive Akte seiner menschlichen Reifung hervorbringt, bzw. hervorzubringen hat. Denn die

---

Nicht nur Josef Göttler, sondern auch Autoren wie Karl Bühler, Charlotte Bühler und Oswald Kroh gelten als Repräsentanten von Stufentheorien, die Entwicklung primär auf endogene Reifung zurückführen und altersmässig-chronologisch fixieren. Vgl. Dazu A. A. Bucher: Religionspädagogik und empirische Entwicklungspsychologie, in: Bilanz der Religionspädagogik S. 28ff.

[1] Vgl. Dazu auch den kurzen historischen Überblick im Kapitel 2.1.4
[2] Vgl. H. Halbfas: Jugend und Kirche, S. 54; (Hervorhebungen im Original)

Entwicklung hin zu menschlicher Reife ist eine reflexive Herausforderung, die allerdings angesichts der modernen Industriegesellschaft für viele Jugendliche zu gross geworden ist. Die komplizierter gewordene Umwelt stellt sich «den phasenspezifischen Aufgabenhaltungen der Reifezeit» entgegen. Um der Frustration zu entgehen, liquidieren viele überforderte Jugendliche den Aufgabencharakter ihrer Phase. «Sie geben die Sinnfrage auf, suchen nicht länger den eigenen Standort im Bemühen um gültige Massstäbe für ihre Erlebnisse – resignieren, indem sie ihre psychische Entwicklung vorzeitig beenden.» (S. 55)

In dieser Sicht steht der Mensch seiner sich zeitbedingt verändernden Umwelt im Wesentlichen als eine andere Kategorie, nämlich ontologisch bestimmt gegenüber, eine Struktur, die in sich ja bereits erhebliches Spannungspotential enthält. Zumal Anspruch und Aufgabe bestehen bleiben. Sie sind nach Halbfas mit dem pädagogischen Beistand «kluger Erzieher» zu bewältigen[1], wodurch das Konzept der Selbstentfaltung allerdings nicht sicher gestellt ist. Denn, wenn diese mit ihrer Selbstbildungsaufgabe überforderte Jugend, wie Halbfas ausführt, auf Entwicklungshilfe angewiesen ist, gerät sie zumindest in die Gefahr zum Objekt der Erziehungsintentionen «kluger Erzieher» zu werden.

Halbfas vertritt also in «Jugend und Kirche» eine pointiert geisteswissenschaftlich ansetzende Auffassung von der *psychischen Reifung*. Den Empirismus hält er für einen Irrweg, seine Arbeit ist folglich auch keine empirische Untersuchung im strengen Sinn. Die Gültigkeit der um 1960 anerkannten Phasentheorien, wie beispielsweise derjenigen von W. Gruehn[2], zieht er in Zweifel. In diesem kompromisslosen Festhalten an einer geisteswissenschaftlich ansetzenden Psychologie widersetzt er sich dem wissenschaftlichen Trend der Zeit. Man kann darin einen konservativen Zug sehen[3], der aber gleichzeitig auch wieder seiner Zeit voraus ist. So re-

---

[1] Die Argumentation ähnelt derjenigen, die im Handbuch angesichts des Leitermangels geboten wird. Vgl. Kapitel 2.2.3

[2] Das Acht-Phasen-Modell von Gruehn repräsentierte 1956 die Bilanz von über fünfzig Jahren Forschung. Vgl. Dazu W. Gruehn: Die Frömmigkeit der Gegenwart. Grundtatsachen der empirischen Psychologie. Münster 1956, S. 380-403

[3] Dieser Eindruck entsteht jedenfalls beim Vergleich von Halbfas' wissenschaftlichem Ansatz und seinem methodischen Vorgehen mit zeitgenössischen Untersuchungen zu vergleichbaren Themen. So bewertet beispielsweise W. Neidhart in seiner Untersuchung «Psychologie des kirchlichen Unterrichts» die Ergebnisse der empirischen Jugendforschung wesentlich positiver: «Die Altersstufenpsychologie hat eine Fülle von wertvollen Erkenntnissen über die grossen Linien und über Einzel-

lativiert sich die viel zitierte «Trotzphase» von diesem Ansatz her. Halbfas hält sie nicht für ein zwangsläufig bewirktes Phänomen, das einer unentrinnbaren Phasengesetzlichkeit unterliegt, sondern nimmt sie als einen Ausdruck dafür, dass die subjektive Aufgabe der Reifung von den Jugendlichen «unter den erschwerten Bedingungen unserer Tage nicht immer gültig gelöst wird.» (S. 58) Damit bewahrt er den Jugendlichen vor einer negativen Festlegung und nimmt die spätere Kritik an den Stufentheorien teilweise vorweg.[1]

Die Betonung der uneinholbaren Souveränität des kindlichen Subjektes verbunden mit einem Misstrauen gegenüber empirisch-entwicklungspsychologischen Verfahren stellt insgesamt eine Konstante in Halbfas' Denken dar. Den empirisch-entwicklungspsychologischen Ansatz hält er insgesamt für falsch und sieht folglich Zuordnungsversuche bestimmter Inhalte zu den verschiedenen Entwicklungsphasen als sachfremde Einmischung der empirischen Methode.

---

heiten des menschlichen Reifens ans Licht gebracht»(S. 15) Und er misst ihnen weit grössere Bedeutung zu: «Diese Einsichten in das Wesen des Kindes und des Jugendlichen, die wir der psychologischen und der soziologischen Forschung der Gegenwart verdanken, dienen uns bei unseren weiteren Überlegungen über die richtige Form des Unterrichts heute.» (S. 32) Freilich gibt auch er sich Rechenschaft «über den Wert, den wir diesen Erkenntnissen beimessen und über deren Grenzen.» (ebenda). Vorsicht ist bei der Anwendung empirischer Aussagen auf einen konkreten Menschen geboten, weil die psychologische und soziologische Forschung immer nur Durchschnittswerte erfasst. Auch garantiert psychologisches Wissen nie, dass wir den Menschen, der vor uns steht, verstehen. Ferner ist zu bedenken, «dass die Konstanten des seelischen Werdens, wie sie durch die Entwicklungspsychologie bis in Einzelheiten erforscht wurden, nicht unabänderliche Naturgesetze sind.» (S. 33) Trotzdem, hält Neidhart abschliessend fest, «sind wir als Katecheten auf die Arbeiten dieser Fachleute angewiesen, weil wir nur durch sie zu einer vorläufigen Standortbestimmung für unsere Arbeit mit der Jugend kommen. Die Erinnerung an unsere eigene Jugend genügt nicht, um die Jugend zu verstehen, mit der wir es nach unserem Auftrag zu tun haben. Im Gegenteil, das oft idealisierte Bild, das wir von unserer eigenen Jugend in uns tragen, wird gefährlich, wenn es zum Massstab wird, nach welchem wir den Jugendlichen von heute beurteilen.» (S. 35)

[1] Für R. Oerter kann von einer einheitlichen «Trotzphase» um so weniger ausgegangen werden, je mehr entwicklungspsychologische Einzelergebnisse berücksichtigt werden. Vgl. R. Oerter: Moderne Entwicklungspsychologie, Donauwörth, 1980, S. 59; vgl. zur Kritik an den Phasentheorien auch A. A. Bucher, in: Bilanz der Religionspädagogik, S. 30

Vorübergehend wird im Buch «Der Religionsunterricht» zwar angedeutet, dass die Verstehensvoraussetzungen der Glaubensbotschaft entwicklungsmässig bedingt sein könnten. Halbfas fragt: «Ist es überhaupt möglich, die sprachlich und kerygmatische Qualität der Texte den Kindern unterrichtlich so vernehmbar zu machen, *dass sie in ihrer Tiefendimension als Glaubensbotschaft, nicht aber als blosse historische Information angenommen werden?* Diese Fragestellung ist weitgehend entwicklungspsychologisch bedingt. Bis zum Beginn der Reifezeit kann es keinem Kinde gelingen, die Wirklichkeitsqualität einer Geschichte von ihrer literarischen Genese her zu verstehen. Kinder haften am Geschehnisverlauf und verstehen ihn wörtlich...» (a.a.O. S. 72; Hervorhebung durch M. M.) Auf dieser Prämisse aufbauend entfaltet er im Anschluss daran in einem umfangreichen Kapitel grundsätzliche Überlegungen zu den Verstehensvoraussetzungen biblischer Texte (S. 72-107) und fällt didaktische Entscheidungen aufgrund von Ergebnissen empirischer Untersuchungen.[1]

Doch möchte Halbfas selbst hier keine Kriterien gelten lassen, aufgrund derer biblische Texte inhaltlich verschiedenen Entwicklungsphasen zugeordnet würden, «weil die Affinität theologischer Gehalte zur kindlichen Entwicklung einer Vielzahl von Bedingungen unterliegt; und weil die biblische Botschaft damit einem sachfremden Schema unterworfen würde.» (a.a.O. S. 82f.) Rückblickend kritisiert Halbfas seine Zuordnungsversuche pauschal: «Die dennoch erfolgten Zuordnungsversuche, so sehr sie das Kriterium der sprachlichen Form eines Textes anzuwenden versuchen, erweisen sich aus heutiger Sicht als nicht komplex genug; vor allen Dingen wird das Vermittlungsproblem zu schmal gesehen, insofern die Partizipation am Verstehensniveau des Lehrers und der pädagogische Gesamtkontext keine Beachtung fanden.»[2]

Die klare und ausführliche Stellungnahme zum Modell der Reifung hat auch im Blick auf die weiteren Werke von Halbfas Bedeutung. Schon längst ist ja die Frage, wie mit deskriptiven entwicklungspsychologischen Befunden umzugehen sei, zu einer Hauptfrage religionspädagogischer Forschung avanciert.[3] Halbfas beantwortet diese Frage in seinem aktuellen Unterrichtswerk ganz ähnlich wie 1964:

---

[1] Vgl. den Bezug auf Th. Thun: Die Religion des Kindes auf S. 78 von «Der Religionsunterricht».
[2] Vgl. H. Halbfas: Wurzelwerk, S. 335, Anm. 62
[3] Vgl. H. G. Heimbrock: Entwicklung und Erziehung. Zum Forschungsstand der pädagogischen Religionspsychologie, in: JRP 1, S. 67-85

«Grundsätzlich wird vielleicht kaum jemand diesen Überlegungen (zur religionsdidaktischen Bedeutung des Symbols) widersprechen wollen und dennoch fragen, ob denn bereits den Sechs- und Siebenjährigen ein elementares Symbolverständnis abverlangt werden könne oder ob es nicht angemessener sei, damit noch zwei oder drei Jahre zu warten ... Grundsätzlich ist hier nichts zu verfrühen. Bevor der Mensch denken konnte, erfasste er sich und die Welt in symbolischen Kategorien ...Weil Symbole nicht intellektuell entworfen werden, sondern wesentlich aus dem vorrationalen Unterbewussten leben, bedarf es auch nicht der entwickelten Intelligenz, um sich mit Symbolen zu befassen und im Umgang mit Symbolen das eigene Leben zu orientieren. Also ist die Begegnung mit Symbolen im 1. Schuljahr ebensowenig verfrüht wie im Kindergarten ...Die Kultur, in der unsere Kinder heranwachsen, ist so pragmatisch ausgerichtet, dass ihnen ohne Begegnung mit Symbolen alle Hintergründigkeit und Sinnhaftigkeit der Welt verschlossen bliebe. Und damit nicht das Empirisch-Faktische ihr alleiniger Wirklichkeitsmassstab bleibt, tut es not, ihnen jetzt methodisch zu zeigen, wie sehr das Herz und die Tür, das Licht und die Sterne über ihre physikalische Natur hinaus Fenster zum Geheimnis der Welt sein können.»[1]

Entgegen kognitionspsychologischer Einwände[2] hält Halbfas bis heute an der uneinholbaren Souveränität des kindlichen Subjektes fest. Den em-

---

[1] Vgl. H. Halbfas: Religionsunterricht in der Grundschule, Lehrerhandbuch 1, 1983, S. 259

[2] A. A. Bucher hat 1987 mit der Frage: Gleichnisse – schon in der Grundschule? (vgl.KBl 112, 1987, S. 194-203) eine jahrelange Kontroverse ausgelöst. Dahinter steht die grundsätzlichere Frage, welcher Umgang mit Symbolen schulisch angemessen, von welchem Alter an Kinder Symbole verstehen können. Bucher hat seinen Vorwurf der Verfrühung pointiert am Unterrichtswerk von Halbfas festgemacht, u.a. am oben zitierten Textausschnitt. Seine These: Nur das reflexive, objektivierbare Verstehen von Symbolen ist legitim; Halbfas dagegen behauptet, es gebe ein Verstehen von Symbolischem in intuitiver Partizipation. Gegenüber den entwicklungspsychologischen Einwänden Buchers hält er fest, das Symbolverständnis sei keineswegs nur eine Frage der kognitiven Entwicklung, sondern vielmehr auch eine Frage der literarischen, ästhetischen und religiösen Bildung. Das dinghaft-realistische (Miss)verständnis von Symbolen komme auch bei vielen Erwachsenen vor. (Vgl. H. Halbfas: Wurzelwerk, S. 330, Anm. 51) G. Lange hat in diesem Zusammenhang auf eine Grundschwierigkeit verwiesen: Wenn nur in einer wissenschaftlich-exakten, feststellenden Sprache über das Symbol gesprochen wird, entzieht sich die Sache selbst. Ästhetische Vergegenwärtigung im Symbol muss deren Unverfügbarkeit stets mit in

pirisch-entwicklungspsychologischen Ansatz hält er insgesamt für falsch und sieht folglich Zuordnungsversuche bestimmter Inhalte zu den verschiedenen Entwicklungsphasen als sachfremde Einmischung der empirischen Methode. Empirisch-pragmatische Interpretationen der Welt sind gerade dadurch zu überwinden, dass man die Kinder, um es mit den Worten von «Jugend und Kirche» zu sagen, vor die Aufgabe stellt, die Welt aus ihrem Innen heraus zu «bemeistern», weil sie sonst in der empirisch-faktischen Wirklichkeit gefangen bleiben.

3.3 GEFÄHRDETE JUGEND IN EINER AUS DEN FUGEN GERATENEN WELT

Die Jugend erscheint auf Grund des eben dargestellten Entwicklungsmodells und seiner wissenschaftstheoretischen Prämissen als fehlgeleitet und allein gelassen in einer völlig durcheinandergeratenen Welt. Exemplarisch soll dies am Kapitel über «Gefühlswelt und Stimmungslage» dargestellt und kritisch beleuchtet werden.

In den Darlegungen über die Zusammenhänge von Emotion und Wert, Wertung und Wertigkeit beim Jugendlichen veranschaulicht und vertieft die Untersuchung die vorausgehende Grundlegung körperlich-seelischer Entwicklung. Dabei erfährt die spannungsvolle Situation des jungen Menschen eine

---

Rechnung stellen. (Vgl. G. Lange: Ästhetische Bildung im Horizont religionspädagogischer Reflexion, in: Bilanz der Religionspädagogik S. 344f.)

Der Streit zwischen Halbfas und Bucher wirft die Frage nach dem Verhältnis zwischen empirischer und theologischer Forschungslogik auf. Die Unvereinbarkeit der beiden Positionen ist darauf zurückzuführen, dass beide prinzipielle Vorordnungen einer bestimmten Grundposition vornehmen. G. Lämmermann unterscheidet drei wissenschaftstheoretische Grundpositionen, nach denen sich Aufgabe, Methodik und Gegenstandsbereich von Wissenschaft unterscheiden lassen: die empirisch-analytische, die hermeneutisch-historische und die kritisch-emanzipatorische. (vgl. G. Lämmermann: Grundriss, S. 66-69) Alle drei Ansätze wollen Wissen und Erkenntnis gewinnen, jedoch mit je unterschiedlichem Erkenntnisinteresse und auf unterschiedlichen Erkenntniswegen. Die hermeneutische Position greift auf geschichtliche Kontexte zurück, um in grösseren Interpretationszusammenhängen zu relevanten Ergebnissen für gegenwärtiges Handeln zu gelangen. Der empirisch-analytische Ansatz will durch Untersuchung von Einzelphänomenen erfolgskontrolliertes Handeln sichern und erweitern. Ideologiekritik schliesslich sucht mit emanzipatorischem Erkenntnisinteresse Möglichkeiten der Veränderung. Alle drei Ansätze sind ergänzungsbedürftig und damit wechselseitig aufeinander verwiesen.

dramatische Zuspitzung. Die Aufgabenhaltung der Pubertät verlangt wie gesagt, sich mit den überlieferten Wertmassstäben auseinanderzusetzen und ihre Gültigkeit für das eigene Leben zu bestimmen. «Es geht um das unbedingte Mass, nach dem der Pubeszent sein ganzes Leben ordnen, d.h. in eine vorgegebene, erkannte und als verpflichtend anerkannte Ordnung hineinbinden kann. Soweit dies geschieht, gewinnt er Verfügbarkeit über seine Emotionen. Er gestaltet sie zu einem Organismus der Gefühle, zum ‹Gemüt›, als dem Ort unserer Bindungen.» (S. 59) Doch statt einer vorgegebenen Wertordnung sieht sich der Jugendliche einer platten Zweckmoral gegenübergestellt, aus der sich keine gültigen Wertmassstäbe generieren lassen, eine «tiefe Gemütsbildung» kann nicht mehr erfolgen.

Dem Gemüt als Ort der überindividuellen Wertbindungen entspricht das Gewissen als verantwortliche Instanz, in der Erfüllung oder Nichterfüllung der gemüthaften Verbindlichkeiten erfahren werden. Es bindet nicht nur die Sinngebung des Lebens an das Absolute, Wahre und Gute, im Gewissen geht es im letzten immer «um die Ausrichtung aller Akte auf das unaufhebbar Gesollte, worin sich das Ich im Einssein mit sich selbst, seinem Eigenwertbewusstsein und -streben erlebt.» (S. 60) Darin erweist sich die religiöse Zuordnung des Gewissens, denn der Mensch kann nur ganz in sich selber eins werden, wenn er mit jener Wahrheit in Einklang steht, nach deren Bild er geschaffen ist.

Das bedeutet: Gleichwie die Bildung des Gemütes stellt sich die Gewissensbildung dem Heranwachsenden als schier unlösbare Aufgabe dar, und wenn in der Folge die gängigen Mentalitätsakzente der Jugend gesichtet werden[1], so nennt sie der Text Symptome einer «ungewöhnlich erschwerten Reifung» (S. 75), die eine erhebliche Gemütsverarmung demonstrieren. Die Bedingungen für diese «epochalbestimmte» Gemütsverarmung werden in einem verwickelten Faktorengeflecht gesehen, genauso komplex wie die Strukturen und Systeme der Gesellschaft selbst. Drei bedingende Faktoren werden genannt: «Sinnleere und Richtungslosigkeit», «Metaphysische Aushungerung» und «Verlust personaler Bindung», Merkmale, die in der Folge als Wesen des Pluralismus aufs Schärfste kritisiert werden:

«Das geistige System einer pluralistischen Gesellschaft ist das der Systemlosigkeit. In einer Welt ‹gewachsener Ordnung› erfolgte die Meinungsbildung innerhalb überschaubarer Gruppen in personaler Begegnung. Heute sind die

---

[1] Er sichtet auf Grund von vielfältigen Dokumenten: Lässigkeit, Understatement, Langeweile, Bewegungsleerlauf, Unrast, Bindungslosigkeit, Sinnleere, Flucht vor dem Engagement und Freizeitkonsum. A.a.O. S. 61-74

Quellen der Meinungsbildung anonym und apersonal geworden. Bereits das Kind erreichen wahllos Anschauungen, die über das verwickelte System moderner Nachrichten- und Kommunikationsmittel in unverdaulicher Fülle geliefert werden. Auch der Erwachsene erweist sich vor ihrer Vielfalt hilflos. Ohne das Durcheinander der Weltanschauungen und Meinungen überblicken und ordnen zu können, bastelt er sich aus tausend erfassten und halberfassten Systembrocken ein weiteres, eigenes System zusammen. Es entsteht das Chaos zahlloser Meinungen, die sich neben- und durcheinanderschieben und eine Orientierung kaum noch ermöglichen, da sie sich keinem gültigen Ordnungspunkt gemeinsam verpflichtet wissen. Ihre Pluralität desorientiert und relativiert die Wahrheit, weil es nicht einen Massstab mehr gibt, der allerseits noch als verbindlich anerkannt würde. Diese Richtungslosigkeit bestimmt sämtliche Ebenen des gegenwärtigen Lebens: sowohl die mannigfachen philosophischen Strömungen als auch die lapidarsten Einstellungen zum Tagesgeschehen. Am schärfsten werden die Gegensätze in den metaphysischen und religiösen Anschauungen, die sich besonders in den verschiedenen existentialistischen Strömungen aussprechen. Ihr Niederschlag in der modernen Literatur erreicht selbst jene Menschen, die über das zugrunde liegende philosophische System kaum je etwas hören.» (S. 76)

Im gesellschaftlichen Pluralismus mit seinen geistigen Auswirkungen diagnostiziert der Text also hier die Krankheit der Zeit. Er erkennt sie an verschiedenen Symptomen: Eine Flut beliebiger Meinungen, die durch die Medien anonym und apersonal über hilflosen Jungen und Erwachsenen hereinbrechen führt dazu, dass jeder sich aus «halberfassten Systembrocken» seine eigene Weltanschauung «zusammenbastelt». Es gibt ihn nicht mehr, den einen verbindlichen Massstab, denn die Pluralität relativiert die Wahrheit und verhindert so eine verbindliche Orientierung. Die «schärfsten Gegensätze» entstehen dadurch im Bereich der religiösen Anschauungen, wo der Einfluss «existentialistischer Strömungen» immer stärker wird. Aber auch «die Hierarchie der Werte wird nicht in einer gültigen Ordnung gesehen, sondern der Willkür des einzelnen preisgegeben» (S. 77); der Jugendliche, «zuinnerst auf absolute Ordnung hin ausgerichtet», wird in seiner «Leidenschaft nach Übereinstimmung mit der Wahrheit enttäuscht».

Die hier vorgenommene pauschale Beurteilung wertet pointiert pessimistisch. Gesellschaftliche Veränderungen erscheinen als Symptome eines epochalen Niedergangs. Trotzdem ist Halbfas' Ansatz gegenüber dem Handbuch in einem entscheidenden Punkt verändert. Er kommt in seiner Wahrnehmung der Gesellschaft nämlich nicht nur zu wesentlich differenzierteren Ergebnissen als das «Handbuch der Jugendseelsorge», sondern beschreibt bereits 1964 relevante Merkmale des Modernisierungsprozesses und ihre Folgen für die persönliche Lebensführung. So gehört die «Rationalisierung handlungsgeleiteter Orientierungsmuster» heute allgemein anerkannt zu den Hauptmerkmalen der Moderne[1].

Danach regulieren nicht mehr gemeinsam geteilter Sinn, sondern formale Prinzipien wie Organisation und Recht die Ordnung der höchst komplex gewordenen Gesellschaft. Vorteile hat dieses neue Paradigma insofern, als ein Nebeneinander verschiedener weltanschaulicher Überzeugungen möglich wird, weil eine Sinngebung des Ganzen zur Privatsache geworden ist. Verhängnisvoll wird es jedoch, wenn die Räume kommunikativer Alltagspraxis durch eine übermächtige instrumentelle Vernunft und strategisches Handeln verdrängt werden. Dann drohen selbst zwischenmenschliche Beziehungen den Erfordernissen der freien Marktwirtschaft unterworfen zu werden. Die Modernisierungsprozesse erweisen sich aus heutiger Sicht also als ambivalent. Es steht jeweils aus, welche der potentiellen Möglichkeiten, Chance oder Gefährdung, wirksam wird. Allerdings führt das Erleben einer derartigen risikoreichen Situation zu Reaktionen von Angst, Unsicherheit und Orientierungslosigkeit, die teilweise irrationale Formen annehmen. Die persönliche Lebensführung wird in diesem Prozess der gesellschaftlichen Differenzierung nicht mehr durch überkommene Bindungen bestimmt, sondern erfährt sich losgelöst. Zugleich ist diese Individualisierung aber auch strukturell erzwungen. Eigenidentität kann etwa nicht nur, nein, sie muss selbst gefunden und verantwortet werden. «Orientierung wird zur Aufgabe der individuellen Person, die mit eigenen Integrationsleistungen die mangelnde Integration des Institutionszusammenhangs kompensieren muss. Konnte sich der Aufbau einer sinnvollen Biographie, einer persönlichen Identität, in der vormodernen Gesellschaft auf vorgegebene, institutionell verankerte Identitätsmuster stützen, so wird dies heute zu einer lebenslangen persönlichen Aufgabe. Einen persönlich-biographischen Lebenssinn zu erwerben wird zu einer vornehmlich selektiven Leistung, die dem einzelnen institutionell nur partiell abgenommen werden kann.»[2]

---

[1] Vgl. R. Englert nennt als zentrale Merkmale des Modernisierungsprozesses: Die Universalisierung ökonomischer Rationalität, die (genannte) Rationalisierung handlungsgeleiteter Orientierungsmuster, die Rationalisierung der Arbeitstätigkeit und die Rationalisierung politischer Herrschaft. In: Religiöse Erwachsenenbildung, Stuttgart 1992, S. 268-275
[2] Vgl. K. Gabriel: Christentum und Industriegesellschaft, in: Person-Gruppe-Gesellschaft, Hildesheim 1980, S. 38; vgl. zum ganzen Zusammenhang auch N. Mette: Religionspädagogik, S. 21-25

Doch diese wertneutrale Sicht auf eine sich schnell verändernde Welt mit einem neuen *Aufgabencharakter* für den Menschen findet sich in «Jugend und Kirche» nicht. Die theologischen, philosophischen und pädagogischen Vorentscheidungen führen zu einer einseitig pessimistischen Bewertung des Befundes.

Im Licht der gewonnenen Einsichten aus dem «Handbuch der Jugendseelsorge» liesse sich dieses Ergebnis etwa folgendermassen interpretieren: Theologisch an die *kerygmatische Konzentration*[1] rückgebunden, denkt Halbfas in den Kategorien der Theozentrik als der Gesamtorientierung menschlichen Lebens und der Christozentrik als dem Weg in die geheimnisvolle Mitte des Heils. Dem entspricht philosophisch der idealistische Gedanke von einem sinnvoll geordneten Kosmos[2], in dem der Mensch an der Herausforderung des *absolut Gesollten* zu wahrer Humanität heranreift, also schliesslich pädagogisch eine idealistische Anthropologie mit ontologischen Zügen. Weltanschauung und Werthierarchie bleiben damit einem vormodernen Monismus verpflichtet, der im Pluralismus nur eine zersetzende Gefahr erkennen kann und den Menschen, insonderheit den Jugendlichen in diastatischer Isolation gegenüber der modernen Gesellschaft beschreibt.

3.4 Versuch einer anthropologischen Skizze anhand der «geistig-ideellen Denkfunktion»

Im Hinblick auf die religiöse Bildung nimmt der Text in der Folge die Unterscheidung zwischen der intellektuellen Denkleistung, dem Wissensdenken, und der geistig-ideellen Funktion des Denkens, dem Sinndenken, vor. Nicht nur für den Jugendlichen und seinen Weg zur religiösen Lebensentscheidung und -ordnung, sondern ebenso für den Theologen und Pädagogen, der ihn auf diesem Weg begleitet, kommt vor allem der zweiten Denkfunktion grosse Bedeutung zu.

> Denn die Aufgabe der Reifezeit kann nur durch das geistig-ideelle Denken gelöst werden. Nur durch diese Funktion fragt der junge Mensch über sich hinaus, um Orientierung und Halt in der Welt zu finden, nur sie «drängt zur Teilhabe an den Sinnwerten des Seins und des Seienden» (S. 86). Eine kritische Sichtung gesellschaftlicher und bildungsmässiger Zustände ergibt jedoch ein Defizit dieser

---

[1] Vgl. oben 2.2.6
[2] Vgl. oben 2.2.4

Denkfunktion. «Die Überdifferenzierung des Stoffes führt zu einem Gestaltzerfall, es mangelt an Geschlossenheit und dann auch bald an Gestalttiefe.» (S. 97f.)

Als Konsequenz daraus wird zunächst eine Verlagerung der Akzente im Schulunterricht gefordert. Statt auf umfangreiches Memorierwissen, welches das Wissensdenken schult, soll durch Betonung des Sinndenkens mehr Zeit auf den Erwerb eines tiefen, gemütsnahen Bildungswissens verwendet werden.[1] Sodann wird deutlich, dass die geistig-ideelle Funktion des Denkens die religiöse Dimension des Menschen zu erreichen vermag, sofern sich der Katechet um die Bildhaftigkeit seiner Verkündigung bemüht.

«Wer die Wahrheit nicht im Hirn, sondern im Herzen einwurzeln will, muss vom Bild ausgehen.» (S. 99) Der semantische Gehalt des Ausdruckes «Bild» ist zunächst nicht klar zu bestimmen. Doch legen es die im Kontext auffindbaren Konnotationen nahe, hier auf eine noch etwas unbehauene Vorform des späteren Symbolbegriffes gestossen zu sein. «Das Bild ist mehr als ein Anschauungsmittel, es ist nicht Konterfei, nicht Illustration oder Verdeutlichung, sondern inkarnierte Wahrheit. Im Bild erfasse ich die Wahrheit.» Am Beispiel des Sich-Segnens mit Weihwasser wird dann der Weg von der «Anschauung» zum «Bild» näher erläutert. Wenn ich an das Weihwasserbecken trete und den Kindern erkläre, wie man die Hand eintaucht und sich segnet, verbleibe ich in der

---

[1] Halbfas verweist an dieser Stelle auf W. Neidharts kritische Auseinandersetzung mit dem Memorieren im kirchlichen Unterricht und seinen Vorschlag einer «immanenten Wiederholung». (Vgl. W. Neidhart: Psychologie des kirchlichen Unterrichts, S. 142) Allerdings stellt Neidhart seine Überlegungen in einen gänzlich anderen theologischen Zusammenhang: «Was ein Mensch unbedingt wissen muss, um im Glauben an Christus zu leben und zu sterben, ist bald gelernt und umfasst nicht mehr als die drei traditionellen Hauptstücke und einige erläuternde Sätze dazu. Von daher ist es also nicht nötig, das Memorierprogramm unserer Schüler stark zu belasten. Und es ist nicht ausgemacht, ob solche heilsnotwendigen Glaubenswahrheiten wörtlich auswendig zu lernen sind oder ob es nicht genügt, vielleicht sogar besser ist, wenn der Schüler die Aussagen dem Sinne nach wiedergeben kann. Diese Frage ist nur von der katholischen Katechetik aus eindeutig zu beantworten. Dort gilt der Satz Quintilians: ‹Tantum scimus, quantum memoria tenemus› unangefochten, und das wörtliche Memorieren ist sinnvoll, weil die Heilslehren durch die Kirchen eindeutig definiert sind und weil ‹das Bewusstsein der Einheitlichkeit unserer Lehre im Lernenden wach wird, wenn er erkennt ... dass alle Katholiken für die Hauptlehren die gleichen Formeln haben› (P. Emmenegger). Die evangelische Kirche verfügt nicht über ein unfehlbar definiertes Dogma...» (A.a.O. S. 144)

Anschauung. «Will ich aber das Eigentlich-Religiöse dieses Vorgangs fassen, muss ich die Anschauung zum Bild erheben, d.h. ich muss das Weihwasser, das Eintauchen und das Sich-Segnen transparent machen auf das Analogon, auf die religiöse Wahrheit hin.» Mit dem Sinndenken soll ein vertieftes Bemühen um jene Wirklichkeit verstärkt werden, die bildhaft vorgegeben ist, von der die Begriffe der Theologie aber nur Chiffren sind. «Echtes Bild ist nie Chiffre der Wirklichkeit, sondern diese selbst, Träger und Vermittler der Wahrheit. Abstraktes Denken ist unfähig, Bindungen zu stiften, die dem Leben Sinn verleihen.»[1]

Für Halbfas' gesamtes Konzept scheint mir die hier vorgenommene Unterscheidung der Denkfunktionen von grosser Bedeutung. Obwohl zunächst festgehalten wird, beide seien wichtig und sie müssten sich ergänzen (S. 84), und auch gegen Ende des Abschnittes noch einmal betont wird, es sei nicht an den «Verzicht auf zuchtvolles intellektuelles Denken ... und ... (das) Aufgeben präziser Begriffserklärungen» (S. 100) gedacht, wird dem geistig-ideellen Sinndenken die zentrale Bedeutung für die geistige und religiöse Reifung beigemessen. In der religiösen Erziehung scheint es geradezu *der* adäquate Denkmodus zu sein. Durch die integrative Kraft dieses Denkwegs wird das noch nicht zu sich selbst gekommene Subjekt zu seinem Selbstsein befreit, indem es sich aus der gefundenen Sinnerhellung heraus neu versteht. (S. 83) Anders die überbetonte intellektuelle Denkfunktion. Sie schafft Begriffe und setzt sie zueinander in Beziehung, um die Welt in ihrer Sachstruktur zu erkennen. Ihre differenzierende Kraft geht jedoch an der Wirklichkeit vorbei, denn sie führt schliesslich zu einer Isolation der Begrifflichkeit und schafft so eine Überdifferenzierung, die das Ganze nicht mehr zu integrieren vermag. Besonders in der Theologie hat das gravierende Folgen. Unversehens geht es nicht mehr um Gott, sondern um die Begriffe von Gott. «Hierdurch wird der Begriff entwurzelt; einem innerlichen Erfassen ist er entzogen. Infolgedessen erscheint die Theologie alles Bildhaften entkleidet als kalt, abstrakt, logisch-systematisch, tot.» (S. 96f.)

Analog seinem wissenschaftlichen Ansatz und seinem Modell der psychischen Reifung in «Jugend und Kirche» nimmt Halbfas also auch bei der hier vertretenen Auffassung des Denkens einen pointierten Standpunkt ein. Es scheint mir ein Schlüssel zum Verständnis seiner Anthropologie zu sein. Ich möchte daher im Folgenden in meiner diachronen Interpretation

---

[1] A.a.O. S. 100. An dieser Stelle findet sich ein erster weiterführender Verweis auf Mircea Eliade, der für Halbfas' Symbolbegriff von zentraler Bedeutung ist. (Vgl. H. Halbfas: Wurzelwerk, S. 42ff.) Das bezeichnete Buch «Ewige Bilder» wird im übrigen im offiziellen Literaturverzeichnis nicht aufgeführt.

etwas weiter ausgreifen und nach einem vertieften Verständnis der beiden Eigenschaften, des *Geistigen* und des *Ideellen*, fragen.

Die erste Eigenschaft verweist auf den Logos, einen Zentralbegriff bei Aristoteles. Geist oder Vernunft, eben Logos, unterscheidet nach Aristoteles den Menschen von allen anderen Lebewesen und in dieser Differenz sieht Aristoteles gleichzeitig seine Bestimmung, sein Ziel. Der Mensch soll das ihm eigentümliche Vermögen der Vernunft ausbilden, er soll in Wahrheit werden, was er ist: das vernünftige Lebewesen. Was aber versteht Aristoteles näher hin unter dem Logos? Der Logos ist die Fähigkeit, Dinge zu erkennen und zur Erscheinung zu bringen, die Welt aufzuschliessen, er befähigt den Menschen zur höchsten seiner Möglichkeiten – zur Einsicht in das Wesen der Dinge und die Ordnung der Welt. Eingebettet ist diese aristotelische Sicht vom Menschen nämlich in eine universale Teleologie, den Gedanken, dass die Erscheinungsformen der Welt einem Organismus gleich zusammengehalten und geleitet werden, indem sie ein Ziel und einen Zweck besitzen, wodurch die Vielzahl der Teile als ein sinnvolles Ordnungsganzes erscheint. Ziel und Zweck aber werden nicht von aussen an die Welt herangetragen, sondern jedes einzelne Teil des Weltganzen trägt sie in sich selbst; sie bestehen darin, dass alles, was ist, danach strebt, die Fülle seiner Möglichkeiten, auf die hin es angelegt ist, zu verwirklichen. Dafür prägt Aristoteles den Begriff Entelechie.

Aristoteles fragt auch nach dem Grund dieses unablässigen Strebens in der Welt. Alles Streben in der Welt geht auf Selbstverwirklichung und Vervollkommnung. Also muss das letzte Ziel die reine Wirklichkeit und das Vollkommenste sein. Aristoteles identifiziert beides in der Gottheit. In ihr gründet und aus ihr entspringt jener Grundzug der Wirklichkeit. Alles, was von Natur ist, trägt etwas Göttliches in sich. Die Gottheit versteht Aristoteles also nicht im Sinne des jüdisch-christlichen Schöpfergottes, der von aussen her die Welt ins Dasein ruft, sondern als das der Welt immanente letzte Ziel ihres Strebens.[1]

In der Rezeption durch Thomas von Aquin verbindet sich die aristotelische Weltinterpretation in einer äusserst komplexen Synthese mit der mehr als tausend Jahre alten christlichen Glaubenstradition.[2] Auch für Thomas ist das den Menschen von allen anderen Lebewesen unterscheidende Merkmal der Geist, und weil er eine teilhabende Ähnlichkeit mit dem göttlichen Geist be-

---

[1] Vgl. zum folgenden: W.W. Jaeger: Aristoteles. Grundlegung einer Geschichte seiner Entwicklung, Berlin 1923; I. Düring: Aristoteles: Darstellung und Interpretation seines Denkens, Heidelberg 1966; W. Weischedel: Die philosophische Hintertreppe, München 1966

[2] Vgl. dazu auch oben Kapitel 2.1.2

sitzt, auch dazu befähigt, Wahrheit zu erkennen. Wenn der menschliche Geist nun den Wesenheiten der Dinge nachsinnt, dann denkt er damit die Gedanken nach, die Gott mit der Welt hat, denn – darin geht Thomas über Aristoteles hinaus – die Wesenheiten existieren ursprünglich als Ideen im Geiste Gottes. In diesem Gedanken liegt zugleich eine Einsicht in die Grenzen der Erkenntnis begründet. Thomas hält es für ausgeschlossen, dass der Mensch sich frei sein Weltbild entwerfen könne. Der Mensch bleibt an die von Gott gemäss den Ideen geschaffene Seinsverfassung gebunden. Damit ist nun auch die zweite Eigenschaft der fraglichen Denkfunktion ins Spiel gekommen.

Im Nachdenken der Gedanken Gottes mit der Welt begreift Thomas diese als ein Ganzes von stufenförmiger Ordnung. Jeder Wirklichkeitsbereich steht umso höher, je mehr in ihm die Form gegenüber dem ungeformten Stoff dominiert. Daher stellen die toten Dinge die niedrigste Seinsstufe dar; hier wird die Form dem Stoff bloss von aussen her aufgedrückt. Die Pflanze steht höher, denn sie hat ihre Form in sich selber, als ihre vegetative Seele. Noch höher steht das Tier; dessen Seele besitzt zwar zusätzlich ein sensitives Vermögen, die Wahrnehmung, trotzdem stirbt auch sie mit dem Leib. Nicht so beim Menschen. Wie Tier und Pflanze besitzt er ein vegetatives und sensitives Vermögen, aber ihn zeichnet vor jenen aus, dass seine Seele geistig und damit unsterblich ist. In diesem Leben bleibt die Seele des Menschen freilich, auch in ihrem geistigen Teil, mit dem Leib verbunden, daher stehen noch höher als der Mensch die reinen körperlosen Geister: die Engel. Jedoch auch sie sind geschaffene Geister und somit unvollkommen. Darum erhebt sich über allem der reine, ungeschaffene Geist: Gott.

Wie Aristoteles denkt sich Thomas die Weltordnung nicht als statisches Gefüge, sondern dynamisch. Alles strebt zur Form, weg vom ungeformten Stoff. Dieser Vorgang wird mittels der Begriffe «Möglichkeit» und «Wirklichkeit» gedeutet. Der Stoff ist blosse Möglichkeit, geformt zu werden. Je mehr Form etwas erhält, um so wirklicher wird es. Im Ordnungsganzen der Welt bewegt sich also ein Streben von der Möglichkeit zur Wirklichkeit. Das letzte zu Erstrebende muss demnach die reine Wirklichkeit, ohne alle Möglichkeit, sein. Das ist, in seiner äussersten Vollendung, Gott. An dieser Stelle geht Thomas wiederum über sein Vorbild hinaus. Gott hält nicht nur, wie Aristoteles meint, als das zuletzt Erstrebte alles Streben in der Welt in Gang, er steht auch am Anfang des Geschehens, als der Schöpfer der Welt. Damit entgeht Thomas der aristotelischen Fassung eines immanenten und damit pantheistischen Gottesbegriffes.

Auf dem Hintergrund dieser aristotelisch-thomasischen Weltdeutung soll nun der Versuch gewagt werden, die geistig-ideelle Denkfunktion im Hinblick auf die Anthropologie in «Jugend und Kirche» zu interpretieren. Über dieses Denken werden zusammengefasst drei grundlegende Aussagen gemacht: 1. Es lässt den Menschen über sich hinaus nach Orientierung und Halt fragen. 2. Es drängt zur Teilhabe an den Sinnwerten des Seins und des Seienden. 3. Es befreit auf diese Weise das noch nicht zu sich selbst gekommene Subjekt zu seinem Selbstsein und Selbstbewusstsein.

Der erste Satz lässt sich als Bewegung des menschlichen Geistes interpretieren. Aufgrund seiner entelechischen Struktur wird der menschliche Geist immer nach der ihn umgebenden Ordnung fragen. Denn andernfalls würde der Mensch ja seine Bestimmung verfehlen, zu seinem wahren Wesen zu gelangen, wie es in «Jugend und Kirche» im Blick auf die Jugend festgehalten wird: Das Sinndenken ist Conditio sine qua non für die erfolgreiche Lösung der Aufgaben in der Reifezeit. Nicht zu bezweifeln ist, dass Halbfas eine Vorstellung von der sinnvollen Ordnung der Dinge und des Weltganzen voraussetzt, in die der suchende Geist Einsicht gewinnen soll. Schon im Handbuch ist allerdings deutlich geworden, dass diese Ordnung als «Bild» erscheint.

So kann der zweite Satz im Anschluss an Thomas von Aquin als Bewegung des denkenden Subjektes auf die *Ideen, «die Bilder der Dinge»* hin verstanden werden. Entscheidend ist dabei der Gedanke, dass die Dinge in ihrer eigentlichen Wirklichkeit als Ideen im Geiste Gottes existieren. Der denkende Geist dringt also bei seinem Bemühen um Teilhabe an den Sinnwerten in die eigentliche Wirklichkeit vor, und indem er den Bildern der Dinge begegnet, gewinnt er Einsicht in ihren göttlichen Ursprung, in die Schöpfungsordnung und findet sich wieder als einen Teil derselben.

Damit kann sich die Intention des dritten Satzes verwirklichen. Der Mensch kommt von seiner *Möglichkeit zur Wirklichkeit*, er durchlebt die dynamische Bewegung, welche die ganze Schöpfungsordnung zusammenhält, vom ungeformten Stoff zur wesenhaften Form, von der vorbewussten Dumpfheit zum geistgeprägten Selbstbewusstsein.

Im anthropologischen Entwurf, der mit dieser kurzen Deutungsskizze angegeben ist, wird Bildung als Befreiung des Menschen *zu* sich selbst gedeutet.[1] Wo immer der denkende Geist des Menschen sich auf das Wesen der Dinge und der Welt einlässt, gewinnt er Einsicht in den wesent-

---

[1] Die reformatorische Tradition stellt ausgehend von Augustin das Rechtfertigungsgeschehen ins Zentrum des Bildungsgedankens, das eher als Befreiung des Menschen *von* sich selbst zu deuten ist.

lichen Zusammenhang des Weltganzen und im Lichte des neu gewonnen Sinnzuwachses wird er sich seiner selbst immer neu bewusst. Das Weltbild, in dem er sich vorfindet, ist universal, aber es ist strukturell vorgegeben. Hier gibt es keinen Raum für andere subjektive Weltentwürfe und es wird noch einmal auf einer tieferen Ebene verständlich, weshalb der Pluralismus in «Jugend und Kirche» grundsätzlich abgelehnt wird.

Ein faszinierendes Kennzeichen des theologisch-philosophischen Entwurfs bei Thomas von Aquin ist die Unterscheidung zwischen der natürlichen und der übernatürlichen Gotteserkenntnis, zwei Bereiche, die Thomas sorgsam auseinanderhält. Letztere wird dem Menschen im Glauben durch die sich offenbarende Gnade Gottes zuteil. So hat es der Glaube mit den übernatürlichen Wahrheiten zu tun und das heisst vor allem mit dem trinitarischen Wesen Gottes, dem wahren Zustand des gefallenen Menschen und der Inkarnation, dem in Jesus Christus offenbarten Heil. Im Bereich der natürlichen Gotteserkenntnis hat der Glaube dagegen nichts zu suchen. Hier herrscht der Verstand, der sich primär auf die Erkenntnis der Weltdinge richtet. Hier bedarf die menschliche Vernunft auch keiner göttlichen Erleuchtung, wie es die Vertreter der augustinischen Philosophie behaupten. Ausgangspunkt der Welterkenntnis ist vielmehr die allen zugängliche sinnliche Erfahrung und das Kriterium ihrer Wahrheit ist die rationale Einsichtigkeit. Jedoch damit nicht genug; der menschliche Geist, in teilhabender Ähnlichkeit mit Gottes Geist, vermag nach Thomas durch Beschäftigung mit der Weltwirklichkeit auch eine vage Einsicht in das Dasein Gottes zu gewinnen, dies weil jegliches geformtes Wesen auf den vollkommenen Ursprung aller wesenhaften Form, den Schöpfergott selber verweist. Wohl bleibt der Glaube der Vernunft vorgeordnet. Die Wahrheit des Glaubens ist vollkommener als die Wahrheit der natürlichen Vernunft. Diese ist auf den Glauben hingeordnet; dieser wiederum bringt die Vernunft erst in ihre eigensten Möglichkeiten. «Die Gnade hebt die Natur nicht auf, sondern vollendet sie». Jedoch: Die beiden Bereiche der natürlichen und übernatürlichen Gotteserkenntnis sind dadurch nicht scharf voneinander getrennt. Zwischen beiden existiert gewissermassen eine schillernde Übergangszone, in der strukturell gedacht keine grosse Differenz zur aristotelischen Gotteserkenntnis einer immanent-pantheistischen Gottheit besteht. Insofern hat bei Thomas also die Grundtendenz des griechischen Philosophierens innerhalb des christlichen Denkens weiten Raum bekommen, vielmehr als es in der von Augustinus herkommenden Tradition erträglich erscheint.

Diese Überlegung scheint mir auch für Halbfas' theologischen Weg und seine religionspädagogische Umsetzung von Bedeutung. Ich habe oben die Entfaltung natürlicher und übernatürlicher Methoden in Auseinandersetzung mit dem klassischen Verhältnis von Natur und Gnade im «Handbuch der Jugendseelsorge» untersucht.[1] Dabei hat sich gezeigt, dass Halbfas seinem Denken nicht das hierarchisch zugeordnete Modell von Natur und Gnade zugrunde legt. Sein theologisches Denken hält sich schon früh zu hierarchischen Denkmodellen und supranaturalistischen Vorstellungen auf Distanz[2] und hat sich, beeinflusst durch Vertreter der material-kerygmatischen Erneuerung, zu einem Kreis transformiert, der zur Mitte hin transzendiert, wobei das *Überschreiten im mystischen Weg der Imitatio Christi* gedeutet wird.[3] So spricht Halbfas schon im Handbuch nicht mehr von «übernatürlichen Wahrheiten», sondern vom «Mysterium» oder von der «Mitte der Heilsgeschichte»[4]. Hier erkennt der Mensch nur im Glauben. An der Kreisperipherie jedoch als der Weltwirklichkeit gewinnt der Mensch seine Einsichten auf natürlichen Erkenntniswegen. Halbfas gebraucht für die Weltwirklichkeit mit J. A. Jungmann auch den Begriff «Theozentrik» und kann sagen: «Theozentrik meint die Gesamtorientierung unseres Menschenlebens; sie ist schon mit der Schöpfung gegeben und bleibt auch im Christentum Grundgesetz...»[5] Anthropologisch kann dies daran anschliessend etwa so gedeutet werden: Der Mensch, vor allem der Jugendliche in der Reifezeit, sieht sich vor die Aufgabe seines Lebens gestellt, seine Menschwerdung. Dieser Prozess kann interpretiert werden als Selbstverwirklichung, als Weg vom noch wesenhaft Ungeformten zur wesenhaften Form. Lösen kann er diese Aufgabe nur mit Hilfe seiner wesentlichsten Gaben, seiner Sinne und seines Geistes. In der Wahrnehmung der Sinne und im Modus des geistig-ideellen Denkens lernt er die Wirklichkeit zu durchdringen, und er beginnt nach und nach die Ordnung der Dinge zu verstehen. Einsichten in das Wesen der Dinge und ihres Zusammenhangs im Ordnungsganzen gewinnt der Mensch in der Begegnung mit ihrer *wesentlichen Mitte, dem Bild*. Es kann philosophisch als vollkommene Form interpretiert werden und theologisch als die ursprüngliche Idee aus dem Geiste Gottes. Endlich lässt sich die Begegnung mit dem *Bild* auch soteriologisch deuten: als ein freisetzendes Erkennen der eigentlichen Wirklichkeit, insofern Welterkenntnis, als Prozess der Selbsterkenntnis, in dem Masse als der Mensch sich immer neu im sinnvollen Zusammenhang der Welt sehen lernt, und als Gotteserkenntnis, indem er im Wesen des Weltganzen den Spuren des Schöpfers begegnet.

---

[1] Vgl. Kapitel 2.2.6
[2] Ebd.
[3] Ebd.
[4] Vgl. H. Halbfas: Handbuch S. 407f.
[5] Vgl. a.a.O. S. 57; vgl. ebenfalls Kapitel 2.2.6

Es wird hieraus auch verständlich, warum das geistig-ideelle Denken und, als Funktion davon, der Prozess des Verstehens letztlich immer sowohl als geistige wie als religiöse Akte des Subjektes interpretiert werden. Gleiches ist vom *Bild* als Denkobjekt zu sagen. Hier verdichtet sich die Wirklichkeit hinter den Weltdingen, hier wird Welt auf seine Wirklichkeit hin durchsichtig, eine Wirklichkeit, die letztlich in Gott gehalten ist.

Verblüffend ist die Nähe zum späteren Symbolbegriff, in dem wir uns hier bereits befinden:

«Das grundlegende Merkmal des Symbols ... ist seine Eigenschaft, die empirisch geschlossene Oberfläche der Dinge aufzubrechen und eine dahinter verborgene Tiefe aufzudecken. Symbole weisen über sich selbst hinaus auf eine Wirklichkeit, die nicht unmittelbar ergriffen werden kann und der wir auf keinem anderen Weg begegnen können als auf dem Weg des Symbols ... Was Symbole vermitteln, ist auf keinem anderen Weg nebenher zu gewinnen. Es liegt an ihrem Charakter, empirisch Konkretes mit ungegenständlicher Wirklichkeit zu verbinden – symballein heisst zusammenwerfen, zusammenfügen, zusammenflechten – doch ist der Hintersinn ohne leibhaftigen Ausdruck nicht da. Was Symbole sagen, lässt sich weder empirisch erreichen und analysieren noch auf irgend einem anderen Erkenntnisweg als dem symbolischen finden. Darum sind Symbole die einzige Sprache, in der sich religiöse Wirklichkeit unmittelbar ausdrücken kann. Sie sind die authentische Sprache der Religionen selbst. Die Wissenschaften mögen die Religionen noch so exakt erforschen, sie machen sie zugleich auch zum Objekt und bringen somit lediglich ein Wissen über Religion zustande ...»[1]

Wie das Bild verschafft auch das Symbol Zugang zur religiösen Wahrheit. Letztere wird gedeutet als die «verborgene Tiefe» unter der «empirisch geschlossenen Oberfläche der Dinge». Um dorthin zu gelangen, kann ausschliesslich nur der symbolische Erkenntnisweg beschritten werden. Gleichzeitig werden die empirischen Vermittlungsmodi, allen voran die Erklärung als untaugliche Methoden zur Erschliessung der religiösen Dimension erklärt. Wie das geistig-ideelle Denken auf das Bild, so richtet sich das ganzheitliche Verstehen auf das Symbol. Doch bleibt das Symbol nicht nur Verstehensobjekt. Es besitzt eine «eigene Mächtigkeit», in der Beschäftigung mit ihm findet das verstehende Subjekt nicht nur Hinweise

---

[1] Vgl. H. Halbfas: Religionsunterricht in der Grundschule, Lehrerhandbuch 1, S. 256-260:

auf die religiöse Wirklichkeit, nein, es begegnet dieser Wirklichkeit selbst. Auch hier möchte ich somit das Fazit ziehen: Halbfas' Symbolverständnis lässt auch in der Fassung seines Unterrichtswerkes die Strukturen eines aristotelisch-thomasischen Wirklichkeitsbegriffs erkennen.

4 Grenzwege

«Noch bevor ich es theologisch reflektieren konnte, war es mir bis zum inneren Unwohlsein deutlich, dass die für den Religionsunterricht bereitstehenden Hilfen den jungen Leuten nicht erlaubten, ihre Sprache zu sprechen, ihr Lebensgefühl in diese formelhafte Welt mit hineinzunehmen und vor allem ohne innere Verkrümmung aus dem Konflikt zwischen Denken und Glauben herauszukommen.»

4.1 ZUR ENTWICKLUNG DER HERMENEUTISCHEN FRAGESTELLUNG IN DER RELIGIONSPÄDAGOGIK

Das grosse Bedürfnis nach weltanschaulicher Orientierung hatte im Deutschland der Nachkriegszeit einem Religionsunterricht, der «Kirche an der Schule» sein wollte, eine gesetzlich abgesicherte Monopolstellung verschafft. Die «Evangelische Unterweisung» und «der Kerygmatische Bibelunterricht» als seine beiden konfessionellen Ausdrucksformen erhielten vor allem deswegen eine breite politische Unterstützung, weil man die Rolle der Kirchen im Widerstand gegen den nationalsozialistischen Totalitarismus im Allgemeinen überschätzte und sie für Garanten eines geistigen Wiederaufbaus hielt. Weil sich dieser Religionsunterricht aufgrund seiner theologischen Prämissen ausserdem selbst als Fremdkörper an der Schule verstand, war er als Schulfach strukturell und inhaltlich isoliert, was von Pädagogen wie Erich Weniger schon früh erkannt und kritisiert wurde. Die Warnungen verhallten indessen ohne Gehör zu finden.[1]

Im dem Masse wie im Verlauf der Fünfzigerjahre die Säkularisierung der Gesellschaft voranschritt und sich entsprechende Wertvorstellungen etablierten, geriet «der verkündigende Unterricht» unter Legitimationsdruck. Verstärkend wirkten auch pädagogische Einsichten: Angesichts der methodisch-didaktischen Entwicklungen in anderen Fächern erschien der einer katechetischen Tradition verhaftete Bibelunterricht als unzeitgemäss, insbesondere an den weiterführenden Schulen, wo der wachsende wissenschaftliche Anspruch das Fach mehr und mehr isolierte.[2] Kirche und theologische Wissenschaften sahen sich herausgefordert, didaktische Anknüp-

---

[1] Vgl. C. Grethlein: Religionspädagogik, S. 427
[2] Vgl. hierzu: G. Lämmermann, Religionspädagogik im 20. Jh., S. 94-97

fungspunkte für den biblischen Unterricht herauszuarbeiten, die weniger verkündigend als vielmehr wissenschaftlich zu sein hatten.

In der evangelischen Theologie führte dies bereits 1947/8 zu einer Kontroverse zwischen den Vertretern der «Evangelischen Unterweisung»[1] und der hermeneutischen Religionsdidaktik. Auch R. Bultmann griff 1948 in die Debatte ein und betonte in einer Stellungnahme gegen den kirchlichen Verkündigungsanspruch der Evangelischen Unterweisung, die Schule dürfe sich das Recht nicht nehmen lassen, den Religionsunterricht aus eigener Kraft und unter eigenen Bildungsansprüchen zu erteilen.[2] Dabei hält er den Versuch im Religionsunterricht die Wirklichkeit Gottes erschliessen zu wollen theologisch für ein «hybrides Unterfangen».[3] Bultmann deutet also bereits in dieser frühen Äusserung die Notwendigkeit einer schultheoretischen Fundierung des Religionsunterrichts an.

Die Aufgabe eines solchen Religionsunterrichtes hat er einige Jahre später an anderer Stelle folgendermassen umrissen: «Das Eine ist dieses: der Mensch muss dahin gelangen, dass er sich auf sich selbst besinnt, dass er sich fragt, was menschliches, was Sein ist. Er muss lernen, seine eigenen Fragen zu verstehen, gewahr zu werden, wonach er eigentlich verlangt, was Wahrheit, was Wirklichkeit, was echte Existenz bedeutet. Und sodann: es muss ihm gezeigt werden, was der Sinn des christlichen Glaubens ist, was gemeint ist, wenn der christliche Glaube redet von Gott, von Sünde, von Gnade, wie der christliche Glaube die Situation des Menschen in der Welt versteht.»[4]

Damit ist das Programm der «existentialen Interpretation» auf den schulischen Religionsunterricht bezogen und der hermeneutische Unterricht hat sein charakteristisches Ziel erhalten: Schüler zum Verstehen ihrer eigenen Existenz anzuleiten, indem ihnen die Bedeutung der biblischen Botschaft für ihr Leben durchsichtig wird.

---

[1] Im Jahre 1947 erschien H. Kittels Programmschrift: Vom Religionsunterricht zur Evangelischen Unterweisung

[2] Die Stellungnahme R. Bultmanns wurde erst 1984 wieder entdeckt und für die wissenschaftliche Arbeit zugänglich gemacht. Vgl. H. Stock: Ein religionspädagogischer Nachtrag zum Bultmann-Gedenkjahr, in: JRP 1 (1984), 1985, S. 165-174, hier: S. 169; vgl. auch G. Lämmermann: Grundriss der Religionsdidaktik S. 138

[3] H. Stock, a.a.O. S. 170

[4] R. Bultmann: Erziehung und christlicher Glaube, in: Glauben und Verstehen IV, S. 54

1958 legte M. Stallmann[1] in direkter Anknüpfung an Bultmann den ersten neueren Versuch einer pädagogischen Begründung des Religionsunterrichtes im Rahmen der Schule vor. In der Folge erschienen bis 1964 hermeneutisch-didaktische Arbeiten von H. Stock[2], G. Otto[1], I. Baldermann[2], K. Frör[3] u.a.,

---

[1] Vgl. M. Stallmann: Christentum und Schule: Stallmann unterstellt sich der bildungstheoretischen Forderung pädagogische Überlegungen von der Erziehungswirklichkeit her zu bestimmen, weil diese dem theologischen Ringen um einen Anknüpfungspunkt entspricht. Allerdings widerspricht er einem Ansatz, der die Tradition als «Material zur Selbstverwirklichung» betrachtet (S. 54). Der antwortend-verantwortliche Umgang mit der Tradition als Überlieferungsgeschehen (S. 168) stellt uns vor die Frage nach der Wahrheit unserer geschichtlichen Existenz und ruft uns zur Wahrnehmung der Verantwortung angesichts der Zukunft (S. 72). Damit richtet er sich gegen einen subjektivistischen Umgang mit Geschichte (S. 53f.), der zur «Anpassung» an die Gesellschaft führt (S. 57ff.). Das Christentum kann als Grundlage der Schule in Anspruch genommen werden, weil es ein Element unserer geistigen Überlieferung ist, mit dem die Schule ihrem geschichtlichen Auftrag nach zu tun haben muss (S. 150). Der christliche Glaube ist in diesen Bereich nicht mit eingeschlossen, weil er nicht in die Überlieferung eingeht (S. 148). Doch schon die kritische Auslegung der christlichen Tradition kehrt die in der Schule übliche Frage um, weil sie keine gültigen Antworten oder Werte vermittelt, sondern (als Explikation des Gesetzes) den Menschen radikal vor die Frage nach sich selbst stellt (S. 31). Wird der junge Mensch als nach sich selbst Fragender in das Überlieferungsgeschehen einbezogen, vollzieht sich Bildung. Ist die Aufgabe der Schule so umrissen, kann der Religionsunterricht als kritischer Dialog verstanden werden. Er legt die christliche Überlieferung auf die Bibel hin und von der Bibel her verstehend aus, und zwar nicht um ihrer selbst willen, sondern um die Selbstfindung der Schülerinnen und Schüler zu fördern (S. 199). Jeder Verkündigungsanspruch des Religionsunterrichtes wird von Stallmann strikt abgelehnt. Das sei allein Aufgabe der Predigt (S. 86).

[2] H. Stock: Studien zur Auslegung der synoptischen Evangelien im Unterricht: Stock sieht in der Frage nach dem Verhältnis von historischem Jesus und der Christusbotschaft der Evangelien das zentrale didaktische Problem (S. 30ff.). Während Stallmann an der Position Bultmanns festhält, macht Stock die damals wieder neu gestellte Frage nach dem historischen Jesus für den Unterricht fruchtbar, indem er die Spannung zwischen der Verkündigung Jesu und der Christusbotschaft der Gemeinde didaktisch zum Ausdruck bringt (S. 42).In seinen hermeneutischen Grundsätzen bleibt auch Stock Bultmann weiterhin verpflichtet. Der Ausleger, der von der Frage nach seiner Existenz bewegt ist, steht in einem vorgängigen Lebensverhältnis zu den biblischen Texten, die ihn in ihrer Wahrheit anreden. So zielt auch der biblische Unterricht, der die Texte auf menschliche Grundsituationen hin auslegt, auf ein «existentiales» Verstehen; denn die Auslegung bringt zur Geltung, wie die Texte von menschlicher Existenz schlechthin sprechen (S. 47).

die gerade durch ihre konzeptionellen Unterschiede in Einzelfragen genuine Beiträge zur Entstehung einer charakteristischen didaktischen Struktur des hermeneutischen Religionsunterrichtes beisteuern.[4]

In der katholischen Exegese und Bibeldidaktik erfolgte der Durchbruch der hermeneutischen Methoden in enger Verbindung mit den markanten kirchlichen Entwicklungen der letzten fünfzig Jahre. Pius XII. öffnete mit der Enzyklika «Divinu afflante Spiritu» (1943) den Weg zu einer auch literarkritischen Beschäftigung mit der Bibel. Am 11.10. 1962 wurde das 2. Vatikanische Konzil mit einer denkwürdigen Rede Johannes' XXIII. im Petersdom eröffnet. Damit begann bekanntlich eine tiefgreifende Erneuerung der katholischen Kirche in allen Bereichen ihres vielfältigen Lebens. Die während des Konzils veröffentlichte Instruktion der Päpstlichen Bibelkommission «Sancta Mater Ecclesia» (1964) enthält die erste positive katholische Stellungnahme zur formgeschichtlichen Methode.

Unter den vier verabschiedeten Konstitutionen kommt für unseren Zusammenhang vor allem derjenigen über die göttliche Offenbarung «Dei Verbum» (1965) grosse Bedeutung zu. Denn hier wurden die lehramtlichen Vorbehalte gegen die historisch-kritische Bibelexegese nicht nur fallen gelassen, sondern der

---

[1] Vgl. G. Otto: Schule-Religionsunterricht-Kirche: Angeregt durch Stallmann arbeitet Gert Otto unter Berufung auf Gogartens Unterscheidung von Säkularismus und Säkularisierung als einer legitimen Folge des christlichen Glaubens das Verhältnis von Christentum, Säkularisierung und Glauben heraus. Dabei ergibt sich innerhalb seiner Argumentation die Notwendigkeit nach dem Evangelium zurückzufragen. Durch die Beschäftigung mit dem Christentum muss sich nämlich die Säkularisierung vor dem Evangelium als echt erweisen (S.49). Otto setzt nicht wie Stallmann bei der Tradition als dem Inhalt des Unterrichts, sondern bei der Auslegung als dem Verfahren zur Erschliessung der Inhalte an; diese Grundlegung passt sich in das Auslegungsgeschehen, das sich in der Schule vollzieht, auf einleuchtende Weise ein. Ottos programmatische Formel, die für den von ihm so benannten «hermeneutischen» Unterricht insgesamt kennzeichnend wurde, lautet: Die Auslegung der Bibel ist die «didaktische Grundform des Religionsunterrichts» (S. 79).
[2] Vgl. I. Baldermann: Biblische Didaktik: Baldermann wählt die Wahrnehmung der sprachlichen Form biblischer Texte zum Leitfaden seines didaktischen Entwurfs.
[3] Vgl. K. Frör: Biblische Hermeneutik, München 1964
[4] Vgl. zur Geschichte des hermeneutischen Religionsunterrichtes: P. Biehl: Didaktische Strukturen des Religionsunterrichtes, in: JRP 12 (1995) S. 197-207; G. Lämmermann: Grundriss, S. 139-141

Exeget wurde geradezu auf ihre Anwendung verpflichtet.[1] Seit 1964 kam es in der Folge zur Rezeption der Hermeneutik Bultmanns und Gadamers in der katholischen Religionspädagogik. Im genannten Jahr hat Günter Stachel wohl als erster katholischer Religionspädagoge den Bezug des kirchlichen Unterrichts zur hermeneutischen Exegese thematisiert.[2]

Damit ist gleichzeitig aber auch der Horizont erreicht, vor dem Hubertus Halbfas, in der Fachwelt beider Konfessionen sofort stark beachtet und bereits nach wenigen Monaten neu aufgelegt, sein Buch «Der Religionsunterricht» publizierte.

4.2 DER RELIGIONSUNTERRICHT

Die beiden bisher besprochenen Werke von Hubertus Halbfas setzten jeweils mit einer Diagnose des Untersuchungsgegenstandes ein. Es verwundert deshalb hier nicht weiter, sondern unterstreicht nur mehr die zentrale Bedeutung dieses Gestus[3], wenn der Autor auch in seinem dritten Buch zunächst im Blick auf den Religionsunterricht eine Defizitanalyse vornimmt.[4] In bereits vertrauter Schärfe stellt er fest, der Religionsunterricht führe zum gegenteiligen Ziel dessen, was er erreichen wolle; die aufgewandte Mühe und das zu erwartende Ergebnis stünden in einem absoluten Missverhältnis. Zurückzuführen sei diese Krise auf die institutionelle Isolation des Faches, auf das Fehlen eines Erwachsenenkatechumenats und auf die Diskrepanz zwischen wissenschaftlicher Theologie und Unterricht. Das Anliegen des Buches sei «Kritik aus Sorge um weltfähigen Glauben» (S. 13).

---

[1] Vgl. dazu: W. Kirchschläger: Historisch-kritische Methoden (kath.), in: Handbuch der Bibelarbeit, S. 131

[2] Vgl. G. Stachel: Heutige Schriftauslegung und Religionsunterricht, in: Anima 2, 1964, S. 91-101; Neuabdruck in: Der Bibelunterricht S. 15-27; 1965 hat Stachel auf einer Tagung in Salzburg Bezug nehmend auf Baldermann und Otto über sein Konzept referiert. (HK 21, 1967, S. 479)

[3] Vgl. dazu oben Kapitel 2.2.4

[4] Halbfas drückt damit ein Unbehagen aus, das auch in der protestantischen Theologie geteilt wurde. So heben sowohl W. Neidhart wie S. Wibbing in ihren Buchrezensionen «die scharfsinnige Analyse», bzw. die «erfrischend offene und klare Sprache, in der schonungslos die Probleme aufgezeigt werden», hervor.

Von diesem Engagement für die Jugend her und seinem Anliegen, ihr die Sache des Glaubens verstehbar zu machen, ist das Buch m. E. zu lesen. Ebenfalls von hier aus kann der Spagat deutlich werden, den Halbfas vollführt, eine Übung, die er alsbald im Blick auf seine Intentionen wohl als nicht hinreichend erkannt haben muss, die in ihm jedoch gleichzeitig die spannungsgeladene Energie speicherte, aus der heraus kurze Zeit später die Fundamentalkatechetik entstanden ist.

Wie zu zeigen sein wird, rezipiert Halbfas in seinem dritten Buch neu die Einsichten der historisch-kritischen Bibelwissenschaft und setzt sich mit der Bultmannschen Verstehenslehre auseinander; er baut weiterhin auf den theologischen Voraussetzungen der materialkerygmatischen Theologie auf und arbeitet gegenüber seinen beiden ersten Büchern deutlicher eine ontologische Korrelation beim Vermittlungsvorgang zwischen Offenbarung und Erfahrung heraus. Auf diesem erweiterten theologischen Fundament errichtet er eine Konstruktion des schulischen Religionsunterrichtes, die in einem rechten Flügel traditionell-katholische Strukturelemente mit einem linken, futuristischen Flügel kombiniert, der sich an den radikalen evangelischen Neukonzeptionen Stallmanns und Ottos orientiert. Weil sich die beiden Teile in ihrer strukturellen Verschiedenheit aber nicht direkt ineinander fügen lassen, wird als Verbindungselement, alt und neu zugleich, ein ontologischer Religionsbegriff eingeführt.

Mit der vorgelegten Konzeption begibt sich Halbfas aber auch erstmals in das Spannungsfeld zwischen der traditionell-katholischen Ekklesiologie und dem modernen Wahrheitsbegriff, konkretisiert durch den singulären Versuch, sich einerseits mit Bultmanns Hermeneutik auseinander zu setzen, den Verkündigungscharakter des Unterrichtes zu relativieren und gleichzeitig den Wahrheitsanspruch der Kirche aufrecht zu erhalten; ein beeindruckendes und mutiges Unternehmen, das ihm neben der erwähnten Anerkennung sehr wahrscheinlich auch die erhöhte Alarmbereitschaft seiner Kirchenoberen eingetragen hat. Zu dieser Einschätzung komme ich aufgrund des insgesamt zwar wohlwollenden, aber auch unüberhörbar ermahnenden Kommentars von G. Stachel, der als Pionier des hermeneutischen Ansatzes im katholischen Raum und allseits anerkannte Autorität 1967 die bisherigen Ergebnisse der neuen Bibeldidaktik bilanziert.[1]

---

[1] Vgl. G. Stachel: Der Bibelunterricht

> Dabei stellt er eine unübersehbare Warntafel vor der Grenze anerkannter katholischer Lehrmeinung auf und schreibt an die Adresse zweier junger Kollegen: «Nicht mehr Kenntnisse und Wissen ..., sondern lebendiger Vollzug des Christseins, ...Vermittlung von Erfahrung durch Gegenwärtigkeit und Transzendenzerfahrung in der Katetechese werden als Ziel ... des Bibelunterrichts genannt. Hiermit ist katechetischerseits *unbeabsichtigt* (sic!) eine Nähe zur modernen Exegese erreicht worden, nämlich zu Rudolf Bultmanns existentialer Interpretation, während einzelne führende Vertreter des evangelischen Religionsunterrichts gerade den glaubenfordernden, den verkündigenden Charakter der schulischen biblischen Unterweisung verneinen. *Ähnliche Tendenzen sind für die katholische Katechese nicht denkbar. Dazu versteht sie sich viel zu sehr als Tun der Kirche und zur Auferbauung der Kirche. Mit Hubertus Halbfas' und Wolfgang Langers Warnung vor einem Bibelunterricht als ‹einer quasiliturgischen Aktion› scheint der Raum nach links ausgenutzt, der unsererseits gegeben ist.*»[1]

Damit musste sich Halbfas also bewusst sein, dass das kirchliche Lehramt auf ihn aufmerksam geworden war und seine weiteren Publikationen mit Bedacht zur Kenntnis nehmen würde.

4.2.1 Die Weiterentwicklung des materialkerygmatischen Vermittlungskonzeptes durch die Rezeption der Hermeneutik

Im zweiten Kapitel seines Buches entfaltet Halbfas eine hermeneutische Grundlegung des Bibelunterrichtes. Er stimmt mit den grundlegenden Ergebnissen der evangelischen historisch-kritischen Exegese überein. Für die Evangelienbildung hält er fest, ein historisch-biographisches Interesse werde nicht mehr angenommen (S. 59).

> Die Erkenntnis, dass hier Geschichte als Kerygma begegnet und die frühe Gemeinde nicht fragte, «wer Jesus war, sondern wer Jesus für sie ist», mündet in die Feststellung: «Was als Kerygma begegnet, muss keineswegs unhistorisch sein, wenngleich der Vorstoss zur historischen Situation sehr schwer und oft auch unmöglich erscheint.» (S. 60). Um die biblischen Texte zu verstehen, sei die historische Methode unabdingbare Voraussetzung, weil die biblischen Bücher wie jede andere Literatur den Bedingungen des Verstehens unterlägen (S. 62). Folglich sei der Wahrheitsanspruch der Bibel nicht unmittelbar zu

---

[1] A.a.O. S. 33f.

vernehmen. Der notwendige Umweg, den der zeitliche Abstand fordere, müsse begangen werden.

Eine Auslegung der Bibel, so betont Halbfas in der Folge, könne sich freilich nicht damit zufrieden geben, biblische Texte nur als historische Quelle zu interpretieren (S. 64). Sie würde damit den zentralen Offenbarungsanspruch der Bibel verkennen, nämlich die Wahrheit der Schrift als den unabweisbaren Anspruch der Treue Gottes in Jesus Christus.

Endlich unterstreicht Halbfas unter Berufung auf Bultmann die Bedeutung des «Vorverständnisses» beim Verstehensprozess und fragt dann, wo sich solches Vorverständnis erschliesse. Die entscheidende Antwort lautet:

«Der Verstehenshorizont, innerhalb dessen die Heilige Schrift als Anrede Gottes erfahren wird, findet sich ... durch das ‹Volk Gottes› konstituiert. Gewiss gibt es auch eine ausserkirchliche Auslegung der Schrift, aber ihre eigentliche, vollgültige Interpretation ereignet sich nicht neben der Kirche, sondern durch alle bisherigen Jahrhunderte bis auf den Tag in der hörenden und glaubenden Gemeinde» (S. 66f.).

Machen wir uns also Halbfas' Vorgehen klar: Sein hermeneutischer Ansatz geht davon aus, dass wir es «bei der Bibel nicht mit einem ‹Gegenstand› zu tun haben, über den Kinder unterrichtet werden, damit sie Bescheid wissen,...sondern es handelt sich darum, in (fremde) Sprache gefasste Erfahrung zum Sprechen zu bringen, so dass sie von Kindern unserer Zeit gehört und verstanden werden kann» (S. 61). Um zu einem adäquaten Textverständnis zu kommen, geht er in drei Schritten vor:
1) Er übernimmt zunächst prinzipiell die Methoden der historischen Kritik, ohne die er eine Erfassung des Textes nicht für möglich hält, und unterstellt die Interpretation der biblischen Bücher damit den gleichen Bedingungen wie jede andere Literatur.
2) Mit der Bearbeitung biblischer Texte als historischer Quellen kann sich allerdings die Auslegung nicht zufrieden geben. Denn ihr erstes und letztes Ziel ist es, den offenbarten Wahrheitsanspruch der Bibel vernehmbar zu machen, der in Bezug auf die biblischen Aussagen nicht – wie es sich aus der griechisch-abendländischen Geistesgeschichte nahelegt – mit einer «perfekten Faktenregistrierung» (S. 65) verwechselt werden darf, sondern sich auf Denkformen des Mythos und der Sage eingelassen hat.
3) Schliesslich wird «das echte Verständnis eines Textes ... nicht allein durch Beachtung der hermeneutischen Grundregeln gewonnen» (S. 66), denn «die Kirche ist der Bereich, in dem die eigentliche Intention der

biblischen Texte verstanden und auf ihren Anspruch hin verkündigt wird», hier findet sich somit das gültige «Vorverständnis» (S. 67).

Um nun diese eigentümliche hermeneutische Bewegung zu deuten, greife ich kurz zurück auf die wichtigsten Einsichten von Bultmanns Weg des Verstehens. Bultmann nennt diesen Weg in Anlehnung an Heideggers Existentialanalyse *existentiale Interpretation*.

Die Bibel ist ein literarisches Dokument, in dem es um eine Sache geht, die von Gott her Bedeutung für die menschliche Existenz hat. Damit sie in dieser Bedeutung zu Wort kommt, ist es jedoch nötig, dass der Mensch die richtigen Fragen an sie stellt, und das kann er wiederum nur, wenn er sich selber recht versteht. Für das eigentliche Verstehen der Wahrheit als Ziel des hermeneutischen Bemühens ist die Subjektivität des Fragenden und sein Selbstverständnis also von grundlegender Wichtigkeit, ja man könnte sagen, die Wahrheit gewinnt ihre existentielle Bedeutung überhaupt erst von der Subjektivität des fragenden Menschen her. Konkret könnte das also heissen: Der Mensch fragt nach dem Sinn und stellt damit den inhaltlichen Bezug her, unter dem die Wahrheit der Bibel als «eine die Gegenwart bestimmende Macht» zum Reden kommt.[1] Bultmann nennt dieses existentiale Selbstverständnis des Menschen *Vorverständnis*. Das Vorverständnis macht den Menschen zugänglich für die Offenbarung der Bibel und ihre «bevollmächtigte(n) Worte über (seine) Existenz», die im Akt der Verkündigung zur Sprache kommen.[2]

Diese Botschaft ist jedoch im Neuen Testament in einer Vorstellungsweise formuliert, «in der das Unweltliche, Göttliche als Weltliches, Menschliches, das Jenseitige als Diesseitiges erscheint»[3], in einem mythischen Weltbild also, das für den modernen Menschen als Bedeutungsträger für die Beziehung zwischen Gott und Welt nicht mehr verständlich ist. Soll demnach dem modernen Menschen kein sacrificium intellectus abverlangt werden, müssen die mythologischen Vorstellungen als solche identifiziert und in heutige Sprache übersetzt werden. Den notwendigen Interpretationsvorgang, bei dem die mythologische Sprache der Bibel auf das in ihr ausgedrückte Kerygma abgehört wird, nennt Bultmann *Entmythologisierung*.[4]

---

[1] Vgl. R. Bultmann: Das Problem der Hermeneutik, in: Glauben und Verstehen II, Tübingen 1961 S. 232f.
[2] Vgl. R. Bultmann: Jesus Christus und die Mythologie, Hamburg 1964, S. 60
[3] Vgl. R. Bultmann: Neues Testament und Mythologie, in: Kerygma und Mythos I, Hamburg 1960, S. 22, Anm. 2
[4] Vgl. zum ganzen Zusammenhang auch: W. Langer: Kerygma und Katechese, S. 13-57

Wenn wir nun Bultmanns Weg des Verstehens mit dem vergleichen, was Halbfas entfaltet, so fallen doch mehrere charakteristische Unterschiede auf. Ich versuche dies an der Unterrichtssituation zu veranschaulichen, der Situation also, von der auch Halbfas ausgeht.

Wenn ich es recht sehe, liegt der Hauptunterschied im Verständnis des Offenbarungsanspruchs der Bibel. Im Sinne Bultmanns gewinnt der junge Mensch mit Hilfe der historischen Methode Einsichten in die Geschichtlichkeit biblischer Texte und stellt aufgrund seiner subjektiven Situation als geschichtliches Wesen Fragen. Dort, wo er von der Bibel her Antworten auf seine Fragen vernimmt, erfährt er sich als ein von der biblischen Offenbarung her Angesprochener und kann im existentialen Sinn Wahrheit verstehen.

Bei Halbfas erfährt der junge Mensch den Offenbarungsanspruch der Bibel anders. Zwar behandelt auch er sie zunächst als historische Quelle, analysiert ihre literarische Form und klärt Begriffe auf dem Hintergrund ihrer zeitgeschichtlichen Bedingtheit, doch scheint dies für Halbfas nicht der Weg zu sein, auf dem sich die biblische Offenbarung vernehmen liesse. Wie mir scheint, wird hier der Offenbarungsanspruch der Geschichtlichkeit enthoben. Wahrheit trifft den jungen Menschen als eine metahistorische Kategorie, jedenfalls nicht aus der Geschichte.

Die Struktur dieses «Sprungs» auf eine höhere Ebene erinnert an Denkfiguren, die uns schon früher begegnet sind. So scheint Halbfas methodisch eine Vorordnung der Theologie vor der historisch-philologischen Methode vorzuschweben.[1] Vor allem aber passt sich ein Offenbarungsweg, der über den zeitgebundenen Wegen der Erkenntnis steht und notwendigerweise als «übernatürliches Verstehen» zum «natürlichen» hinzukommen muss, nahtlos ins klassische Natur-Gnade-Schema ein.

Diese Unterordnung der historischen Methode gewinnt allerdings erst durch die nun folgende Verschiebung ihr eigentliches Gewicht. Denn Halbfas deutet Bultmanns Vorverständnis in fundamentaler Weise um. Nicht die existentiale Betroffenheit des jungen Menschen, seine Fragehaltung, sondern der Glaube der Kirche wird als Vorverständnis interpretiert. Zwar wird nicht einfach mit dem Begriff Kirche operiert, aber «die Sache, um die es in den Texten der Heiligen Schrift geht, wird erst ansichtig, wenn die Schrift als Zeugnis von Gottes Treue im Heilshandeln an seinem Volk verstanden und im Anspruch ihrer Botschaft gehört wird» (S. 66). Diese

---

[1] Vgl. dazu oben Kapitel 2.2.6

Wahrheit kann jedoch vom Jugendlichen nur vernommen werden, wenn er ihr nicht im blinden Glauben, sondern eben auch als Verstehender begegnet. Nur, dieses Verstehen wird im Grunde ausgeschaltet, wenn «der Interpret ein Vorverständnis dieser wesentlichen Wirklichkeit (des Volkes Gottes) mitbringen» muss und dieses nicht gleichzeitig stets der Korrektur durch ein neues Verstehen unterworfen bleibt. Und diese Problematik wird noch deutlicher, wenn von «ausserkirchlicher Auslegung» und von «vollgültiger Interpretation ... nicht neben der Kirche» die Rede ist. «Die Kirche ist der Bereich, in dem die eigentliche Intention der Texte verstanden und auf ihren Anspruch hin verkündigt wird. Auslegung der Schrift kann darum sachgerecht nur durch Glieder der Kirche erfolgen, die in der und mit der Kirche leben» (S. 67).

Da wir ja immer noch eine Unterrichtssituation vor Augen haben, lohnt sich im Anschluss an diese Ausführung ein kritischer Blick auf die Rolle der Beteiligten in solchem Konzept. Die Lehrerinnen und Lehrer sind es, die «die eigentliche Intention der Texte verstanden» haben und auf ihren Anspruch hin zu verkündigen haben (S. 67). Sie garantieren somit zumindest potentiell, dass sich Wahrheit erschliesst, in diesem übernatürlichen Sinn, der den Bereich der empirischen Didaktik und Methodik übersteigt. Gleichzeitig erfordert ihre Aufgabe nicht nur ein Mehr an didaktisch-methodischer Kompetenz, die lernbar ist, sondern, noch bedeutsamer, ein Mehr an Einsichten aus dem Bereich der Offenbarung und ihre Aufgabe wird einmal mehr vergleichbar mit derjenigen eines Mystagogen, eine Struktur, die auch schon in früheren Werken anzutreffen war.[1] Die Schülerinnen und Schüler auf der anderen Seite sehen ihr subjektives Fragen, ihr Vorverständnis also, konfrontiert mit dem objektiven Vorverständnis der Kirche, verkörpert im Lehrer, das für sich in Anspruch nimmt, Wahrheit in gültiger Weise zu vermitteln. Sie geraten so unter einen Anspruch, verstanden als Forderung, der die offene Bereitschaft sich ansprechen zu lassen, bewirkt durch ihre subjektive Fragehaltung, im Normalfall wieder verschliesst.

Damit wird nun aber deutlich: Von Bultmanns existentialer Hermeneutik ist Halbfas' Konzept grundsätzlich zu unterscheiden. Zwar rezipiert Halbfas im «Religionsunterricht» die historisch-kritische Methode der evangelischen Bibelwissenschaft, doch bleibt die hier entfaltete Theorie des Unterrichtes epistemologisch und theologisch den traditionellen Modellen und Strukturen zeitgenössischer materialkerygmatischer Konzepte verpflichtet, die in den beiden vorauslaufenden Arbeiten aufzuweisen waren. Nun ist

---

[1] Vgl. oben Kapitel 2.2.4 und 2.2.6

allerdings irritierend, weil in wesentlichen Teilen zum bisher Entfalteten zunächst in Widerspruch stehend, was Halbfas am Schluss seines Buches zum Thema «Unterricht und Verkündigung» sagt.

4.2.2 Die Relativierung des Verkündigungsanspruchs in der Schule

In einem für den Umfang des Gesamtwerks relativ kurzen Schlussabschnitt – «Religionsunterricht und Methode» – befasst sich Halbfas mit dem brisanten Thema «Religionsunterricht und Verkündigung» und man möchte meinen, er habe eigentlich bereits im soeben besprochenen zweiten Kapitel des Buches gesagt, was er zum Thema zu sagen hat. Die Platzierung des Abschnittes im hinteren praktischen Teil der Arbeit weckt die Erwartung, es würden Fragen der unterrichtlichen Praxis besprochen. Doch relativ schnell wird deutlich, dass mit diesem Abschnitt ein gewichtiger Anhang zum systematischen Kapitel über die Hermeneutik vorliegt, und zwar ein Anhang, der nicht ohne weiteres ans Bisherige anschlussfähig ist.

Zum Thema Verkündigung und Schule hat sich Halbfas teilweise unter Berufung auf K. Frör bereits geäussert. Jeder Umgang mit der Schrift stehe im Gespräch mit der Verkündigung der Kirche und müsse auch wieder in die Kirche zurückführen. «Das gilt unter anderem auch ‹für die Auslegung der Bibel an öffentlichen Schulen. Wie man dort mit biblischen Texten umgehen soll, kann nur abgenommen werden von der Art und Weise, wie man in der Gemeinde selbst mit ihnen umgeht.›»[1] (S. 67)

Der Einbezug der Fussnote müsste die Aussage m. E. noch klarer machen. Denn so wie Halbfas das Frör-Zitat redigiert und kommentiert, ist es als klare Absage an die zitierten Positionen Leuenbergers, Ottos und Stallmanns zu interpretieren.[2] Und fasst man diese in ihrer Negation zusam-

---

[1] Vgl. auch K. Frör: Biblische Hermeneutik, S. 67
[2] Vgl. R. Leuenberger: Die biblische Botschaft in der Bildungskrise der heutigen Schule, S. 16: «Der Unterricht als solcher darf sich nicht zum Kerygma machen und als «vox ecclesia» den Schüler vor die Entscheidung stellen wollen. Er überschritte damit nicht nur seine Kompetenz, sondern zerstörte gerade seine Möglichkeit, als Unterricht dem Kerygma verstehend gegenüberzutreten.»
Vgl. auch M. Stallmann: Christentum und Schule, S. 199: «Im Religionsunterricht, wenn man ihn überhaupt mit unserer heutigen Schule in Verbindung bringt, können keine religiösen Lehrsätze, keine Glaubenssätze und keine verbindlichen Normen eingeprägt werden.»

men, kommt etwa folgende Aussage zustande: Der Religionsunterricht an der Schule muss sich als vox eccclesia zum Kerygma machen und den Schüler vor eine Entscheidung stellen. Gerade so schafft er die Möglichkeit als Unterricht dem Kerygma verstehend gegenüber zu treten.

Im Abschnitt über die Verkündigung nun zitiert Halbfas ausführlich G. Weber und A. Thome, zwei traditionelle Materialkerygmatiker, beide konservativer als er, und grenzt sich gegenüber ihrem Konzept eines Religionsunterrichtes als Verkündigung ab. Sein Vorwurf: Das Programm vermenge die Kategorien und verkenne Eigenart und Grenzen der Schule (S. 220). Verantwortlich sei auch der unklare Gehalt des Begriffes «Verkündigung». In einer semantischen Begriffsklärung unterscheidet er drei mögliche Bedeutungskomponenten. Die inhaltliche bringt zum Ausdruck, dass Gott selbst sich uns an- und zusagt, das aktuale Moment, dass dies im gegenwärtig gesagten Wort geschieht und vom Moment der Wirkung her verstanden, dass das Wort uns in unserer konkreten Situation an- und betrifft. Die drei Momente müssten ausgewogen, nicht einseitig angewendet werden.

Aber welchen Ort, möchte man fragen, soll denn die Verkündigung an der Schule einnehmen, wenn sie doch laut Halbfas' Beteuerung genauso in die Schule gehört wie in die Gemeinde, aber doch nicht einfach, wie Weber und Thome behaupten, mit dem Unterricht gleichzusetzen ist? Die Antwort gibt Halbfas mit G. Otto, was den Leser befremden kann, da er sich oben von ihm distanziert hat, aber hier nun in zustimmendem Sinn zitiert wird: «Biblische Verkündigung ist immer an den Auslegungsvorgang mitgebunden.» Der Verkündigungsbegriff ist im Zusammenhang mit dem Sprachgeschehen zu bestimmen, und wenn dies geschieht, wenn also Verkündigung als ein Geschehen begriffen wird, welches widerfährt, so kann dies nur ein «Überführt- und Betroffenwerden von Zusage und Anspruch Gottes» (Otto) meinen. «Ob aber Verkündigung sich wirklich vollbringt, liegt nicht nur beim Wollen und in der planenden Vollmacht und Tüchtigkeit des Lehrers, sondern zugleich an der kerygmatischen Qualität des mitzuteilenden Inhaltes und an der Disposition und Entscheidung des Schülers, die notwendig in dieses Geschehen miteingeht ...» (S. 221.)

Vgl. ebenso G. Otto: Schule – Religionsunterricht – Kirche, S. 121: «Die Auseinandersetzung mit dem christlichen Glauben kann für jeden nur auf Grund von Kenntnissen geschehen. Für solche Auseinandersetzung, auch wenn sie später zur bewussten Ablehnung führen mag, die kenntis- und verständnismässigen Voraussetzungen zu schaffen, ist Aufgabe der Schule.»

Kann es sein, dass Halbfas an dieser Stelle tatsächlich seine eigene kategoriale Vermengung nicht bemerkt hat?

Denn Ottos hermeneutisches Verständnis ist nun eben doch die existiale Interpretation Bultmanns, sein Wahrheitsverständnis kein absolutes und der Offenbarungsanspruch nicht der Geschichte enthoben. Und trotzdem zitiert er weiter in zustimmendem Sinn. «Lehrer und Schüler geraten hier wie bei jeder Auslegung in, mit und unter der Arbeit im Unterricht unter den fordernden Anspruch eines eigengearteten Unterrichsinhaltes. Sie können die Herausforderung dieses Unterrichtsinhaltes ... als interessante Aussage vernehmen, als religiöse Bekundung, als abseitige Weltfremdheit oder als Wort Gottes ... Innerhalb der solide geplanten Arbeitsweisen des Unterrichts, aber auch sie sprengend, kann es geschehen, dass ein Schüler in dem vorliegenden Text Gottes Wort vernimmt und also entdeckt: mea res agitur. Wo solches geschieht, da ereignet sich im Religionsunterricht Verkündigung.»[1]

Gerne nehme ich dem Autor ab, dass er hier eine Fassung von verkündigendem Unterricht vorgefunden hat, die ihm zugesagt hat; aber welche verschlungenen argumentativen Windungen mutet er dem Leser zu! Wohl sind wir mit diesem Zitat an die «heisse Stelle» des Buches vorgestossen, die G. Stachel zu der genannten Ermahnung veranlasst hat, was Halbfas vermutlich schon beim Entwurf bewusst war. Doch darf ein Autor innerhalb von 150 Seiten derart ambivalent, um nicht zu sagen widersprüchlich argumentieren? Ich halte an dieser Stelle fest: Auch wenn Halbfas in der Folge den inneren Zusammenhang zwischen seinem anfangs entfalteten hermeneutischen Ansatz und seinem Verkündigungskonzept in signifikanter Weise wieder herstellt, sein theologisches Argumentieren erscheint mir hier zu wenig konsistent.

Trotzdem, nehmen wir ihn beim Wort und lesen ihn von seinem anfänglichen Anliegen her, nämlich dass die Bibel von Kindern unserer Zeit gehört und verstanden werden kann, dann sind es vermutlich folgende Merkmale, die er von G. Otto übernehmen möchte:

Verkündigung ist nicht *aktual* fixiert, als ob sie sich immer in einer bestimmten Weise des Sprechens oder Lesens zeigte, nein, sie ist zu interpretieren als ein Geschehen, welches sich in einem von der Lehrkraft seriös geplanten und durchgeführten Unterrichtsarrangement ereignen kann. Sie geschieht, wenn sich Schülerinnen und Schüler als Hörende und Verste-

---

[1] G. Otto: Schule – Religionsunterricht – Kirche, S. 107f. zitiert nach Halbfas S. 221f.

hende von dem Angebot und der Forderung des Offenbarungsanspruchs betreffen lassen. Verkündigung ist unverfügbar.

Wie aber lässt sich Verkündigung als unverfügbares Ereignis theologisch begründen, ohne den absoluten Wahrheits- und Offenbarungsanspruch zu subjektivieren und damit zu relativieren, wie dies in Bultmanns existentialer Interpretation geschieht? Halbfas findet eine solche Begründung bei seinem Lehrer Theoderich Kampmann. Dieser geht der Frage nach, in welchem Verhältnis Erziehung und Unterricht zur «übernatürlichen Offenbarung» ständen und inwieweit «Verkündigung» oder «theozentrische Überführung», wie er es nennt, planbar sei, bzw. sich ausserhalb pädagogisch-pastoraler Verfügbarkeit ereignen könne.[1]

Kampmann entfaltet im Rahmen einer theologischen Anthropologie etwa folgenden Begründungszusammenhang: Für ihn fällt Verkündigung (theozentrische Überführung) unter die Kategorie der Begegnung. Begegnung sieht er als einen Vorgang, «durch den jemand aufgerührt und betroffen wird von einem Numinosum, das zugleich Tremendum ist und Fascinans.»[2] Ermöglicht wird sie durch einen Existenzbezug zwischen der Persontiefe des Menschen und der Geheimnistiefe des Seienden und darin wird deutlich, «dass jede Begegnung ein Ereignis von metaphysischer bzw. religiöser Valenz ist. Ja es scheint, als sei die Begegnung die Grundkategorie metaphysischen bzw. religiösen Erfahrens. Denn was in der Begegnung auf die Personmitte trifft, ist in jedem Fall der Geheimnisgrund eines Daseienden.»[3]

Was Halbfas an dieser Stelle nicht referiert, was bei Kampmann jedoch die theozentrische Überführung konstituiert, ist die Kategorie der Gleichzeitigkeit, eine Entdeckung der Existentialtheologie Kierkegaards.[4] Nach Kierkegaard wird man Christ, indem man mit Christus gleichzeitig wird, was durch eine «imaginative Vergegenwärtigung der heiligen Geschichte» bewirkt wird.[5] Diese Gleichzeitigkeit interpretiert Kampmann nun sakramental-ekklesiologisch, indem er davon ausgeht, dass das verkündigte Wort in der Lesung des Schrifttextes die eigentliche Vermittlung zwischen Persontiefe und Daseinsgrund herstellt.[6]

---

[1] Vgl. Th. Kampmann: Erziehung und Glaube, S. 77ff.
[2] A.a.O. S. 77
[3] A.a.O. S. 80
[4] Vgl. dazu Th. Kampann: Kierkegaards «Einübung im Christentum»
[5] A.a.O. S. 526
[6] Vgl. dazu G. Stachel: Der Bibelunterricht, S. 82

Im vorgestellten existential-hermeneutischen Vermittlungsmodell von G. Otto, das Halbfas zitiert, vernimmt in strukturell vergleichbarer Weise der Schüler über der Beschäftigung mit dem Text Gottes Wort für sich. Solche Begegnung ist innerhalb der Erziehung oder im Rahmen des Unterrichtes weder vorhersehbar noch planbar, denn sie geschieht zwischen Fügung und Freiheit. Die Lehrkraft kann anreden, aufmerksam machen, bezeugen, kurz: Voraussetzungen schaffen, zu ihrer Ermöglichung, sie selbst bleibt unverfügbar.

Ich habe oben im Kapitel 3.4 behauptet, der Halbfassche Verstehensbegriff habe eine religiöse Valenz. Zu dieser These bin ich im Rahmen einer anthropologischen Skizze gekommen, die als Interpretation der «geistig-idellen Denkfunktion» zu gewinnen war, welcher Halbfas in «Jugend und Kirche» eine zentrale Bedeutung bei der Entwicklung beimisst. Was dort relativ umständlich auf dem Hintergrund aristotelisch-thomasischer Denkfiguren herzuleiten war, scheint sich hier offensichtlicher zu bestätigen. Im Denkmodell der theozentrischen Überführung wird die Metapher der Tiefe zum Ort der Begegnung mit dem *Bild*, d. h. mit dem transzendierenden Wesensgrund allen Seins, welcher, gegründet auf die Vorstellung von der *analogia entis*, alles *Daseiende* potentiell verbindet, nämlich die *Persontiefe* des Menschen mit der *Geheimnistiefe* alles Seienden und letztlich dem Sein selbst – Gott. Letztlich darf dies auch soteriologisch gedeutet werden, denn wo Begegnung mit dem anrufenden göttlich-personalen Geheimnis widerfährt, können «Modellfälle gottmenschlicher Begegnung», wie sie die Bibel überliefert, «zu persönlichen Erlebnissen werden und die Menschen für eine eigene Begegnung mit der offenbarenden Wirklichkeit» öffnen. (S. 223)

Ich möchte im folgenden den Versuch wagen die theologische Denkfigur der theozentrischen Überführung durch eine authentische Unterrichtssituation zu veranschaulichen und zu interpretieren:

Im Rahmen der Unterrichtseinheit «Jesusbegegnungen» steht mit einer Klasse im 6. Schuljahr Johannes 8 zur Besprechung an: Jesus und die Ehebrecherin.

Nach einer persönlichen Erfahrung aus meiner Kindheit als Einstieg, erzähle ich die Geschichte leicht dramatisiert, aber nahe am Text. Ich schliesse mit der Frage, wie die Frau auf das Jesus-Wort «Auch ich verurteile dich nicht. Geh, aber tu von jetzt an kein Unrecht mehr!» wohl geantwortet hat und gehandelt hat.

Daraufhin entwickelt sich ein engagiertes Gespräch über das Wesen von Gesetz, Gnade und Rechtfertigung.

Die Lektion neigt sich ihrem Ende zu. Ich bin zufrieden, weil ich meine gesteckten Ziele erreicht zu haben glaube. Da, fünf Minuten vor Schluss, meldet sich Felix, der in der Klasse im Ruf des Eigenbrötlers steht. Er ruft mitten in unser konzentriertes Nachdenken hinein: «Jetzt haben wir ein Problem weniger!» Auf die Rückfrage der Kameraden hin, wie er das meine, präzisiert er zwar, jedoch nicht ohne gleichzeitig die Konsternation in unserer Gesprächsrunde noch zu erhöhen: «Das Ozonloch!» Er erklärt sich dann weiter und erzählt von einer Fernsehsendung am Vorabend. Ein Amerikaner habe im Labor ein Verfahren entwickelt, um das fehlende Ozon zu ersetzen; im Labor sei der Versuch geglückt, heute nun werde das Ganze vom Flugzeug aus wiederholt. «Wenn der Versuch gelingt», wiederholt Felix, «haben wir ein Problem weniger!»

Die eben noch so beschauliche Gesprächsrunde gerät durcheinander. Die einen durchlöchern ihren Klassenkameraden mit der aggressiven Frage nach dem Zusammenhang zu unserem Thema und sehen sich in ihrem Bild von Felix als dem Sonderling bestätigt, die anderen fragen nach dem Ozonloch; mitten hinein die Pausenglocke. Ich kann gerade noch zu bedenken geben, dass Felix mit seiner Stellungnahme zum Ozonloch ganz offensichtlich etwas angesprochen hat, was ihn zutiefst beschäftigt, und schliesse die Lektion ab.

Das Gespräch beschäftigt mich weiter. Felix' querliegender Gedanke hat mich zwar befremdet, aber ich habe auch die emotionale Betroffenheit einer neuen Erkenntnis wahrgenommen. Während der folgenden zwei Tage wird mir klar, dass Felix mit seiner Stellungnahme einen Wahrheitsgehalt von Johannes 8 existentiell umgesetzt hat:

Der Mensch greift u. a. durch die FCKW-Produktion ins ökologische Gleichgewicht ein und übertritt dadurch quasi ein Gesetz. Felix beschäftigen die Folgen dieses Eingriffs zutiefst, er hat in diesem Zusammenhang auch von Angstzuständen gesprochen. So kommt die Nachricht vom gelungenen Laborversuch des Amerikaners als mögliche zweite Chance, befreiend und hoffnungsspendend auf ihn zu. Als Theologe kann ich interpretieren, er hat etwas davon verstanden, was uns im Begriff Gnade überliefert ist.

In der Folgelektion habe ich diese Deutung mit der Klasse anhand einer gründlichen Textarbeit über Johannes 8 noch einmal aufgenommen. Wir haben zusätzliche Sachinformationen zum ökologischen Gleichgewicht der Atmosphäre beigezogen, und ich habe die Schülerinnen und Schüler darauf hingewiesen, dass die Voraussetzung zu dem Transfer zwischen Johannes 8 und unserer modernen Angst vor einer Umweltkatastrophe der Glaube ist, dass hinter einer Erfindung wie dem genannten Verfahren zur Ozonproduktion letztlich Gottes Güte steht.

Zunächst veranschaulicht diese, ich möchte betonen, nicht alltägliche Unterrichtserfahrung auf eindrückliche Weise, welche herausfordernde Aufgabe für die unterrichtliche Praxis sich hinter dem theologischen Begriff der «Unverfügbarkeit» verbirgt. Sie verweist auf die Notwendigkeit seriöser Unterrichtsevaluation, die, so muss der ehrliche Schulmeister bekennen, im Alltag meistens zu kurz kommt. Denn die Dinge sind oft nicht, was sie zu sein scheinen, gerade auch im Klassenzimmer. Jedenfalls setzt sich die Struktur der Unverfügbarkeit wohl fort, wenn es darum geht, «fruchtbare Momente» als solche zu erkennen und Einsicht zu gewinnen in ihre Tiefenstruktur.

Man mag es mit der Zeit lernen, quer hereinkommende Gedanken nicht als Störungen abzutun, obwohl sie natürlich das geplante Unterrichtsarrangement durcheinanderbringen, doch braucht es aus meiner Erfahrung Nähe und Distanz zum Unterrichtsgeschehen, Intuition und Reflexion, letztlich seriöse Arbeit und Gnade, um solche Erfahrungen situationsadäquat aufzunehmen und allenfalls didaktisch fruchtbar zu machen; und letzteres scheint mir auch nicht immer geboten.

Ich will nun versuchen, die geschilderte Unterrichtserfahrung etwas zu differenzieren und, soweit ich es erkennen kann, ihre Strukturelemente herauszustellen. Ich meine es sind drei:
1) Felix beschäftigt sich mit ökologischen Themen. Es macht ihn betroffen, dass der natürliche Umgang mit den Ressourcen nicht durch Nachhaltigkeit geprägt ist und die ohnmächtige Erfahrung, nichts Effizientes dagegen tun zu können, löst Ängste aus.
2) Die Fernsehreportage zeigt die sachlichen Zusammenhänge, die zur Zerstörung des Ozons führen, auf und führt die globalen Auswirkungen der Umweltzerstörung beispielhaft vor Augen; mit dem Bericht über die geplante Wiederherstellung der Ozonschicht stärkt sie aber auch die Hoffnung auf eine zukünftige Besserung der Umweltprobleme; am Beispiel des Forschers stellt sie beherztes Engagement als Alternative zu angstvoller Resignation dar.
3) Im durchgeführten Unterrichtsentwurf kamen zunächst die historischen Bedingungen zur Sprache, dann intendierte ich den Schülerinnen und Schülern in der Begegnung mit dem Text das befreiende Potential zu erschliessen, das im Verhalten Jesu liegt; ohne das Ganze auf den Begriff bringen zu wollen, war es mir ein Anliegen, dass die Schülerinnen die Erfahrungen, die der Text vermittelt, mit heutigen zu verknüpfen und darüber nachzudenken.

Bei möglichen Erklärungen für das Unterrichtsgeschehen haben wir wohl zunächst mit Felix' assoziativen Fähigkeiten des Denkens und

Fühlens zu rechnen. Daran liesse sich dann unmittelbar eine psychologische Interpretation des Geschehens anknüpfen.

Auf die *theozentrische Überführung* hin ausgelegt könnte man das Dazwischenkommen von Felix aber auch folgendermassen deuten. Die Begegnung mit der Fernsehsendung übte auf ihn eine tiefe Faszination aus und weckte auch Ängste. Sie setzte einen Prozess in Gang, durch den er zutiefst den Anspruch der Wirklichkeit erfuhr und der im Ausruf: «Jetzt haben wir ein Problem weniger!» einen befreiten Ausdruck fand. Der so aktualisierte Existenzbezug zwischen ihm und der Welt führte zum vertieften Verstehen des Wortes: «Auch ich verurteile dich nicht. Geh, aber tu von jetzt an kein Unrecht mehr!» Die theozentrische Überführung behauptet also den offenbarenden Anspruch der Wirklichkeit als Zusage und Forderung. Damit wird aber auch deutlich, dass sich in diesem Denkmodell die eigentliche Vermittlung zwischen Erfahrung und Offenbarung zwischen dem ersten und dem zweiten Strukturelement ereignet, nämlich zwischen dem erfahrenden Menschen und dem sich offenbarenden Sein. Das dritte Element, nämlich das (biblische) Wort, hat die Aufgabe auf das eigentliche Geschehen zu verweisen.

Interpretiert man unser Beispiel indessen existential im Sinne Bultmanns, so wird deutlich, dass gerade die Ansage des biblischen Wortes das Verkündigungsgeschehen konstituiert. Felix hat sich durch die ihn bedrängende Frage nach der Zukunft seiner natürlichen Lebensgrundlagen ein *Vorverständnis* gebildet. Dieses ruht nicht in sich selbst, sondern drängt ihm die Frage auf, wie er sinnvoll in dieser Welt leben kann und was sein Leben eigentlich bestimmt. Und hier begegnet er dem verkündigten Wort der Bibel: «Auch ich verurteile dich nicht. Geh, aber tu von jetzt an kein Unrecht mehr!», welches er als eschatologische Zusage und als Herausforderung erfährt.

Verkündigung als Geschehen (R. Bultmann, G. Otto) und theozentrische Überführung als Begegnung (Th. Kampmann, H. Halbfas) sind zwei theologische Konzepte, die je auf ihre Weise und – man darf wohl sagen – konfessionstypisch die systematische Vermittlung zwischen Offenbarung und Erfahrung deuten. Der schillernde Bezug, den Halbfas auf G. Otto nimmt, mag darüber hinwegtäuschen, dass er im «Religionsunterricht» ein Denkmodell, das bereits in seinen früheren Büchern nachzuweisen war, in den zentralen Dienst seines Vermittlungsmodells rückt: einen Begriff von Religion und Religiosität, der als transzendente, ontologische Wesensbestimmung des Menschen bis heute seine Anthropologie bestimmt.

4.2.3 Die kindliche Religiosität als Verstehensgrund des Glaubens

Es scheint mir zunächst bezeichnend, dass Halbfas dem Kapitel «Kind und Glaube» die Frage nach der Religiosität voranstellt und kaum zufällig, dass mit einem Bonhoeffer-Zitat über Religion begonnen wird.

«Bonhoeffers Erfahrung ist eine in sich selbst ruhende Welt, die weder in einzelnen Punkten, noch in ihrer verschleierten Tiefe zu Gott hin offen steht oder in sein Geheimnis verweist.» (S. 17)

Damit gerät in Bonhoeffers Interpretation die natürliche Religion in eine Krise. Halbfas aber stellt das dahinter stehende Menschenbild in Frage und fordert eine Rückbesinnung «auf das metaphysische Selbstverständnis des Menschen und auf eine diesem vorausgehende theologische Anthropologie». (S. 18). Diese skizziert er mit P. Tillich und K. Rahner, die an dieser Stelle erstmals als zentrale Gewährsleute auftauchen und fortan in seinen religionspädagogischen Argumentationen eine wichtige Rolle spielen werden. Das wird bereits deutlich, indem er in einer aus «Jugend und Kirche» vertrauten Argumentationsweise[1] dem wissenschaftlichen Weltbild pauschal und kategorial abspricht, «dem nach Wahrheit fragenden Menschen die Wahrheit über sich und die Sinntiefe des Ganzen ... entbergen» zu können (S. 18).

Die Rede von der Tiefe, bei Rahner und Tillich an zentraler Stelle vorgefunden, avanciert damit zu einer Lieblingsmetapher für den Ort des Wesentlichen, was auch einen Übergang von einer mehr biblisch-material-kerygmatischen Begrifflichkeit zu einer eher strukturell-philosophischen anzeigt.[2]

Halbfas bestimmt den Menschen als *homo religiosus* (S. 20). Die nähere Bestimmung dessen, was darunter zu verstehen sei, ist nicht definierbar (S. 19). Man findet deshalb auch keine begrifflich-abgrenzende Definition über Religion, sondern eine zufällige Kombination transzendental-philosophischer Theoreme von Tillich und Rahner:

Die ursprüngliche Begründung des Menschseins ist das Betroffensein von einer Tiefe, die Sinn stiftet, der nicht fragmentarisch ist und unbedingt angeht, ein Existenz begründendes Verhältnis zum eigenen Sein (Tillich). Im Geist des Menschen ist ein alles umfassendes, nicht aussagbares Geheimnis als ein Ur-

---

[1] Vgl. oben Kapitel 3.4
[2] Im Handbuch der Jugendseelsorge spricht Halbfas beispielsweise vom «Zentralgeheimnis, das in Christus offenbar wird»; S. 408

aspekt der totalen Wirklichkeit anwesend, die nie einholbar ist. Da der menschliche Geist wesentlich und ursprünglich zu transzendieren vermag, Transzendenz aber Eröffnetsein auf das Unendliche und darin auf das Unbegreifliche ist, gehört zum Geist die Annahme des Unbegreiflichen, des bleibenden Geheimnisses, der Tiefe des Seins. Hierin gründet die religiöse Potenz des Menschen. Der religiöse Akt ist folglich das Sicheinlassen des Menschen auf die Transzendenz seines eigenen Wesens und darin das Annehmen des Anspruches, den er in dieser Tiefe hört (Rahner).

Die einzige klare Kontur dieser begrifflichen Bestimmung des religiösen Aktes liegt in ihrer Abgrenzung gegen religionspsychologische Auffassungen einer irgendwie gestalteten *religiösen Anlage*. Aber während die zeitgenössische Religionspsychologie über eine solche Konstitution nachdenkt, möchte Halbfas das Kind vielmehr auf seine *metaphysische Bedeutsamkeit* hin ansprechen (S. 24). Dazu zählt er Merkmale kindlicher Religiosität auf und verwirft an zentraler Stelle die These einer magischen Gottesauffassung, in der Gott als der Zauberer aufgefasst wird.

Er lehnt eine zu «eigenwillige Interpretation» ab, die das «kindliche Gottesverhältnis, das sich in grossem Vertrauen unter Gottes Fürsorge geborgen weiss», missversteht (S. 33), und ihm liegt alles daran, die Eigenart des Kinderglaubens, seine Bereitschaft und Echtheit festzuhalten.

Mit M. von Tiling unterstreicht er schliesslich noch einmal seine Überzeugung von einer letzten Tiefe des Ichlebens, in der Gottes Wort das Kind in einer Weise treffen kann, die von keinem anderen Einfluss erreicht wird (S. 37).

Halbfas untersucht also im Rahmen einer theologischen Anthropologie die Religiosität des Kindes, um eine Vermittlungskategorie zu gewinnen, die sowohl die Offenbarung als auch die Erfahrung in letzter Unverfügbarkeit beschreibt. Dabei treten erstmals die Umrisse seines kommenden didaktischen Konzeptes hervor. Gleichzeitig kristallisieren sich die Fragen deutlicher heraus, die bis heute an seine Didaktik zu stellen sind.

Zu wenig theologisch durchreflektiert und mehr wie eine dogmatisch gesetzte Behauptung wirkt zunächst die These, im Personsein des Kindes liege zugleich seine Religiosität begründet (S. 22). Sie verweist auf die Notwendigkeit, den Religionsbegriff im Zusammenhang mit der Anthropologie näher zu bestimmen. Daran schliesst sich die Frage an, auf welche Weise die theologischen Überlegungen von Tillich und Rahner rezipiert worden sind und welche Konsequenzen dies wiederum für die Anthropologie und die Vermittlungsfrage hat. Wie steht es andererseits mit den bisherigen Konstanten in Halbfas' Denken, beispielsweise seiner Nähe zu mystischen Glaubens- und Denkformen? Denn ich sehe Hinweise dafür, dass er diese beibehält. So beispielsweise wenn er festhält, das Wesen der Religiosität bestehe nicht in der Befähigung zu eigenem Nachdenken über sich selbst und Gott, sondern darin, dass sich *die Seele* des Menschen für eine Dimension öffne, die in und hinter der sichtbaren Welt liege (S. 22). Deutet in diesem Zusammenhang der Begriff *Seele* nicht auf mystisches Vokabular? Wenn er das meint, was die Bibel mit *Herz* ausdrückt, ist der Satz so widersprüchlich, denn *Herz* im biblischen Verständnis schliesst gerade Nachdenken und Wollen ein. In eine ähnliche Richtung geht der Vorschlag, bei der Frage nach der kindlichen Religiosität «Anlage» durch «Vermögensgründe seines Wesens» zu ersetzen und die Rede vom «archetypischen Urglimmen auf seinem Herzensgrunde» (S. 26f.) kombiniert einen Zentralbegriff bei Eckhart mit einem Begriff von C. G. Jung.

> Der oben bereits zitierte M. J. Langeveld hat sich eingehend mit dem Begriff einer sogenannten religiösen Anlage auseinandergesetzt. Er geht von dem «In-der-Welt-Sein» des Menschen aus. «Der Mensch ist auf eine Weise in der Welt, die nur ihn kennzeichnet: Er ist das Wesen, das in und gegenüber der Welt an sich steht. Das ist nicht seine individuelle Anlage, sondern gehört zum Wesen des Menschen schlechthin. Wenn wir seine Religion als eine Weise sehen, wie er mit dem Sein in der Welt an sich fertig zu werden versucht, so ist es sehr wohl möglich, ... zu sagen, dass der Mensch eine religiöse Anlage hat. Das bedeutet ja nichts anderes, als dass der Mensch durch seine Seinsweise in einer Konfrontation mit der Welt an sich steht, dass er von dort aus immer zu der einen oder anderen Stellungnahme kommt».[1]

Im Anschluss an diese religionspsychologische Argumentation erscheint Halbfas' Religionsbegriff im «Religionsunterricht» noch recht unpräzise in der Unterscheidung zwischen allgemeiner Religiosität, die als eine Antwort auf Lebensfragen verstanden werden kann, und dem christlichen Glauben, der sich phänomenologisch als Religion darstellt.

Unscharf bleibt ebenfalls das Verhältnis zur natürlichen Theologie. Geht er von der stringenten katholischen Lehre aus oder denkt er mehr phänomenologisch, wenn er z. B. von der «natürlichen Religiosität des Kindes» spricht, die doch «erstaunlich tief und ursprünglich» sei (S. 28).

Die Sorge um weltfähigen Glauben bewege ihn, sagt Halbfas, wie wir uns erinnern, im Vorwort seines Buches, und ich bin, wie gesagt, geneigt

---

[1] Vgl. M.J. Langeveld: Das Kind und der Glaube, S. 85f.

bei der Suche nach einem angemessenen Verständnis immer wieder zu diesem Ansatz zurückzukehren. Die Frage muss zusammengefasst also lauten: «Inwiefern wird die religionspädagogische Grundlegung diesem Anspruch gerecht, inwiefern verfehlt sie ihr Ziel?» Im Blick auf die Bedeutung des Glaubens und seine Rolle für die Lebensbewältigung der (jungen) Menschen hat diese Frage auch bereits die zeitgenössischen Rezensenten des «Religionsunterrichtes» beschäftigt.

So schreibt ein wohlwollender evangelischer Kritiker: «Es liegt im Wesen des christlichen Glaubens, dass er sich verständlich machen will. Dabei geht es nicht um eine intellektuelle Einengung – wie man schlagwortartig immer wieder behauptet –, sondern um ein Erfassen der Lebenswirklichkeit, für den Schüler im Kindesalter in einfacheren Strukturen wie im Jugendalter. Die eigene Erfahrung in Vertrauen, Schuld und Liebe kann Zugänge zum Verstehen des Glaubens eröffnen. Es geht also nicht um die Entwicklung einer religiösen Anlage im engeren Sinn, als ob das Kind ein eingepflanztes Bewusstsein von Gott habe, sondern um die stets neu formulierte und neu erlebte Antwort des Glaubens.»[1]

---

[1] Vgl. S. Wibbing: Hubertus Halbfas: Der Religionsunterricht; ThPr 2, 1967

5 Unentwegte Entgrenzung

«Im Anschluss an ‹Der Religionsunterricht› war mir klar geworden, dass mit einer historisch-kritischen Exegese allein noch keine Religionsdidaktik zu entwickeln war. Dazu schien mir ein grösserer hermeneutischer Rahmen notwendig zu sein. ... Ich wollte das Verhältnis von Sprache und Wirklichkeit differenziert wahrnehmen und die erstickende Bindung der Wahrheitsfrage an das historisch Faktische übersteigen.»

5.1 ZUR BEDEUTUNG DER «FUNDAMENTALKATECHETIK»

Blickt man auf die über vier Jahrzehnte des theologischen Werdegangs von Hubertus Halbfas zurück, so bilden die Jahre 1967 bis 1969 eine besonders prägende Lebensphase. Halbfas' Streit mit der Amtskirche nahm ihren Anfang mit der Publikation seines Buches «Fundamentalkatechetik» und eskalierte im Entzug der kirchlichen Lehrbefugnis und in der selbst gewünschten Rückversetzung in den Laienstand, akademisch wie privat gesehen einschneidende Folgen.

Das Erscheinen des Buches im Februar 1968 löste eine von den Medien in der Öffentlichkeit mitverfolgte Kontroverse aus, die im Hinblick auf das Thema des Buches, die Neugestaltung des schulischen Religionsunterrichtes, erstaunen mag. Und in der Tat enthielt nicht die religionsdidaktische Thematik den Zündstoff, der den Streit entfachte. Nein, Halbfas setzte mit diesem Buch einmal mehr von einer umfassenden Theorie her an. Der religionsdidaktischen Frage nach dem Wie und Was der Vermittlung ordnete er eine fundamentaltheologische Grundsatzerörterung von Erfahrung und Wirklichkeit vor, in der er eine Auffassung von Offenbarung entfaltete, die ihn jenseits der Grenzen traditionell-katholischer Lehrmeinung führte, und in der er explizit die Wahrheit der Bibel im historisch-faktischen Sinn radikal in Frage stellte. Seine Überlegungen verursachten prompt einen Streit mit dem Lehramt. Und nicht nur das: Die mit seinem bereits bekannten Scharfblick einhergehende Kritik an defizitären Zuständen des kirchlichen Unterrichts eskalierte diesmal im Fortgang dieser lehramtlichen Auseinandersetzung und richtete sich mehr und mehr gegen die Kirche selbst, was auf dem aktuellen gesellschafts-politischen Hintergrund zu lautstarker Zustimmung von Gleichgesinnten, aber auch zu erbitterten Gegenangriffen der in die Defensive geratenen Amtskirche führte.

Ich halte den Verlauf und die Ergebnisse dieser Auseinandersetzung für einen Schlüssel zum Verständnis der religionspädagogischen Entwicklung von Hubertus Halbfas. Denn die kirchlichen Repressionen gegen Halbfas störten den wissenschaftlichen Diskurs um die Hermeneutik in der katholischen Religionspädagogik insgesamt empfindlich[1]; er selbst, der bis zu diesem Zeitpunkt eine führende, innovative Rolle bei der hermeneutischen Begründung des RU gespielt hatte, geriet für Jahre in die Rolle des kirchenkritischen Apologeten, wodurch er zusehends ins akademische Abseits[2] driftete und in der Folge konfessionsspezifisch merkwürdig restringiert rezipiert wurde.[3] Dabei sehe ich in Halbfas' religionspädagogischer Entwicklung vom Handbuch der Jugendseelsorge bis zur Fundamentalkatechetik eine kontinuierlich sich entfaltende Grundmotivation: Das immer wiederkehrende Thema ist *die Ver-Antwortung* des jungen Menschen vor dem Anspruch der Welt, die von einer geheimnisvollen Mitte oder Tiefe her ordnend zusammengehalten wird: von Gott. Ist der «Religionsunterricht» getrieben von der Sorge um den weltfähigen Glauben der Jugend, so ist die «Fundamentalkatechetik» geboren aus der Frage des gläubigen Menschen nach der Einheit der Wirklichkeit. In diesem Sinne ist auch sie ein zutiefst katholisches Buch. Die Leidenschaft, mit welcher Halbfas für ihren Inhalt eintritt, lässt überdies erahnen, wie viel eigenes Ringen im Text verarbeitet ist. Die Tragik an der ganzen Auseinandersetzung ist, dass nur

---

[1] Vgl. H. A. Zwergel: Hermeneutik und Ideologiekritik in der Religionspädagogik, in: Bilanz der Religionspädagogik, S. 14

[2] Vgl. H. Halbfas: Auf dem Weg zur zweiten Unmittelbarkeit. Ein Interview mit H. H.; KBl 6/88, S. 445

[3] Halbfas wird, soweit ich sehe, erst seit rund fünfzehn Jahren in den einschlägigen Nachschlage- und Überblickswerken, Forschungsberichten und Spezialuntersuchungen der Platz eingeräumt, der ihm zusteht. Auf evangelischer Seite unterzieht W. H. Ritter bereits 1982 Halbfas' Religionsbegriff einer gründlichen Untersuchung und nennt ihn «den geistigen Vater der rettenden Idee ‹Religion›» (W. H. Ritter: Religion in nachchristlicher Zeit, S. 30). In neuster Zeit widmet C. Grethlein dem religionspädagogischen Ansatz von Halbfas ein ganzes Kapitel und würdigt «seine konzeptionell neuen Einsichten, die zumindest einen Teil der Didaktik des Religionsunterrichts bis heute bestimmen...» (C. Grethlein: Religionspädagogik, S. 169)

Auch auf katholischer Seite sieht man Halbfas' Verdienste für die Entwicklung der religions-pädagogischen Entwicklung der letzten 40 Jahre zumeist kritisch anerkennend. Vergleiche dazu die Beiträge von H.A. Zwergel, R. Ott und G. Lange in: Bilanz der RP; allerdings gibt es hier nach wie vor Beispiele für eine befremdliche Ausblendung; vgl. beispielsweise H. Fox und seinen Beitrag «Schule und Religionsunterricht», in: Bilanz der RP S. 396ff. Man kann m. E. einen Forschungsbericht über dieses Thema aus katholischer Sicht nicht verfassen ohne Halbfas zu erwähnen.

wenige sein Buch von diesem Anliegen her lasen[1], die Mehrheit ihn aber angesichts der fundamentaltheologischen Erwägungen zum Thema *Offenbarung und Wirklichkeit*, bzw. den Äusserungen zur existentialen Hermeneutik, missverstand[2] oder gar an seinem Glauben zweifelte[3], kurz dass sich Halbfas letztendlich mit seinem katholischen Anliegen bei seiner Kirche nicht verständlich machen konnte.

Im zweiten Teil des Kapitels wird deshalb zu zeigen sein, dass Halbfas im Bestreben, zu einer konsequent von der Schule her begründeten Didaktik des Bibelunterrichtes zu gelangen, den aus dem «Religionsunterricht» bekannten Begründungszusammenhang einer doppelten, natürlichen und übernatürlichen Hermeneutik aufgibt, gewissermassen also den rechten, im traditionellen Stil errichteten Teil dieser Konstruktion. Den vormals Alt und Neu verbindenden Mittelteil einer transzendetal-ontologischen Religiosität baut er zu einem neuen Fundament aus, einer Grundlegung von Religion, die seiner Meinung nach das darauf errichtete Konzept des Religionsunterrichtes nach zwei Seiten hin offen und anschlussfähig lässt: der Schule und damit den Schülerinnen und Schülern gegenüber, indem er die Aufgabe des Religionsunterichts als Erschliessung von *Wirklichkeit* bestimmt und ihn damit hermeneutisch allen anderen Fächern gleichstellt (S. 103), der Kirche gegenüber, indem er den Erkenntisweg, auf dem diese

---

[1] Vgl. insbesondere die Beiträge von Felizitas Betz und Alkuin Heising in: Existentiale Hermeneutik, 1969

[2] Einer der wenigen, die das letztlich hermeneutische (!) Problem verschiedener Vorverständnisse differenziert wahrnimmt und folglich in seiner Beurteilung zu einer entsprechend differenzierteren Beurteilung kommt, ist L. Zinke, in: Existentiale Hermeneutik S. 31: «Doch wäre es allzu simpel und würde die theologische Diskussion im Keim ersticken, wollte man nur fragen: Wer hat recht? Halbfas oder die amtlich formulierten kirchlichen Lehren? Dafür ist die einfache Gegenüberstellung so unterschiedlicher Positionen so problematisch. Denn Halbfas spricht primär von ‹Wirklichkeit› und ihrer Wahrheit, die Äusserungen des Lehramts aber haben ausschliesslich die Offenbarung und ihre Auswirkungen zum Thema.» Und weiter unten: «Soll eine sinnvolle theologische Diskussion geführt werden, müssen die Grundthesen von Halbfas, seine Intentionen und Begründungen in ihrer einmaligen Eigenart gesehen werden. Es geht ihm um eine neue, sachbezogene Didaktik des Religionsunterrichts.»

[3] So exemplarisch G. Stachel in: Existentiale Hermeneutik S. 13: «Aber dass Halbfas hinter die Schrift zurückzugehen sucht..., ist ein Symptom, das eine ernsthafte Erkrankung seiner Theologie anzeigen könnte. Die Krisis, der sein Denken entgegenstrebt, wird ihn nötigen, sich zu entscheiden: ob er ein Philosoph ist ..., oder ob er gläubiger Theologe ist in dem Sinne, dass Jesus Christus für ihn mehr ist als der entscheidende Schritt der humanen Evolution ...»

Aufgabe angegangen werden soll, als «Auslegung der *einen*, umfassenden Wirklichkeit» auffasst, die in der biblischen Überlieferung zur Sprache kommt (S. 104; Hervorhebungen durch M. M.) und ihn damit auch offenbarungstheologisch deutet.

Wie gesagt war der solchermassen gestaltete Entwurf einer zeitgemässen Religionsdidaktik jedoch aus Sicht der Kirche von einer derartig ungewohnten Formgebung geprägt, war in seinem Ansinnen zu avantgardistisch und in seiner Ausgestaltung wohl auch noch nicht bis ins Letzte durchdacht, dass seine inhaltliche und formale Anschlussfähigkeit an die bestehende kirchliche Struktur von den zuständigen Gremien kategorisch in Abrede gestellt wurde. Zwar wäre das Projekt unter Umständen für eine wohlwollend kritische Gruppe Sachkundiger mit einigen Änderungen konsensfähig gewesen, hätte realisiert werden und nach dem Willen seines Urhebers als Begegnungsstätte zwischen Kirche und Welt, als eine Werkstatt für «weltfähigen Glauben» dienen können, doch wurde der begonnene Dialog schliesslich abgebrochen. Für diesen misslungenen Verständigungsprozess sind aus der historischen Distanz betrachtet beide Seiten mitverantwortlich, da ihre jeweiligen Ausgangspunkte und Zielvorstellungen über das Verhältnis zwischen Kirche und Welt zum damaligen Zeitpunkt unvereinbar waren. Diese Auseinandersetzung um die «Fundamentalkatechetik», ihre Ausgangspunkte und Zielkonflikte sollen nun zunächst im ersten Kapitelteil anhand der greifbaren Quellen rekonstruiert werden.[1]

---

[1] Ich stütze mich in meiner Darstellung hauptsächlich auf fünf Hauptquellen: 1. Halbfas äussert sich selbst in einem biographischen Kommentar (in: Aufklärung und Widerstand, S. 309ff.) aus dem zeitlichen Abstand von einigen Monaten. 2. Erhard Meueler veröffentlichte 1969 für den Materialdienst des konfessionskundlichen Instituts Bensheim eine von Halbfas selbst als «exakt» bezeichnete Chronik (vgl. Aufklärung und Widerstand S. 310, Fussnote 1). Hier sind alle bis Ende 1968 veröffentlichten Dokumente von Bedeutung erwähnt und verarbeitet. 3. Das Amtsblatt des Erzbistums Köln «Kirchlicher Anzeiger» veröffentlichte am 8.7.1968 eine «Dokumentation zu den Vorwürfen gegen das Erzbischöfliche Generalvikariat Köln ...», gedacht als offizielle klerikale Stellungnahme. 4. Prof. Günther Koch äussert sich als evangelisches Mitglied des Bonner Kollegiums der PH Rheinland zum gescheiterten Berufungsverfahren (G. Koch: Der Fall Halbfas). 5. Die Herder Korrespondenz gibt 1969 einen ausführlichen Bericht über den «Konflikt um Hubertus Halbfas» (HK 23, 1969, S. 15ff.). Sie hat offenbar auch Zugang zu inoffiziellen Quellen, die allerdings nicht ausgewiesen werden (a.a.O. S. 16: «Informationen, die der Natur der Sache nach diskret bleiben müssen, zeigen, dass vor allem Kardinal Jaeger als Heimatbischof des Priesters Halbfas ... und Kardinal Döpfner ... in zum Teil scharfer Form zur Initiative

5.2 Die kirchliche Debatte um die publizistische Tätigkeit von H. Halbfas 1967 bis 1969

Charakteristisch für den Verlauf der Auseinandersetzung sind zunächst ihre zwei Ausgangspunkte: Halbfas' Berufungsverfahren auf den ordentlichen Lehrstuhl für Katholische Religionspädagogik an der PH Rheinland, Abteilung Bonn, und seine publizistische Tätigkeit.

Mit Datum vom 2.11.1967 ersucht der Patmosverlag beim Erzbischöflichen Generalvikariat in Köln «um gütige Erteilung der Imprimatur» für den «vollständigen Fahnenabzug eines Werkes von Hubertus Halbfas..., das zunächst den Arbeitstitel ‹Priester und Katechese› erhalten hat.»[1]

Einen Monat später, am 5.12.1967, referiert Halbfas in einer Gastvorlesung in Bonn über den «Ort des Religionsunterrichtes».[2] In der anschliessenden Aussprache wird intensiv um die Frage gerungen, ob bei der von Halbfas geforderten «Ausdeutung der Tiefendimension der einen Wirklichkeit» das Verkündigungsmoment im Religionsunterricht und die konstitutive Rolle der Kirche zu ihrem Recht kämen. Trotz des kontroversen Diskussionsverlaufes erfolgt im Anschluss an diese Gastvorlesung der Vorschlag des Bonner Kollegiums, Halbfas zum Ordinarius für Katholische Religionspädagogik zu berufen.[3]

Zeitlich parallel verläuft weiterhin das Verfahren um die kirchliche Druckerlaubnis der «Fundamentalkatechetik», in dessen Verlauf der Konflikt ausbricht.

5.2.1 Das Verfahren um die kirchliche Druckerlaubnis der «Fundamentalkatechetik» als Ausgangspunkt des Konfliktes

Am 7.11.1967 wird das Manuskript vom Kölner Generalvikariat einem ungenannten «Fachgelehrten» zur Beurteilung zugesandt. Dieser erklärt sich in seiner Antwort ausserstande, «die Erteilung der kirchlichen Druckerlaubnis zu empfehlen, solange diese Druckerlaubnis als Urteil über die Übereinstimmung

---

gedrängt wurden.»). Daneben befassen sich verschiedene Pressemeldungen des Jahres 1968 mit den Vorkommnissen, die ich bei Bedarf herangezogen habe.
[1] Vgl. Dokumentation S. 213
[2] Dieses Referat wurde in der «Fundamentalkatechetik» veröffentlicht; ab S. 102
[3] Vgl. Koch: Der Fall Halbfas, S. 133f.

des Gedruckten mit der Lehre der Kirche verstanden wird.» Auch ein zweiter anonymer Gutachter meldet in der Folge «stärkste Bedenken» an.[1]

Am 15.1.1968 teilt der Patmos-Verlag dem Generalvikariat mit, die Publikation erfolge «in Gemeinschaft mit dem Calwer Verlag, Stuttgart»; man sehe sich daher veranlasst, «den Antrag (zur Einholung der Druckerlaubnis) zurückzuziehen» und bitte «höflichst um Verständnis und um Rücksendung der Druckfahnen».[2]

In ihrer Darstellung und Interpretation dieses Rückzugs gehen die Quellen erheblich auseinander. So führt die Herder Korrespondenz materielle Verlagsinteressen als Motiv an; sie hält fest, dass «im Hinblick auf die allgemein bekannte Tendenz zu gründlichster Vorzensur beim Erzbischöflichen Ordinariat Köln mit einem kirchlichen Imprimatur kaum gerechnet werden konnte.»[3] Der Verleger habe das Manuskript aber trotzdem eingereicht, weil mindestens zwei weitere grosse katholische Verlage Halbfas angeboten hätten, seine Fundamentalkatechetik zu bringen, «und auf die Tatsache verwiesen, dass bei ihren Ordinariaten ein Imprimatur zu bekommen sein werde, weil in dieser Hinsicht – anders als in Köln – ein gutes Einvernehmen bestehe. Patmos wollte jedoch das Buch und seinen Stammautor halten und riskierte die offene Auseinandersetzung.»[4]

Ob veranlasst durch inoffizielle Informationen[5] oder durch die Wartezeit von mehreren Wochen[6], an die auf einen Vorschlag protestantischer Kollegen hin mit dem evangelischen Calwer-Verlag in Stuttgart vereinbarte Koproduktion knüpften Halbfas und der Patmos-Verlag jedenfalls die Hoffnung, die kirchliche Druckerlaubnis umgehen zu können.[7] Das Argument, ein Imprimatur sei bei einer ökumenischen Produktion unangemessen[8], wird allerdings selbst evangelischerseits kontrovers beurteilt. Während nämlich E. Meueler betont, der Generalvikar habe die Druckfahnen ohne Rechtsmittelbelehrung, «ohne also nochmals auf einer kirchlichen Druckerlaubnis zu bestehen», zurückgesandt[9], kommentiert G. Koch: «Nun war

---

[1] Vgl. Dokumentation S. 213f.
[2] Vgl. Dokumentation S. 214
[3] Vgl. HK 23, 1968, S. 15f.
[4] A.a.O. S. 16
[5] So die HK, a.a.O. S. 16
[6] Vgl. Spiegel, Nr. 31 vom 29.7.68, S. 33
[7] In dieser Interpretation stimmen alle Quellen überein.
[8] Vgl. HK, a.a.O. S. 16
[9] Vgl. E. Meueler, a.a.O. S. 9

dem Kundigen sofort klar, dass sich der Autor mit dieser Begründung auf keinen Fall der kirchlichen Druckerlaubnis entziehen könne.»[1]

Das Generalvikariat reagiert prompt und schickt das Manuskript am 18.1.68 mit folgenden Zeilen an den Patmos-Verlag zurück: «Auf Ihr Schreiben vom 15. d. M. senden wir Ihnen die Druckfahnen der ... uns zur Erteilung der kirchlichen Druckerlaubnis vorgelegten Schrift zurück, da diese in Gemeinschaft mit dem Calwer Verlag erscheinen soll.»[2]

Dieser Wortlaut lässt keine eindeutige Interpretation zu. Der Patmos-Verlag und sein Autor haben hier offenbar zunächst ein kirchliches Einschwenken auf die oben genannte Argumentation herausgelesen; das Generalvikariat hat dann aber einen Kommentar nachgeschoben, der sich im entgegengesetzten Sinne ausspricht:

«Eine Abschrift dieses Schreibens und eine Ablichtung der beiden vom Generalvikariat Köln eingeholten Gutachten wurden dem für Stuttgart zuständigen Ordinariat Rottenburg zur Information zugesandt, da angenommen werden musste, dass nunmehr bei dieser Stelle die kirchliche Druckerlaubnis eingeholt werde; denn auch wenn jetzt der Calwer Verlag bei der «Herstellung» des Buches mitwirkte, war der Verfasser – entgegen anders lautenden Äusserungen in der Öffentlichkeit – nicht von der Verpflichtung aus can. 1385 des Kirchlichen Gesetzbuches befreit, für sein Buch die kirchliche Druckerlaubnis einzuholen.»[3]

Im Rückblick stellt das Kölner Generalvikariat ausserdem fest, dass ihm durch die Rückforderung der Druckfahnen die Möglichkeit genommen worden sei, sich weiter mit dem Inhalt des Werkes zu befassen.

Im Januar 1968 zeigen sich erste Anzeichen einer Ausweitung des Konfliktes zum «Fall Halbfas». Als man mit dem Druck der «Fundamentalkatechetik» beginnt, regt Kardinal Frings ein Gespräch mit dem Verleger Dr. Böhringer an. Der Kardinal legt ihm eines der beiden negativen Gutachten vor[4] und versucht, «Herrn Verleger Dr. Böhringer zur Zurücknahme des Werkes zu bewegen».[5] Offenbar ist dem Kardinal zum Zeitpunkt dieses Gesprächs bereits zuverlässig bekannt, dass Prof. Dr. Halbfas an erster Stelle der Vorschlagsliste steht, die der Berufungsausschuss für die

---

[1] Vgl. Koch: Der Fall Halbfas, S. 135
[2] Vgl. Dokumentation S. 214
[3] Ebd.
[4] Vgl. E. Meueler, a.a.O. S. 9
[5] Vgl. Dokumentation S. 215

Besetzung des religionspädagogischen Lehrstuhls in Bonn zuhanden des Kultusministers in Düsseldorf aufgestellt hat.[1] Es wird vereinbart, dass Generalvikar Teusch das Manuskript prüfe und mit dem Autoren spreche. Dieses Gespräch findet am 3.2.1968 statt und es verdient aufgrund der widersprüchlichen Deutungen, die es im weiteren Verlauf der Auseinandersetzungen erfährt, besondere Beachtung.

Generalvikar Teusch schreibt schon am 1.2.68 an den Verleger: «Gemäss der Absprache zwischen Ihnen und unserem Herrn Kardinal bitte ich Sie, mir das Manuskript des Herrn Dr. Halbfas ‹Priester und Katechese› zuzusenden.»[2]

Zwei Tage nach seinem Gespräch mit Halbfas, am 5.2.68, erneuert er seine Bitte in einem Brief an den Verleger:

«Herr Professor Halbfas besuchte mich vorgestern, hatte aber kein Manuskript des zur Rede stehenden Werkes bei sich. Wir sind überein gekommen, dass ich mich heute, wenn ich dasselbe von Ihnen nicht erhalten habe sollte, nochmals an Sie wenden und meine Bitte vom 1. d. M. erneuern würde. Ich kann in der Angelegenheit keine Stellung nehmen, wenn ich nicht den Text einsehen konnte.»[3]

Das Gespräch zwischen Halbfas und Teusch findet also ohne das Manuskript statt. Ob dahinter eine bewusste Absicht oder ein Missverständnis zwischen dem Autoren und seinem Verleger stand, bleibt offen. Auch ist aufgrund der offiziellen Verlautbarungen nicht zu bestimmen, welche Rolle der Autor auf der einen Seite und der Verleger auf der anderen Seite bei diesem «Versteckspiel» um das Manuskript gespielt haben.[4]

Allerdings sei hier angemerkt, dass an dieser Stelle von Seiten der Amtskirche, vertreten durch Generalvikar Teusch, der ausdrückliche Wunsch nach einer gründlichen Prüfung und Diskussion der Argumente artikuliert wird. Wenn sich Halbfas später u. a. beklagt, Teusch habe das beanstandete

---

[1] A.a.O.
[2] A.a.O.
[3] A.a.O.
[4] Im Brief vom 8.2.68 schreibt Dr. Böhringer an Generalvikar Teusch: «... Andererseits hat das Gespräch jedoch, wie es scheint, nicht dazu geführt, dass die Teile des Manuskripts zur Verfügung gestellt oder angeboten wurden, die für die Beurteilung der von einem Gutachter angeführten Stellen erwünscht gewesen wären ...» Auch dieser Textausschnitt entzieht sich eindeutiger Interpretation; aber kommt hinter der sich bedeckenden Formulierung vielleicht zum Ausdruck, dass der Verleger erwartet hat, der Autor stelle sein Manuskript zur Verfügung?

Manuskript gar nicht gekannt[1], so scheint er dafür zumindest teilweise selbst verantwortlich zu sein.

Auch hinsichtlich des inhaltlichen Verlaufs des Gesprächs lässt sich kein eindeutiges Bild rekonstruieren. Nach der offiziellen kirchlichen Darstellung wird der Eindruck erweckt, Gegenstand des Gesprächs sei das vom Kardinal dem Verleger Dr. Böhringer vorgelegte Gutachten gewesen, Generalvikar Teusch sei von diesem ausgegangen und Halbfas selbst habe den Wunsch geäussert, zunächst einen der beanstandeten Gegenstände zu besprechen, nämlich die Auferstehung Christi. Auch habe er darauf hingewiesen, im Gutachten seien Partien aus dem Zusammenhang gerissen.[2] Diese Sicht scheint Halbfas selbst zunächst im Brief vom 6.2.68 an Teusch zu bestätigen.[3]

Er schreibt dort: «Nachdem ich mich mit Ihnen gerade über die theologischen Komplexe unterhalten konnte, über die ich auf Wunsch von Kardinal Frings mit einem Vertrauensmann sprechen sollte, und ich den Eindruck gewann, dass die kontroversen Zitate des kirchlichen Gutachtens im Zusammenhang des Buches eindeutig verstanden werden können, glaube ich auch, dass eine weitere Verzögerung für den Ausdruck der letzten Bögen nicht mehr erforderlich ist ...»

Dagegen hält Halbfas dann am 2. Juli nach der Ausweitung des Konflikts klipp und klar fest:

«Herr Generalvikar Teusch kannte nach eigenem mehrfachen Beteuern weder mein Buch, noch einen meiner Aufsätze, noch den Text, den Kardinal Frings meinem Verleger, Herrn Dr. Böhringer, ausgehändigt hatte ...»[4]

Aufgrund des veröffentlichten Briefwechsels scheint klar, dass Halbfas das Vorwort zur evangelischen Ausgabe[5] und ein vom Verleger eingeholtes positives Gutachten[6] zum Gespräch mitbrachte. Die Frage nach dem kritischen Gutachten bleibt kontrovers.

---

[1] So Halbfas im Brief an Generalvikar Jansen vom 27.6.68; Dokumentation S. 226. Auch E. Meuelers Darstellung gibt ein einseitiges Bild; vgl. Meueler, a.a.O. S. 9

[2] Vgl. Dokumentation S. 215

[3] Vgl. Dokumentation S. 216

[4] Vgl. Dokumentation S. 227

[5] Vgl. Brief vom 6.2. 68, a.a.O. S. 216

[6] Das Gutachten wird in den Briefen Dr. Böhringers vom 8.2. und 9.2.1968 erwähnt; a.a.O. S. 217

Während Halbfas im Nachhinein bemüht ist, das Ergebnis der Begegnung mit Generalvikar Teusch herunterzuspielen und Teusch als uninformiert hinzustellen, hat er das Gespräch zunächst als «angenehm» empfunden, wie er schreibt.[1] Freilich geht er scheinbar von einer anderen Voraussetzung als der Generalvikar aus, denn er fährt fort:

«Wie ich Ihnen zu Beginn unseres Gespräches sagte, ist es freilich so, dass der Druckgang nach Rücksendung des Fahnensatzes durch das Erzbischöfliche Generalvikariat begann und bis zu dem Gespräch zwischen Herrn Kardinal Frings und Herrn Dr. Böhringer zum grössten Teil durchgeführt war. Der Patmos-Verlag ist nämlich mit Rücksicht auf seinen Geschäftspartner, den Calwer Verlag, Stuttgart, (das Vorwort zur evangelischen Ausgabe liess ich Ihnen zurück), verpflichtet, die Ablieferung der Rohbögen in kürzester Frist sicherzustellen, nachdem er durch die Rücknahme des Imprimaturantrages den Druck freigeben konnte. Der Zeitpunkt der Auslieferung des Buches muss zu dem vom Calwer Verlag vorgesehenen Termin eingehalten werden, wenn der Patmos-Verlag nicht regresspflichtig werden soll.»[2]

Die Argumentation, die Halbfas hier vorführt, bestätigt noch einmal, dass mit der Entscheidung für eine ökumenische Koproduktion gleichzeitig der Entschluss für eine zügige Veröffentlichung gefallen war, ein Verfahren also ohne monatelange Verhandlungen bis zur Einigung über das Manuskript und zur offiziellen Druckerlaubnis aus Köln. Der aufgrund rechtlicher und finanzieller Verpflichtungen gegenüber dem Vertragspartner geltend gemachte Zeitdruck vermag als Argument nicht zu überzeugen und passt – mit Verlaub – eigentlich nicht so recht zum üblichen Argumentationsniveau eines Hubertus Halbfas.

Der weitere Wortlaut des genannten Briefes wurde bereits oben zitiert und lässt den Schluss zu, dass sich Halbfas nicht grundsätzlich an eine kirchliche Druckerlaubnis gebunden fühlte.

Aufschlussreich sind diese Zeilen besonders, wenn man sie neben die Äusserungen hält, die Generalvikar Teusch am 15.2.68 in seinem Antwortbrief an Halbfas macht:
«Aus Ihrem Schreiben vom 6. d. M. ... ersehe ich, dass Ihr Opus unabhängig von dem Ausgang eines etwaigen Gesprächs zwischen uns erscheinen wird ...

---

[1] Vgl. Brief vom 6.2.68, a.a.O.
[2] A.a.O.

Wenn wir das begonnene Gespräch fortführen – und ich bin auch meinerseits gerne dazu bereit –, so dürfte es also nicht mehr um die Frage der Druckerlaubnis zu diesem opus gehen. Ich schlage vor, dass wir, wie die Dinge liegen, vor Wiederaufnahme des Gesprächs das Erscheinen des Buches abwarten.»[1]

Dem Schreiben Teuschs ist klar zu entnehmen, dass das Gespräch aus der Sicht des Generalvikars letztlich die Druckerlaubnis zum Thema hatte. Dies ist allerdings nicht der Ausgangspunkt von Halbfas. Es scheint, als ob er den lehramtlichen Charakter des Gespräches ignoriere. In seinem Brief liest man von der Zuversicht, sich verständlich gemacht zu haben.

Die gemeinsam mit dem Calwer-Verlag betriebene Publikation erschien Ende Februar 1968 auf dem Markt; die Idee mit der ökumenischen Koproduktion verfehlte indessen ihr doch wohl insgeheim erhofftes Ziel, nämlich das Buch von der Kirchlichen Druckerlaubnis zu entbinden. Gleichzeitig schuf die Veröffentlichung vollendete Tatsachen, die in Köln als Provokation empfunden wurden.

Aus den Quellen nicht zu beantworten ist die Frage, warum sich Halbfas auf diese Weise der Autorität seiner Kirche entzog. Fürchtete er, am Ende werde die Amtskirche ihn an der Veröffentlichung seines Buches hindern, oder stand die grundsätzliche Kritik am Lehramt dahinter, wie er sie im weiteren Verlauf der Auseinandersetzungen formulierte?

Offenbar hat es von Beginn weg an der gegenseitigen Offenheit und am nötigen Vertrauen gefehlt.

Auch scheint es, als gehe der Konflikt teilweise darauf zurück, dass Halbfas die Publikation der «Fundamentalkatechetik» als eine Sache, seine Berufung nach Bonn als eine andere betrachtet hat, während Köln seit Januar 1968 einen direkten Zusammenhang zwischen den beiden Verfahren herstellte und die Irritation durch die verweigerte Einflussnahme bei der Publikation direkt auf das Berufungsverfahren übertrug. Mit diesem Vorgehen der Amtskirche konnte laut G. Koch übrigens gerechnet werden. Er kommentiert: «Vor allem aber war es natürlich höchst unklug, ausgerechnet gleichzeitig mit einem laufenden Berufungsverfahren diese Druckerlaubnis für ein grundlegend neues Werk irgendwie zu umgehen.»[2]

---

[1] Vgl. Dokumentation S. 218
[2] Vgl. Koch: Der Fall Halbfas, S. 135

5.2.2. Die Katechese «Über Wasser wandeln»

Noch bevor die «Fundamentalkatechetik» Ende Februar auf dem Markt erscheint und die besagte Diskussion auslöst, publiziert Halbfas in der Februar-Nummer der Katechetischen Blätter das Unterrichtsprotokoll einer Religionsstunde über Matthäus 14, in dem der Gang auf dem Wasser mythologisch gedeutet und existential auf das Aussteigen aus dem Boot hin ausgelegt wird.[1]

Am 2.3.1968 schreibt Kardinal Frings an den Vorsitzenden des Deutschen Katechetenvereins, den Prälaten Fischer: «... ich halte es für meine Pflicht, auf diesem Wege in aller Form beim Deutschen Katechetenverein als dem Herausgeber der «Katechetischen Blätter» gegen den Artikel zu protestieren. Die hermeneutischen und exegetischen Grundauffassungen dieser Katechese widersprechen ebenso sehr der Lehre der Kirche wie die auf Seite 105 vorgetragene Auffassung vom Wunder. Bedenklich sind die Definition des Religionsunterrichts als ‹Auslegung heutiger Wirklichkeit anhand biblischer Texte› und die Selbstverständlichkeit, mir der, ohne überhaupt eine Begründung zu versuchen, die vorliegende Perikope als bildliche Erzählung in Parallele zu Märchen, Sage und Legende verstanden wird. Die Aussagen über Glaube, Gewissen und Kirche müssen den jugendlichen Hörer verwirren. Hier wird nicht Glaube geweckt und gestärkt, hier wird Glaube verdünnt und zerstört.»[2]

5.2.3 Das gescheiterte Berufungsverfahren

Mittlerweile hat der nordrhein-westfälische Kultusminister Fritz Holthoff den Vorschlag des Berufungsausschusses akzeptiert und informiert den Kölner Erzbischof Josef Frings am 1.3.1968[3] darüber, dass er Prof. H. Halbfas vorbehältlich der Zustimmung der kirchlichen Behörde[4] auf den vakanten Lehrstuhl für katholische Religionspädagogik an der Abteilung Bonn der PH Rheinland berufen wolle. Gleichzeitig erhält auch H. Halbfas die offizielle Anfrage aus Düsseldorf.

---

[1] Vgl. KBl 93, 1968, S. 100-111; vgl. auch Bibelkatechese 68
[2] Zitiert aus dem Brief von Generalvikar Jansen an Halbfas vom 27.6.68; Dokumentation S. 223f.
[3] Durch verschiedene Umstände (Postversand, administrative Umtriebe) muss es zu einer aussergewöhnlichen Verzögerung gekommen sein: Der Brief ist datiert vom 12.2.68, der Umschlag trägt aber den Poststempel vom 29.2.68. Dokumentation S. 219
[4] Diese Auflage ist im Preussischen Konkordat von 1929 vorgesehen.

Kardinal Frings verweigert jedoch am 5.3.1968 in seinem Antwortschreiben an den Kultusminister, unterzeichnet durch Generalvikar Herman Jansen, die Zustimmung: «... Auf das vorgenannte Schreiben erwidere ich, dass der Herr Erzbischof von Köln gegen Herrn Professor Dr. Hubertus Halbfas Bedenken hat, weil dieser in seinen jüngsten Veröffentlichungen Lehren vertritt, die nicht mit der katholischen Lehre übereinstimmen.»[1]

In einer Rückfrage an Generalvikar Jansen hält der Minister fest, seitens der für Paderborn und Reutlingen zuständigen Bischöfe sei gegen Halbfas nichts Diskriminierendes bekannt. Er würde es deshalb begrüssen, wenn ihm näher mitgeteilt werden könne, gegen welche Veröffentlichungen von Herrn Professor Dr. Halbfas und welche Äusserungen darin Bedenken bestünden.[2]

Daraufhin werden von kirchlicher Seite am 22.4.68 nur die Titel der beiden inkriminierten Veröffentlichungen genannt:

«Auf das vorgenannte Schreiben gestatte ich mir zu erwidern, dass in meinem Schreiben vom 5.3.1968 mit ‹den jüngsten Veröffentlichungen› des Herrn Prof. Dr. Halbfas gemeint sind: Der Artikel ‹Über Wasser wandeln› in Katechetische Blätter, München, vom Februar 1968; das Buch ‹Fundamentalkatechetik – Sprache und Erfahrung im Religionsunterricht›, Patmos-Verlag in Düsseldorf, 1968 ...

Wenn Sie in Ihrem Schreiben ausführen, Sie würden es begrüssen, wenn noch näher mitgeteilt werden könnte, gegen welche Äusserungen in den fraglichen Veröffentlichungen Bedenken bestehen, so muss ich darauf hinweisen, dass es sich hier um Entscheidungen in Glaubensfragen handelt, die allein in die Zuständigkeit der Kirche fallen.»[3]

Erst am 23.5.68 erfährt Halbfas durch das Ministerium von seiner Ablehnung. In seinem Brief vom 25.5. an Generalvikar Jansen nennt Halbfas das Vorgehen der Amtskirche «ein empfindliches Unrecht». Er interpretiert das Preussische Konkordat dahingehend, dass der Erzbischof Gründe für seine Verweigerung des Nihil obstat darzulegen habe, und er fordert seine elementaren Rechte als Mensch und Glied der Kirche ein:

---

[1] Vgl. Dokumentation S. 220
[2] Vgl. Brief vom 10.4. 68; Dokumentation S. 220
[3] Vgl. Brief von Generalvikar Jansen an Kultusminister Holthoff vom 22.4.68; Dokumentation S. 221

«Das Generalvikariat hat es zunächst versäumt, mir als dem Betroffenen die beanstandeten Stellen anzugeben sowie zu erläutern, ob und inwiefern sie im Widerspruch zu einem Dogma der Kirche stehen.»[1] Nach einem Verweis auf die Verfahrensordnung der Kongregation für Glaubensangelegenheiten vom 7.12.65, die dem Autor eines verdächtigen Werkes eine Verteidigung zugesteht, bittet er schliesslich darum, die bisherige Verfahrensweise zu korrigieren, die erhobenen Bedenken mit Begründung bekannt zu geben, ihm Gelegenheit zu einer Gegenäusserung zu geben und bis zu einer endgültigen Klärung die Verweigerung des bischöflichen Placet gegenüber dem Kultusminister zu sistieren.[2]

Dieser Brief wird erst am 27.6.68 beantwortet. Halbfas appelliert in der Folge wiederholt an die Kirchenbehörde und fordert eine Gesprächsgelegenheit.

Er erhält spontane Solidaritätsbekundungen von Dozenten und Studenten der PH Bonn, die sich öffentlich gegen das «autoritative und antidemokratische Verhalten der Kölner Kirchenbehörde» wenden und in offenen Briefen und Flugblättern von «nachkonziliarer Inquisition» sprechen. Studenten drohen damit, das Generalvikariat zu stürmen.[3] Auch die Presse beginnt, sich für den Fall zu interessieren. Dergestalt öffentlich beschuldigt, rechtfertigt sich die Kirchenbehörde erstmals durch einen tendenziösen Artikel des Bonner Emeritus Rudolf Peil.[4]

Die Kirchenbehörde lässt hier unter dem Titel «Recht und Pflicht des Bischofs zur Wahrung des Glaubensgutes» die «Disziplinlosigkeit eines katholischen Priesters» kritisieren, dessen Ansatz «im extremsten Existentialismus» und «in der Tod-Gottes-Theologie» «im radikalen Gegensatz zur katholischen Glaubenslehre» liege.

Unter neun dogmatischen Stichworten werden normativen Konzilsverlautbarungen des I. und II. Vatikanums und des Tridentinums Halbfas Zitate aus der «Fundamentalkatechetik» gegenübergestellt. Der Verfasser kommt zum Schluss: «Wenn Herr Halbfas auf seinen Lehren beharrt und darauf besteht, wie sie von Fachleuten verstanden worden sind und vom unbefangenen Leser verstanden werden müssen, dann sollte er selbst aus Gründen der Selbstachtung

---

[1] Vgl. Dokumentation S. 222
[2] A.a.O.
[3] Vgl. dazu E. Meueler: Hubertus Halbfas, S. 9; ders.: Offene Briefe
[4] In: Kirchenzeitung für das Erzbistum Köln vom 14.6.68

auf einen Lehrstuhl verzichten, der zur Voraussetzung das aufrichtige Bekenntnis zur katholischen Glaubenslehre hat.»[1]

Inzwischen hat Halbfas Ende Mai vom Paderborner Kardinal Lorenz Jaeger als kirchenrechtlich Verantwortlichem für den Priester Halbfas die ultimative Aufforderung erhalten, binnen einer Woche die in einem beigefügten anonymen Gutachten genannten Irrtümer zu widerrufen und auf eine 2. Auflage der «Fundamentalketechetik» zu verzichten.[2] Halbfas lehnt den Widerruf ab und bittet um weitere Gutachten. Eines der beiden jetzt zugestellten, ebenfalls anonymen Gutachten weist die Abhängigkeit vom modernen Existentialismus statistisch nach.[3]

Kardinal Jaeger spitzt daraufhin seine ultimative Forderung zu. Halbfas solle das Buch gänzlich aus dem Handel ziehen, denn die Fehler seien «so relevant, dass Sie das Buch in der vorliegenden Form nicht im Handel lassen können», schreibt er in einem weiteren Brief. Halbfas antwortet ihm: «... Ich glaube diese Formen disziplinärer Lösung von Sachfragen für die heutige Kirche als vergangen und nur noch in totalitären Staaten möglich.» Er könne seine Überzeugung nicht «auf Geheiss» widerrufen, werde jedoch «jedes (seinerseits) nicht zu entkräftende Argument ... als Verpflichtung zur Korrektur (seines) Buches ansehen».[4]

---

[1] Vgl. R. Peil: Recht und Pflicht S. 3. Um diesen Artikel entwickelte sich im Laufe des Sommers 1968 dann übrigens ein weiterer Rechtsstreit. Halbfas verlangte nämlich eine Gegendarstellung, die der Verleger zunächst drucken wollte. Die kirchliche Behörde veranlasste dann aber, dass diese nicht erschien. Halbfas klagte und am 25. September wurde die Zeitung dazu verurteilt, die Gegendarstellung zu bringen. Ob sie je erschienen ist, konnte ich nicht in Erfahrung bringen; vgl. dazu Leo Waltermann: Kölner Inquisition

[2] Vgl. Der Spiegel Nr. 31 vom 29.7. 1968, S. 32f. zitiert aus dem Schreiben: «Jaeger an Halbfas: Die ‹Fundamentalkatechetik› sei ‹in der Grundkonzeption unhaltbar›. Ein beigelegtes anonymes Gutachten – laut Halbfas ‹völlig naiv› – rechtfertigt laut Jaeger eine ‹totale Ablehnung des Buches›. Der Kardinal schlug dem Autor vor, er solle sich binnen einer Woche von seinem Buch ‹distanzieren und keine neue Auflage ... gestatten›». Vgl. auch Meueler: Hubertus Halbfas und die katholische Katechetik, S. 9

[3] Vgl. Der Spiegel 29.7.1968, S. 33: «Um beispielsweise die ‹Abhängigkeit vom modernen Existentialismus› nachzuweisen, zählte ein Gutachter Zitate: ‹Jaspers 9mal, Heidegger 2mal, Sartre 5mal, Bultmann 19mal›». Die Herder Korrespondenz nennt als Autoren der drei anonymen Gutachten: Peil, Bonn, Semmelroth, Frankfurt, Zimmermann, Bochum

[4] Vgl. Der Spiegel 29.7.1968, S. 33

In einem Gespräch am 15.6. sagt ihm der Kardinal den wiederholt geforderten öffentlichen wissenschaftlichen Disput zu. Doch erhält Halbfas bereits am 16.6. von Kardinal Frings per Eilbrief eine Vorladung nach Königstein im Taunus. Der Kardinal weist daraufhin, «dass es sich bei dieser Zusammenkunft um ein Gespräch mit den offiziellen Beauftragten der deutschen Bischöfe als den Trägern des Verkündigungs- und Lehramtes der Kirche handelt.»[1]

In dem zweieinhalbstündigen Gespräch mit dem Münsteraner Bischof Höffner und Weihbischof Schick aus Fulda kommen keine Thesen und Argumente zur Sprache. Es soll die Unvereinbarkeit seiner Theologie mit der katholischen Lehre klar gemacht werden. Und wiederum wird er aufgefordert, die Fundamentalkatechetik zu widerrufen. Halbfas erinnert sich in «Aufklärung und Widerstand»:

«Ich antwortete, ohne Erörterung von Argument und Gegenargument sei ich ausserstande, meine Position zu revidieren: ‹Oder ist Ihnen etwa mit einem Widerruf ohne meine Überzeugung gedient?›, worauf Weihbischof Schick entgegnete: ‹Das wäre schon sehr viel.› Dabei wollte er diese Wertung im Sinne einer Unterwerfung unter die grössere Weisheit der Kirche verstanden wissen.»[2]

Eine Woche später, am 27.6.68, erhält Halbfas endlich eine offizielle Antwort auf seinen Brief vom 25.5., in dem er darum gebeten hatte, «bis zu einer endgültigen Klärung die Verweigerung des bischöflichen Placet gegenüber dem Kultusministerium (zu) sistieren».[3] Generalvikar Jansen weist hier zunächst den Vorwurf zurück, die Amtskirche habe durch die Verweigerung weiterer Auskünfte an den Kultusminister ihre Pflicht verletzt.

---

[1] Vgl. H. Halbfas: Aufklärung und Widerstand, S. 314; Leo Waltermann hat im Übrigen auf die rechtliche Fragwürdigkeit des gegen Halbfas inszenierten Verfahrens hingewiesen: Nur die für Halbfas und seine Lehrtätigkeit kirchenrechtlich zuständigen Bischöfe von Paderborn und Rottenburg wären berechtigt gewesen, gegen Halbfas weitere disziplinarische Schritte zu veranlassen und die Glaubenskommission einzuberufen. Eine Kommission der Bischofskonferenz hatte keine über den zuständigen Bischof hinausgehende Urteils- oder Disziplinarkompetenz; damit fehlte dem gegen Halbfas inszenierten Verfahren die kirchenrechtliche Grundlage (Vgl. L. Waltermann: Kölner Inquisition).
[2] A.a.O. S. 315
[3] Vgl. Dokumentation S. 222

Halbfas, so Jansen weiter, müsste um die Bedenken der Kirche gewusst haben. Einzelne Bedenken habe ihm schon Generalvikar Teusch im Februar genannt; er, Halbfas, sei selbst dafür verantwortlich, dass der Dialog mit Teusch nicht zu einem Ergebnis geführt habe, da er sich entgegen seiner Verlautbarung nicht um eine Fortsetzung des Gesprächs bemüht habe.

Weiter verweist Jansen auf den Brief, welchen Kardinal Frings am 2.3.68 bezüglich der Katechese ‹Über Wasser wandeln› an den Vorsitzenden des Deutschen Katechetenvereins geschrieben hat. Es sei schwer zu glauben, dass Halbfas als einer der Schriftleiter der Katechetischen Blätter keine Kenntnis vom Inhalt dieses Briefes gehabt habe. Jansen hält schliesslich fest:

«Es sind Anfang März Beanstandungen entweder Ihnen unmittelbar persönlich ... oder wenigstens mittelbar über die Katechetischen Blätter zu den beiden Veröffentlichungen bekanntgegeben worden ... Deshalb muss ich Ihren Vorwurf schwerwiegender Versäumnisse des Generalvikariates, Ihre Behauptung, Ihnen sei die Möglichkeit genommen worden, Ihre Thesen oder einzelne Formulierungen aus dem Zusammenhang zu erläutern und evtl. Missverständnisse aufzuklären, ... zurückweisen.»[1]

So ist Jansen bis hin zum Schluss seines Briefes darum bemüht, die eher konzeptionslos wirkende kirchliche Kommunikation mit Halbfas sowie die wiederholten Aufforderungen an ihn, seine Thesen zu widerrufen, als bedachtes und koordiniertes Vorgehen darzustellen. Mit keinem Wort geht er auf die Bitte ein, das Berufungsverfahren wieder in Gang zu setzen, bis eine abschliessende Klärung der theologischen Kontroverse gefunden worden sei. Damit ist Halbfas' letzter Versuch, den Streit um die Publikation der «Fundamentalkatechetik» von der Auseinandersetzung um das Berufungsverfahren abzukoppeln, gescheitert; und wenn es eine Konstante im Vorgehen der kirchlichen Behörden gibt, dann eben die, dass der Kölner Kardinal Frings, möglicherweise vorgewarnt durch G. Stachels Ermahnung im Blick auf den relativierten Verkündigungsauftrag im Buch «Der Religionsunterricht»[2], offenbar aufgeschreckt durch die Katechese «Über Wasser wandeln» und irritiert durch den Rückzug des Imprimatur-Antrages für die «Fundamentalkatechetik», der Berufung von Hubertus Halbfas nach Bonn von Anfang an ablehnend gegenüberstand und, einmal in Kenntnis des brisanten Inhalts des Buches, nunmehr Druck auf Kardinal Jaeger als Heimatbischof des Priesters Halbfas, auf die Katechetischen

---

[1] Vgl. Dokumentation S. 224
[2] Vgl. oben Kapitel 4.2

Blätter und den Deutschen Katechetenverein sowie auf Kardinal Döpfner als Ortsbischof der beiden Institutionen ausübte, entschlossen, Halbfas die publizistische Basis zu entziehen und die Zurücknahme seiner kirchlichen Lehraufträge zu erreichen.[1]

In seinem Brief vom 2.7.1968 bekräftigt der Zurückgewiesene seine Vorwürfe an die Adresse des Generalvikariates noch einmal. Wie oben bereits auseinandergesetzt, wertet er das Gespräch mit Generalvikar Teusch vom Februar anders als die kirchliche Behörde und spricht ihm den Charakter einer theologischen Erörterung ab. Vor allem aber unterstreicht er erneut: «Das besagte Gespräch mit Herrn Generalvikar Teusch fand ca. drei Wochen vor Eingang des Berufungsschreibens statt.»[2]

Dann begehrt er zornig gegen den Einwand auf, der Brief Kardinal Frings' gegen seine Katechese «Über Wasser wandeln» sei ihm bekannt gewesen:
«... Was geht mich das an, dass Sie und Ihr Herr Kardinal Briefe, die mich betreffen, an andere Leute schreiben? Damit erhärten Sie doch nur meinen Vorwurf, dass Sie *mich nicht* (Hervorhebung im Original) informiert und nicht gehört haben!

Zum besagten Vorgang darf ich Ihnen mitteilen, dass ich diesen Brief bis heute nicht in den Händen habe. Zwar fand am 17.5.1968 ein Gespräch statt (ich bitte zu beachten: am 17. Mai! Ihre zweite Ablehnung meiner Berufung stammt vom 22. April!), in dessen Verlauf Herr Prälat Fischer aus diesem Brief einen Auszug verlas. Doch kenne ich den Wortlaut nicht und ich habe auch nicht behalten, was da so flüchtig zitiert wurde.»[3]

Im gleichen Ton zorniger Erbitterung und der resignierten Gewissheit, dass mit seiner Berufung nach Bonn nicht mehr zu rechnen ist, schliesst Halbfas:
«Mit der Überlegung, dass die Sache relativ einfach und überzeugend hätte geklärt werden können, wenn man sie von Mensch zu Mensch angegangen wäre, anstatt ein kirchenpolitisches Objekt und einen ‹Fall› aus ihr zu machen, grüsse ich Sie in der Hoffnung, ich sei der letzte gewesen, der sich in Ihrem Erzbistum so umgangen und im Stil vorkonziliarer Verwaltungspraxis behandelt fühlen musste.»[4]

Am 12.7.68 erhält Halbfas von Kardinal Döpfner eine Erklärung der Bischofskonferenz zugestellt, die drei Tage später dann in allen kirchlichen

---

[1] Vgl. HK 23, 1969, S. 16
[2] Vgl. Dokumentation S. 227
[3] A.a.O.
[4] Vgl. Dokumentation S. 228

Amtsblättern und über Presseagenturen verbreitet wird.[1] Die Erklärung nennt die bewusst nicht theologisch-argumentativ geführte Konsultation von Königstein ein «ausführliches Gespräch», das aber leider nicht zu der Bereitschaft geführt habe, jene Teile des Textes zu revidieren, die zur katholischen Glaubenslehre im Widerspruch stünden. Für die Öffentlichkeit wird so der Eindruck erweckt, man habe mit Halbfas sachlich disputiert und ihm Häresien benannt.[2]

Weiter nennen die Bischöfe in ihrem Schreiben die theologischen Themen, wo nach ihrer Ansicht die Grenzen eines «inhaltsgerechten Verständnisses der kirchlichen Glaubenswahrheit» überschritten sind, und verweisen auf die einschlägigen Seiten in der «Fundamentalkatechetik»:
- Der Verfasser stellt Behauptungen auf, die jede inhaltlich bestimmte (kategoriale) Aussage über Gott und den Inhalt seiner in Werk und Wort geschehenen Offenbarung in Frage stellen oder ausdrücklich leugnen.
- Der christlichen Offenbarung wird der Charakter der Mitteilung von Inhalten abgesprochen (S. 221).
- Die Offenbarung Gottes in Israel und in Jesus von Nazareth wird als «etwas kategorial anderes gegenüber ausserbiblischer Offenbarung» (S. 223) geleugnet.
- Der analoge Charakter, der allen Aussagen des Glaubens eignet, wird als Mythos bezeichnet (S. 235), ohne dass der Sinn des Begriffs Mythos hinreichend bestimmt wird.
- Die im 1. Vatikanischen Konzil feierlich als Dogma verkündete und im 2. Vatikanischen Konzil wiederholte Lehre von der Erkennbarkeit Gottes aus den Geschöpfen wird ausdrücklich geleugnet (S. 220).
- Die Glaubenswahrheit von der jungfräulichen Empfängnis Jesu in Maria wird nicht, wie es richtig wäre, als von Gott gewirkte Zeichenhandlung für das Geheimnis Christi gedeutet, sondern in ihrem Charakter als wirkliches Ereignis geleugnet (S. 200).
- Das Geheimnis der Auferstehung Christi wird in einer Weise dargestellt, die den Eindruck erweckt, als handle es sich nicht um ein wirkliches, wenn auch im Glauben zu ergreifendes Geschehnis (S. 204f.).
- Der christliche Glaube wird den nichtchristlichen Religionen in einer Art gleichgestellt, dass der missionarische Auftrag, den die Kirche als Erbe Christi übernommen hat, verloren geht. Es wird gesagt, «alle Absolut-

---

[1] Vgl. Kirchlicher Anzeiger für die Erzdiözese Köln, Stück 18, 15.7.68, S. 233; auch abgedruckt bei G. Stachel: Existentiale Hermeneutik
[2] Vgl. H. Halbfas: Aufklärung und Widerstand, S. 315

heitsansprüche der Religionen (bestehen) zu Recht, weil sie aus einer Offenbarung stammen, die im Mythos wirklich wird» (S. 236). Daraus wird die Frage gestellt, «ob und mit welchem Recht es noch Mission geben darf» (S. 240f.). Ja, es wird behauptet, dass es Mission «als direkte Bekehrung Andersgläubiger nicht geben darf», dass vielmehr Mission keine andere Sorge haben dürfe, «als dass der Hindu ein besserer Hindu, der Buddhist ein besserer Buddhist, der Moslem ein besserer Moslem werde» (S. 241).

5.2.4 Der Entzug der Lehrbefugnis

Am 30.8. 68 vereinbaren die Bischöfe die erste Sanktion gegen Halbfas: Er sei innerhalb der katholischen Akademie für Jugendfragen in Münster als Dozent untragbar, befinden sie und entziehen ihm den dortigen Lehrauftrag.

Die im September tagende Vollversammlung der Deutschen Bischofskonferenz greift den Fall Halbfas erneut auf und beschliesst, ihm bis zum Widerruf seiner theologischen Thesen sämtliche kirchlichen Lehraufträge zu entziehen. Da jedoch auf Veranlassung von Kardinal Jaeger und nach monatelangem Drängen von Halbfas doch noch ein Theologengespräch vereinbart worden ist, wird dieser Beschluss noch geheim gehalten und sein Vollzug ausgesetzt, bis das Ergebnis dieser Aussprache vorliegt.

Dieses letzte ultimative Fachgespräch soll zwischen Halbfas, zwei von ihm früher einmal benannten Theologen, J. Gnilka, W. Kasper, sowie zwei von der Bischofskonferenz ausgewählten Theologen, O. Semmelroth und R. Schnackenburg, unter Vorsitz von Kardinal Jaeger stattfinden. Schnackenburg sagt ab, weil der Entschluss der Bischofskonferenz schon feststehe und die Wissenschaftlichkeit des Gesprächs dadurch eingeengt werde. Es tritt der Bochumer Professor Zimmermann an seine Stelle.[1]

Nach Monaten amtskirchlicher Unnachgiebigkeit stellt diese Entwicklung für Halbfas einen Hoffnungsschimmer dar, und es ist nicht die einzige Wendung zum Besseren: Die Lehrbefugnis in Reutlingen und die mitverantwortliche Schriftleitung der Katechetischen Blätter bleiben Halbfas zunächst erhalten. Die theologische Fakultät Münster stellt sich hinter ihn, und eine Reihe einflussreicher Theologen, so K. Rahner und R. Schnackenburg, setzen sich persönlich dafür ein, dass sein Fall im Gespräch

---

[1] Vgl.E. Meueler: Hubertus Halbfas, S. 10

geklärt und nicht disziplinarisch erledigt werde. Der Dozentenrat des Instituts für Katechetik und Homiletik in München beschliesst, Halbfas anstelle seines bisherigen Lehrauftrages für Jugendsoziologie einen erweiterten Lehrauftrag für Praxis der Katechese anzubieten. Schliesslich wird die Einladung an Halbfas für die Jahreskonferenz der Dozenten für Religionspädagogik und Katechetik vom 30.9. bis 3.10.68 auf der Wolfsburg bei Mühlheim/Ruhr aufrecht erhalten. Die Tagung bringt eine Klärung der Positionen, die dem Vorstand der «Arbeitsgemeinschaft Katholischer Katechetikdozenten» Anlass ist, Kardinal Döpfner zu bitten, von disziplinären Massnahmen gegen Halbfas abzusehen.[1]

Das zwischen Halbfas und Kardinal Jaeger vereinbarte Theologengespräch findet am 28.10.68 in Dortmund statt. Sein Verlauf und sein Ergebnis lassen eine Auslegung zu, die auf eine weitgehende Einigung hinausläuft.

Im Anschluss an das Gespräch wurde vom Sekretariat der Deutschen Bischofskonferenz folgende Dokumentation der Presse übergeben:
«Die hauptsächlichen Beanstandungen der Deutschen Bischofskonferenz zu dem im Patmos-Verlag erschienenen Buch ‹Fundamentalkatechetik› und die entsprechenden Ergebnisse des theologisch-wissenschaftlichen Gespräches am 28. Oktober 1968 in Dortmund:
1. Auf Seite 220 der ‹Fundamentalkatechetik› wird verneint, dass Gott ‹durch die sichtbaren Werke der Schöpfung› mit Sicherheit erkannt werden könne. Das Erste (Denz. 1806) und das Zweite Vatikanische Konzil lehren demgegenüber, ‹dass Gott, aller Dinge Ursprung und Ziel, mit dem natürlichen Licht der menschlichen Vernunft aus den geschaffenen Dingen sicher erkannt werden kann›. (Dogmatische Konstitution über die göttliche Offenbarung, 6.)
Gesprächsergebnis:
Professor Halbfas steht zur Aussage des Ersten Vatikanischen Konzils (Denz. 1785). Gott als ‹Tiefendimension› soll verstanden werden im Sinne des ‹principium et finis – Anfang und Ziel›. Hingegen wird die Formulierung des Antimodernisteneides ‹tamquam causam per effectus – wie die Ursache aus den Wirkungen› (Denz. 2145) nicht akzeptiert.
2. In der ‹Fundamentalkatechetik› heisst es auf Seite 223, ‹die Offenbarung Gottes in Israel und Jesus von Nazareth› sei ‹nicht als etwas kategorial anderes gegenüber ausserbiblischen Offenbarungen› zu verstehen. Diese Aussage widerspricht der Lehre der Kirche, dass Gott uns ‹den Weg übernatürlichen

---

[1] Vgl. HK 23, 1969, S. 17

Heiles eröffnen wollte›, was allem Natürlichen gegenüber ein ‹darüber hinaus› bedeutet. (Dogmatische Konstitution über die göttliche Offenbarung, 3)
Gesprächsergebnis:
Professor Halbfas betont: Es gibt nur *eine* (Hervorhebung im Original) Offenbarung (‹einerlei, wo sie geschieht›), aber: Die Offenbarung des Alten Testaments und die in Jesus ist in einer unüberbietbaren Form geschehen. Es gibt in der Offenbarung inhaltlich ein ‹Mehr› und ein ‹Neues›. Damit ist die ‹fides quae› – die Tatsache von Glaubensinhalten – zugestanden.
3. Die ‹Fundamentalkatechetik› stellt den christlichen Glauben den nichtchristlichen Religionen in einer Weise gleich, die zu der Folgerung führt, dass es Mission ‹als direkte Bekehrung Andersgläubiger nicht geben dürfe›, dass vielmehr Mission keine andere Sorge haben dürfe, ‹als dass der Hindu ein besserer Hindu, der Buddhist ein besserer Buddhist, der Moslem ein besserer Moslem werde› (S.241). Diese Aussage verkennt die Sendung der Kirche, ‹gemäss dem inneren Anspruch ihrer eigenen Katholizität und im Gehorsam gegen den Auftrag ihres Stifters (vgl. Mk. 16,15f.), das Evangelium allen Menschen zu verkünden› (Dekret über die Missionstätigkeit der Kirche, 1).
Gesprächsergebnis:
Professor Halbfas ist bereit, wesentliche Korrekturen anzubringen. Der Satz: ‹Solche Mission wird ... keine andere Sorge haben, als dass der Hindu ein besserer Hindu ... werde›, wird in dieser Form nicht aufrecht erhalten. Halbfas streicht heraus, dass er sich gegen eine direkte Bekehrungsmission wende. Das gehe aus dem Kontext dieses Kapitels hervor.
4. Die ‹Fundamentalkatechetik› behauptet auf Seite 200f., ‹das Theologumenon der Jungfrauengeburt sei ein Interpretament für den Glauben an Jesus›, die Geburt Jesu ‹aus Maria der Jungfrau› sei ‹dem Glauben nicht als biologisches Faktum (Jesus habe keinen menschlichen Vater gehabt) bezeugt›. Das Zweite Vatikanische Konzil lehrt demgegenüber, dass die Jungfrau Maria ‹den Sohn des Vaters auf Erden› geboren hat, ‹und zwar ohne einen Mann zu erkennen, vom Heiligen Geist überschattet› (Dogmatische Konstitution über die Kirche, 63), eine Lehre, zu der sich die Kirche stets bekannt hat. (vgl. Denz. 86, 256, 993)
Gesprächsergebnis:
Professor Halbfas ist zu keiner wesentlichen Änderung seiner Position bereit. Er gibt zu, dass die Jungfrauengeburt im Sinne der kirchlichen Lehre nicht positiv historisch auszuschliessen ist. Ferner: Die kirchliche Tradition sei in ihrem Votum eindeutig und solle bedacht werden. Sie enthalte ein Problem, das erkannt und respektiert werden müsse. Es werde bei einer Neuauflage die sich aus der Lehrtradition ergebende Problemstellung skizzieren.
5. Die ‹Fundamentalkatechetik› behauptet (S.205), der Glaube an die ‹tatsächliche Auferstehung Jesu› sei ein Sich-Klammern an ein ‹vordergründig-gegenständliches Verständnis des Dogmas›. Im Anschluss an Marxsen wird die

Auferstehung Jesu als ein ‹Widerfahrnis› gedeutet, das die Jünger ‹mit den Kategorien spätjüdischer Anthropologie› interpretiert und ‹mit der damals bereits vorgefassten Sprachgebärde› ausgedrückt hätten: ‹Jesus aber ist auferweckt worden.› Diese Formulierungen erwecken den Eindruck, als handle es sich bei der Auferstehung Jesu nicht um ein wirkliches Geschehnis. Demgegenüber ist es ununterbrochene Lehre der Kirche, dass die Auferstehung Jesu nicht als blosses ‹Interpretament›, sondern als wirkliches Geschehnis zu verstehen ist. (Denz. 344, 429)
Gesprächsergebnis:
Professor Halbfas erklärt, ein blosses Interpretament kenne er nicht. Jedes Interpretament bleibe bezogen auf ein vorgegebenes Geschehen. ‹Jesus ist auferstanden›, könne man übersetzen: ‹Jesus lebt in Gott›. Auferstehung sei mehr als ein innersubjektives Geschehen.
6. Die ‹Fundamentalkatechetik› gibt im Anschluss an Bultmann folgende Definition der Offenbarung (S.221): ‹Auf die Frage: was also ist offenbart worden, darf geantwortet werden: gar nichts, insofern Inhalte gemeint sind, die der Totalität unseres Wissens über die Subjekt-Objekt-Struktur der Wirklichkeit etwas hinzufügen, aber: alles, insofern die Wirklichkeit im Mythos, in eigener Betroffenheit wahrgenommen wird.› Dieses Verständnis von Offenbarung steht nicht nur einzelnen Aussagen der kirchlichen Glaubenslehre entgegen, sondern der Möglichkeit, im Sinne der ‹fides quae creditur› (des inhaltlichen Glaubens) irgendwelche Glaubensinhalte verbindlich zu definieren.
Gesprächsergebnis:
Professor Halbfas anerkennt eine ‹fides quae creditur – eines inhaltlich bestimmten Glaubens›. Der Satz der ‹Fundamentalkatechetik› (S.221) muss im striktesten Sinne verstanden werden. Es geht ihm um die Bestreitung einer Aussage von Offenbarungsinhalten im Sinne des Subjekt-Objekt-Schemas, wo die Offenbarung nur gegeben wäre um des objektivistischen Wissens willen.»[1]

Mit Ausnahme seiner Ablehnung der biologischen Deutung von der Jungfrauengeburt ist Halbfas also zur Präzisierung aller beanstandeten Aussagen bereit. Beim Thema «Mission» gibt Halbfas nach. Andere seiner Stellungnahmen scheinen den Gesprächsteilnehmern vertretbar, nachdem sie Halbfas erläutert hat. Nach dem Dortmunder Gespräch herrscht unter Sachverständigen eher die Meinung vor, dass das Bestreiten der *biologischen* Jungfräulichkeit, die auch andere katholische Theologen in Deutschland kontrovers interpretieren, nicht ausreichen werde, um Halbfas die

---

[1] Ich zitiere aus Christ und Welt, 6.12.1968, Nr. 49, S. 3

kirchlichen Lehraufträge zu entziehen.[1] So scheinen, oberflächlich betrachtet, Halbfas' unablässige Appelle an die Kirche, ihm Gelegenheit zu einem wissenschaftlichen Diskurs zu geben, Ende Oktober doch noch eine positive Wendung erbracht zu haben. Doch ist er innerlich bis zu diesem Zeitpunkt offenbar bereits weiter gegangen und hat seine ekklesiologische Position wesentlich radikalisiert.

Denn Mitte Juli, als die Erklärung der Bischofskonferenz veröffentlicht wird, hat Halbfas Prof. Paul Neuenzeit bereits zugesagt, für einen Sammelband zum Thema «die Funktion der Theologie in Kirche und Gesellschaft»[2] einen eigenen Beitrag beizusteuern.

Halbfas kommentiert dazu: «Gewünscht wurde von den Herausgebern ein Entwurf, der nicht allein historisch bleibe und seine Thesen ängstlich absichere, sondern die Theologie auf die zukünftigen Erfordernisse von Kirche und Gesellschaft hin auszurichten versuche. Ich verfasste meinen Beitrag im September 1968, d.h. nachdem mir über Monate hinweg jeglicher akademische Disput über mein bereits «verurteiltes» Buch amtskirchlicherseits versagt worden war. Für die Tendenz meines Aufsatzes ‹Theologie und Lehramt› war diese Erfahrung nicht ohne massgeblichen Einfluss.»[3]

Halbfas begründet sein weiteres Vorgehen in seinem «biographischen Kommentar». Bereits vor dem Dortmunder Gespräch sei der besagte Aufsatz von ihm fertiggestellt und vom Verlag dem Westdeutschen Rundfunk für eine Sendung am 22.12. weitergegeben worden. Nach der weitgehenden Einigung im Dortmunder Gespräch habe er der Glaubenskommission eine entsprechende Kopie übergeben, um eine rechtzeitige Erörterung dieser Thesen zu erreichen und neue Kontroversen zu verhindern.

Auf dieses Manuskript reagierten die Bischöfe ohne Rückfrage mit einer Verlautbarung, die Halbfas am 28.11.68 über die Presse erreichte:

«Nach Abschluss des Protokolls über das Dortmunder Gespräch übersandte Prof. Halbfas ein Manuskript mit dem Thema: ‹Die Funktion der Theologie in

---

[1] Vgl. HK 23, 1969, S. 17; E. Meueler: Hubertus Halbfas, S. 10. Ebenfalls Ende Oktober disputierte Halbfas in Münster mit den Professoren Rahner, Metz, Gnilka, Kasper und Lengsfeld über sein umstrittenes Buch.
[2] Vgl. P. Neuenzeit, N. Greinacher (Hrsg.): Die Funktion der Theologie in Kirche und Gesellschaft. Beiträge zu einer notwendigen Diskussion, München 1969; auch veröffentlicht in: Aufklärung und Widerstand, S. 165ff.
[3] Vgl. Aufklärung und Widerstand, S. 314

Kirche und Gesellschaft›. In diesem Manuskript vertritt Prof. Halbfas Auffassungen über das Verhältnis der Theologie als Wissenschaft zum Glauben der Kirche und zum kirchlichen Lehramt, die weder dem Wesen und der Auffassung der Kirche entsprechen noch mit einem kirchlichen Lehrauftrag vereinbar sind. Es ist auch nicht ersichtlich, inwiefern Professor Halbfas angesichts seiner Auffassungen auf einen kirchlichen Lehrauftrag Wert legen kann.»[1]

Der Verlautbarung sind jene Passagen des inkriminierten Textes beigefügt, in denen der Autor einen urteilenden oder verurteilenden Einfluss des Lehramts auf die Theologie zurückweist und die Qualifizierung der Theologie als einer Glaubenswissenschaft, die von Glaubenssätzen ausgeht und von der Kirche gesteuert wird, ablehnt. Die zusammengestellten Textpassagen sind insofern tendenziös, als Sätze mitten aus dem sie umgebenden Textzusammenhang herausgerissen worden sind und dadurch wichtige Konnotationen verlieren.[2]

Daraufhin werden das Institut für Katechetik und Homiletik in Münster, die Bischöfliche Hauptstelle für Jugendseelsorge in Düsseldorf und der Deutsche Katechetenverein in München angewiesen, ihre an Halbfas erteilten Lehraufträge zurückzunehmen.

---

[1] Vgl. Kirchlicher Anzeiger für die Erzdiözese Köln. Stück 33, 3.12. 1968, 108. Jg., S. 451-456

[2] So wird z.B. in der Verlautbarung folgender Satz zitiert: «Das statisch-dogmatische Gedankengebäude, dem sie (d.h. die herkömmliche Theologie) angehört, impliziert die Tendenz zu unveränderter Repetition der tradierten Begriffe und Formeln.» Im Original wird ersichtlich, dass dieser Satz durch Vor- und Nachsatz in spezieller Weise interpretiert wird: «Die jahrhundertealte Fixierung der Theologie auf systeminterne Probleme geht mit einem selbstauferlegten Wirklichkeitsverlust einher, dessen Konsequenzen heute erst langsam deutlich werden. An der theologischen Sprache – und in deren Gefolge an der Sprache kirchlicher Glaubensverkündigung – ist dieser Wirklichkeitsverlust in Ausmass und Folge ablesbar. Diese Sprache krankt wegen ihrer Realitätsferne an einem minimalen Informationswert. Sie ist blumig, voll unpräziser Wortgebilde, unkontrollierbarer Aussagen und abgegriffener Metaphern. Das statisch-dogmatische Gedankengebäude, dem sie angehört, impliziert die Tendenz zu unveränderter Repetition der tradierten Begriffe und Formeln; auf den zahllosen Umschlagplätzen theologischer Lehre und kirchlicher Verkündigung zerfliessen sie in einen Sprachbrei kirchenamtlich-ideologischer Parolen, in denen nicht nur der Wertverlust dieser Theologie und ihrer Kirche deutlich wird, sondern in dem auch die solcherart traktierten Adressaten Geschmack und Verstand für die volle Wirklichkeit unserer Tage verlieren.» Diese Textfassung wurde im Übrigen für die Sendung am 22.12.68 und den endgültigen Druck in manchen harten Formulierungen noch abgeschwächt.

Der Entzug des Reutlinger Lehrstuhls wird der unklaren juristischen Situation wegen und dank der behutsameren Vorgehensweise von Bischof Leiprecht von Rottenburg zunächst noch ausgesetzt.[1] So lässt das bischöfliche Ordinariat Rottenburg am 29.11.68 in einem Rundbrief verlauten: «Wir haben die Hoffnung, dass im Kontakt mit Prof. Halbfas eine faire Lösung gefunden werden kann.»[2] Halbfas hat sich um die Jahreswende sichtlich bemüht, seinen Teil zu dieser «fairen Lösung» beizutragen. Dem sprachlich brillanten, aber polemischen Aufsatz «Theologie und Lehramt», wo er eine Argumentation entfaltet, die Theologie und Kirche polarisiert, lässt er am 7.2.69 eine Publikation folgen, in der er sich formal um sprachliche Mässigung bemüht und inhaltlich die gegenseitige Bezogenheit beider Bereiche unter dem Titel «Kritik und Dienst»[3] betont.

Die Aufgabe der Theologie sei, so Halbfas hier, kritisch differenzierend nach den tradierten Glaubensvorstellungen zu fragen, die für den heutigen Glauben der Kirche konstitutiv sind. Dabei werde der «alte Glaube» nicht verleugnet, sondern nur einer historisch bedingten Glaubensvorstellung widersprochen. Eine dogmatische Formel könne immer nur aspekthaft und zeitgebunden sein. Sie enthalte zugleich Implikationen gesellschaftlicher und weltbildhafter Valenz, die oft erst dann erkannt werden könnten, wenn eine Zeit diesen soziologischen und erkenntnistheoretischen Bedingungen entwachsen sei. Deshalb sei das «depositum fidei» also keine übergeschichtliche Norm, deren Wahrheit und Sinn in alten Büchern schlicht nachschlagbar und als absoluter Massstab gegenüber theologischen Meinungen einfach verfügbar sei. Allemal müsse der Glaube selbst in die Fragestellung einbezogen werden.

Andererseits sei der Glaube dennoch das Mass theologisch-wissenschaftlicher Arbeit; er liege der Theologie vorauf und gebe jenen Impetus, aus dem heraus alle theologische Arbeit geschehe. Ohne christlichen Glauben sei Theologie nicht möglich. Und dieser christliche Glaube sei letztlich ein geschicht-

---

[1] Die beamtenrechtliche Situation im baden-württembergischen Lehrerbildungsgesetz war unklar: Halbfas war Staatsbeamter und damit unkündbar. Er war zwar «im Einvernehmen» mit der zuständigen Kirchenbehörde berufen worden, das Gesetz enthielt aber keine Aussage über mögliche kirchliche Beanstandungen. Die staatsrechtliche Seite des Falles Halbfas untersucht M. Thier: Die Kardinäle und der Katechet, in: Stuttgarter Zeitung 10.12. 1968.
[2] Vgl. Rundbrief Nr. A 17687 des Bischöflichen Ordinariats Rottenburg vom 29.11.1968 an alle Geistlichen der Diözese Rottenburg
[3] Vgl. Publik, Nr. 6, 7.2.69, S. 25

licher Glaube, der als solcher nicht von seinem geschichtlichen Ursprung absehen könne, von dem in den alt- und neutestamentlichen Schriften ursprünglich bezeugten Geschehen, durch das Gott in Jesus von Nazareth endgültig gehandelt habe.

Die Aufgabe des Lehramtes definiert Halbfas primär als einen pastoralen Dienst, der in erster Linie der Glaubwürdigkeit und Lebendigkeit des gesamtkirchlichen Lebens zu dienen und lediglich im Fall äusserster Bedrohung des Glaubens und der Einheit der Kirche einer Abwehr von Fehlhaltungen und falschen Meinungen nachzukommen habe. Halbfas kommt zum Schluss:

«Solange christliche Theologie getrieben wird, kommt diese Theologie von der Kirche nicht los. Die Frage, *was* (Hervorhebung im Original) wir glauben dürfen, kann auch nur zu einem Teil von der Theologie beantwortet werden. Den anderen Teil der Antwort vermittelt die geistliche Erfahrung der lebendigen Kirche: Überall, wo sich Menschen dem Evangelium unterstellen und diesem Evangelium für ihr gesellschaftliches und privates Engagement Verbindlichkeit zuerkennen, sind Glaube und Hoffnung und Liebe und vermitteln Erfahrungen, die den Zeugnisweg des Evangeliums durch die Zeiten wirksamer markieren, als es die nachgehende reflexive Anstrengung theologischer Arbeit kann. Dennoch gibt es hier kein Entweder-Oder. Geistliche Erfahrung und das kritische Fragen der Theologie sind stets aufeinander verwiesen, und eins muss sich am anderen klären.»

Schliesslich kommt es dann aber im Laufe des Jahres 1969 doch auch in Reutlingen zum Entzug der kirchlichen Lehrbefugnis. Halbfas schreibt dazu: «Die letzten Konsequenzen in der Auseinandersetzung um den besagten Aufsatz (Theologie und Lehramt) führten – nachdem ich den Entzug meiner öffentlichen kirchlichen Aufträge angenommen, aber durch einen Laisierungsantrag ergänzt hatte – zum Entzug der missio canonica für meine religionspädagogische Lehrtätigkeit an der PH Reutlingen (am 3.11. 69). Staatlicherseits wirkte sich dieser Entzug auf meine Rechte und Pflichten als Dozent für Katholische Religionspädagogik nicht aus.»[1]

Der distanzierte Betrachter fragt sich angesichts der Ereignisse im Herbst 1968, ob es nach dem günstigen Ausgang des Dortmunder Gesprächs wirklich zwingend war, auf der Ausstrahlung des äusserst brisanten Vortrages im Dezember im WDR zu beharren. Es muss Halbfas doch klar gewesen sein, dass er das eben neu gewonnene Vertrauen mit seiner wuchtigen Kritik am Lehramt gleich wieder aufs Spiel setzte. Auf-

---

[1] Vgl. H. Halbfas: Aufklärung und Widerstand, S. 318

fällig ist im Übrigen eine gewisse Parallele zu den Ereignissen im Februar. Damals waren es ja auch Verlagsinteressen gewesen, die Halbfas dazu veranlassten, die Publikation seines Buches zu beschleunigen und auf den Wunsch Generalvikar Teuschs nach dem vollständigen Manuskript nicht einzugehen.

5.3 RELIGION ALS AUSDRUCK EINER EINHEITLICHEN WIRKLICHKEITSERFAHRUNG

5.3.1 Konzeptionelle Grundlegung und Würdigung

Wenn Hubertus Halbfas in der «Fundamentalkatechtik» seinem didaktischen Konzept einen allgemeinen Religionsbegriff zu Grunde legte, so eröffnete er damit ein neues Kapitel in der Geschichte der Religionsdidaktik nach dem Zweiten Weltkrieg. Freilich, ganz neu war die Idee nicht, hatte doch beispielsweise der Pädagoge F. A. W. Diesterweg (1790-1866) schon empfohlen, der problematischen Trennung der Schülerinnen und Schüler nach Konfessionen durch einen allgemeinen Religionsunterricht entgegenzuwirken, allerdings ohne sich damit durchzusetzen. Hundert Jahre vor Halbfas empfand er offenbar ähnlich wie jener den Konflikt des Religionsunterrichts zwischen der Verpflichtung, sich als allgemeines Unterrichtsfach verständlich ausweisen zu müssen, und dem konfessionsspezifischen Bezug auf die kirchliche Tradition als problematisch und analysierte den kirchlichen Unterricht seiner Zeit äusserst kritisch:

«Der konfessionell-dogmatische Unterricht ... ist der Alp, der auf den Schulen lastet ... Vergebens sucht man in ihm die Anwendung richtiger Grundsätze: unmittelbare, dem Schüler anschaulich erkennbare Wahrheit, Entwicklung aus dem Innern heraus, Anschliessung an den Standpunkt des Schülers, methodischen Fortschritt vom Leichtern zum Schweren, Anregung der Selbsttätigkeit; dagegen aber diese Kennzeichen eines schlechten Unterrichts: Dogmatismus nach Form und Inhalt, Unanschaulichkeit und Unverständlichkeit des Inhaltes, Belastung des Wortgedächtnisses, widerwärtige Form in vorgesprochenen Fragen und Antworten, Hinzerrung auf unnatürliche Standpunkte, die dem Kinde ganz fremd sind, und dergleichen mehr.»[1]

---

[1] Vgl. F. A. W. Diesterweg: Konfessioneller Religionsunterricht in den Schulen oder nicht? 1848, zitiert nach C. Grethlein S. 56

Gegenüber unserem Untersuchungsgegenstand zu differenzieren sind die Voraussetzungen, unter denen Diesterwegs radikale Forderung zu Stande kam. Als aufgeklärter Pädagoge in Rousseau'scher Tradition forderte er radikal die Trennung von Kirche und Staat und war bestrebt, konfessionelle Streitigkeiten von der Schule fernzuhalten. Dabei schwebte ihm offenbar ein Religionsbegriff vor, der einer allgemeinen Naturreligion nahestand[1], und eine religiöse Erziehung, die nach höchster Sittlichkeit strebte.[2] Diesterwegs pädagogisch geprägte Konzeptvorschläge provozierten in der evangelischen Theologie vehementen Widerspruch. Vor allem C. Palmer konterte gegen Diesterwegs Alternative: «Kirchenlehre oder Pädagogik»[3], bezichtigte ihn des masslosen Radikalismus und nannte ihn einen Anhänger eines «neuen Evangeliums» genannt «Emanzipation».[4]

Bemerkenswert scheint mir im Kontrast hierzu, dass Halbfas' Stossrichtung 1968 entgegengesetzt verläuft: Während Diesterwegs Motiv es war, durch den Rückgriff auf einen allgemeinen Religionsbegriff *die Kinder von* den, wie er meinte, schädlichen Einflüssen «konfessionell geprägter Religion» zu bewahren, steht der in der «Fundamentalkatechetik» entfaltete Religionsbegriff im Dienst einer Apologie der Kirche und des Glaubens angesichts des gesellschaftlichen Atheismus (S. 39), beabsichtigt also die Diastase zwischen Glauben und Denken *für die jungen Menschen* zu überwinden und zur Welt hin zu erweitern. (S. 49) Bemerkenswert ist weiter, dass Diesterweg wie Halbfas unter ihren jeweiligen historischen Bedingungen als Anwälte für die in ihrer «religiösen Entwicklung» gefährdeten Schülerinnen und Schüler auftreten, dass also der Griff zum weiten Religionsbegriff – und das ist bei Diesterweg wie Halbfas deutlich – als Ansatz einer Theoriebildung unter den Bedingungen des Säkularismus zu werten ist. Bemerkenswert ist schliesslich, dass erst die amtskirchliche Polemik gegen Halbfas, die sich allerdings nicht am Religionsbegriff, sondern an den hermeneutischen Schlussfolgerungen der «Fundamentalkatechetik» entzündeten, aus dem «Advocatus Dei» vorübergehend einen «Advocatus Diaboli» machte.

---

[1] Vgl. H. F. Rupp: Religion und Didaktik bei F. A. W. Diesterweg. Ein Kapitel einer Geschichte der Religionsdidaktik im 19. Jahrhundert, Weinheim 1987, S. 159-174
[2] Vgl. C. Grethlein: Religionspädagogik, S. 56
[3] So der Titel eines 1852 publizierten Aufsatzes; zitiert nach C. Grethlein, Religionspädagogik, S. 56
[4] Vgl. C. Palmer: Evangelische Pädagogik, Bd. 1, Stuttgart 1853, S. 89, zitiert nach C. Grethlein S. 55

Bei alledem stellt der Argumentationszusammenhang des von Halbfas entfalteten Religionsbegriffs im zeitlichen Kontext der Nachkriegszeit eine Pionierleistung dar. Die evangelische «Dialektische Theologie» hatte nämlich die Religion als Phänomen in Misskredit gebracht. Indem Karl Barth den Begriff in einen abstrakten Gegensatz zum «Wort Gottes» stellte, wurde dieser gleichbedeutend mit dem hybriden Versuch des ungläubigen Menschen, aus eigener Kraft zu Gott zu gelangen.[1] Zwar hat Martin Stallmann bereits 1958 den Begriff «Religion» auch als Bezeichnung für das Christentum wieder zugelassen, doch benutzt er ihn insgesamt noch unprogrammatisch.[2] Erst seit 1968 wird wieder offen und ohne Skrupel von «Religion» gesprochen.

G. Stachel hat im Übrigen darauf aufmerksam gemacht, dass im Bereich der katholischen Theologie die Rede von «Religion» immer als legitim gegolten hat; die Möglichkeit *religiöser* Erziehung war hier nie bestritten.[3] So muss sich Halbfas auch nur mit der protestantischen Religionskritik auseinandersetzen, wenn er, wie in seinem vorausgehenden Buch, mit der Begründung eines weiten Religionsbegriffs ansetzt, auf den er in der Folge alle weiteren Überlegungen aufbaut. Das im Anschluss an Paul Tillich entfaltete Religionsverständnis gibt ihm hier nämlich das durchgängige Fundament ab, auf dem er der Frage nachgeht, wie sich der Glaube zur Wirklichkeit verhält. Dabei betont er, dass gerade in dieser Hinsicht an der Einheit der Wirklichkeitserfahrung festzuhalten sei.

Im Einzelnen argumentiert Halbfas folgendermassen: Bonhoeffers Religionsbegriff, von dem er auch hier ausgeht und von dem er sich grundsätzlich abgrenzt, wird näher gefüllt. Sein Signum sei erstens die Scheidung der Wirklichkeit in profan und sakral, zweitens sein konstitutives Rechnen mit menschlicher Schwachheit und Unwissenheit, wodurch Gott zum Lückenbüsser für alle Daseinsrätsel degradiert werde; drittens beinhalte «Bonhoeffers Religion» ein erkenntnistheoretisch-metaphysisches Transzendenz-Verständnis und setze viertens die Befähigung zu einer individualistischen Innerlichkeit voraus. Jedoch treffe diese Bestimmung von Religion nicht ihr Wesen, sondern sei eine geschichtlich bedingte Verengung (S. 24). Damit nimmt Halbfas nicht nur eine inhaltliche, sondern vor allem eine wesentlich-funktionale Abgrenzung vor, als sei Religion «eine geschichtlich bedingte und nur vergängliche Ausdrucksform des Men-

---

[1] Vgl. K. Barth: Der Römerbrief, München, 1922, S. 213 ff.; ders.: Die christliche Dogmatik im Entwurf, München, 1927, S. 301-318; KD I/2, S. 327ff.
[2] Vgl. dazu oben Kapitel 4.1 die Fussnote zu Stallmann.
[3] In: Handbuch der Religionspädagogik, hrsg. von E. Feifel, Bd. I, S. 22

schen.» (S. 24) Mit G. Ebeling fragt Halbfas nach der existentialen Bedingung der Möglichkeit von Religion, nach dem gemeinsamen Ort von Religion und Religionslosigkeit. Diesen gemeinsamen Ort sowohl des religiösen Menschen wie auch des Menschen gebrochener Weltanschauungsgewissheit definiert er sodann als die gleichermassen leidenschaftliche Frage nach dem Sinn des Lebens.

Dabei zeigt er deutlich, dass sein Anliegen kein systematisches, sondern ein praktisches ist. Es geht ihm nicht um eine Diskussion von «Religion» als theologischem Theorem, sondern um die begriffliche Einführung von «Religiosität» als anthropologische Grundkategorie. Und so summiert er denn auch seine Anthropologie in folgender Weise:

«Der ontische Charakter der Religiosität qualifiziert den Menschen als homo religiosus schlechthin.» (S. 28) Demnach versteht er den Begriff nun auch nicht mehr theologisch-inhaltlich als «Glaube an die Existenz Gottes oder göttlicher Numinosa» (S. 25), sondern anthropologisch-funktional als Erschlossenheit für die Dimension der Tiefe im Menschen, als das Ergriffensein von dem, «was uns unbedingt angeht».[1] Religiös ist also jeder, der sich auf die Unergründlichkeit seines eigenen Wesens einlässt, unbesehen der Tatsache, ob er sich selbst als religiös, areligiös, gläubig oder nicht-gläubig bezeichnet (S. 25), denn «man kann die Religion nicht mit letztem Ernst verwerfen, weil der Ernst oder das Ergriffensein von dem, was uns unbedingt angeht, selbst Religion ist.»[2]

Damit hält Halbfas Bonhoeffers Religionsbegriff in seiner disjunktiven Beschreibung der Wirklichkeit für überwunden und schlussfolgert: «Religiosität in ihrer aprioristischen, totalen und integralen Eigenheit darf nie als Sonderdimension des menschlichen Geistes verstanden werden, ebenso wenig wie sich Religion als Sonderbereich unserer Welt akzeptieren lässt, ohne den ihr eigenen Anspruch zu verfehlen.» (S. 27)

Begrifflich unterscheidet Halbfas im Anschluss an Tillich also *Religion als Frage* nach dem Lebenssinn von *Religion als geschichtlich bedingte Institution*. Dabei spricht er anthropologisch gewendet eigentlich nur von Religiosität – ein Begriff, der bei Tillich nicht vorkommt, – und verwendet den abstrakteren Begriff «Religion» als Oberbegriff für die Summe jed-

---

[1] Vgl. P. Tillich: Gesammelte Werke, Bd. 5, S. 44; Halbfas zitiert direkt aus «Die verlorene Dimension. Not und Hoffnung unserer Zeit», Hamburg 1962, S. 9.
[2] Vgl. P. Tillich: a.a.O. S. 27 (zitiert aus Halbfas)

weder Form vollzogener Religiositäten. Als «Religionen», und zwar ausdrücklich nur im Plural, bezeichnet er schliesslich die geschichtlich bedingten Ausformungen von Religiosität.(S. 28) Dieses nun vor über dreissig Jahren entwickelte weite Verständnis von Religion ist für Halbfas' theologisches und didaktisches Reden bis in die Gegenwart hinein signifikant, hat sich allerdings gegenüber dem Ansatz in der «Fundamentalkatechetik» auch weiter ausdifferenziert, wovon noch die Rede sein wird.

So bezieht er sich in seiner «Revision der religiösen Erziehung» von 1972 erneut auf P. Tillich und formuliert: «Religiös sein heisst ..., die Frage nach dem tragenden Sinn unseres Lebens stellen. Von diesem Ansatz her verstehen wir Religiosität als die Kraft des Menschen, mit der er in all seinen geistigen Ausdrucksformen nach dem Woher und Wozu von Leben, Gesellschaft und Welt fragt. Darum ist die Religion etwas universal Menschliches.»[1]

In seinem Buch «Religion» von 1976 ist dieser Theorieansatz noch weiterentwickelt. Neben Tillich treten hier als Gewährsleute auch die Religionssoziologen F. H. Tenbruck und vor allem Th. Luckmann[2] mit ihren Theorien. Im Rückgriff auf Tenbruck hält Halbfas «die Universalität der Religion» für «anthropologisch» «belegbar»[3], wobei er zwischen «impliziter» (formal-allgemeiner) und «expliziter» (Religionsgeschichte) Religion unterscheiden möchte.[4]

Halbfas legitimiert seinen Religionsbegriff im Wesentlichen also von zwei Seiten her: Zu einem ist dies der konsequent durchgehaltene Bezug auf Tillich, den Halbfas, wie es scheint, aber ausschliesslich als Religionsphilosophen liest und dessen einschlägige theologische Arbeiten er ausser Acht lässt, ohne dass sich in der «Fundamentalkatechetik» eine Erklärung dafür finden liesse.

Zum anderen steht diese religionsphilosophische Rezeption des Tillich'schen Religionsbegriffs, in der «Fundamentalkatechetik» wie gesagt erst implizit, in einer erkennbaren Analogie zu soziologisch-funktionalen Religionstheorien. In solch funktionaler Betrachtungsweise werden die verschiedensten Wert- und Deutungssysteme, insbesondere auch der christliche Glaube und andere Weltreligionen, auf ihre Funktion und Wirkung

---

[1] Vgl. H. Halbfas: Revision der religiösen Erziehung, Heft 3, S. 10
[2] Vgl. Th. Luckmann: The invisible Religion, New York 1967; vgl. den Verweis darauf bei Halbfas: Religion, 1976, S. 232, Anm. 1
[3] Vgl. H. Halbfas: Religion, S. 224
[4] Vgl. H. Halbfas: A.a.O. S. 105ff.

hin analysiert, wobei verschiedene Weltanschauungen und Ideologien jeweils einer übergreifenden «Religions»-Theorie zuzuordnen sind. Nicht *Inhalte* oder gar *Wahrheit* sind das leitende Interesse solcher «religionssoziologischen» Untersuchungen, sondern *Funktionen* und *Wirkungen*.[1] Es liegt mir sehr daran, Halbfas' Entwurf eines weiten Religionsbegriffes im Rahmen seines theologischen Weges zu würdigen. Denn sein Vorschlag wurde bald breit diskutiert.[2] Gab es denn unter Jugendlichen nicht überall religiöse Fragen nach Sinn und Werten? War nicht das Christentum um und um religiös strukturiert, angefangen bei den Frömmigkeitsformen, Riten und Kasualien des heutigen Christentums und aufgehört bei den in den Texten der Bibel sich widerspiegelnden Verhältnissen etwa des Urchristentums? – Aber war Religion nicht doch auch etwas anderes als der von der Theologie betonte pädagogisch unverfügbare Glaube? Die Diskussionen führten dazu, dass «Religion» von vielen katholischen und evangelischen Theologen zum Legitimationsinstrument für die unter Druck geratene religiöse Erziehung in den öffentlichen Schulen wurde und dass 1974 die gemeinsame Synode der Bistümer in der BRD in ihrer pädagogischen Begründung auf den weiten Religionsbegriff zurückgriff.[3] Endlich zeugt Halbfas' Entwurf von einem frühen Bewusstsein für die Gefährdung der einheitlichen Wirklichkeitserfahrung als menschlicher Grundkategorie. Wenn W. H. Ritter 1989 feststellt, «die Annahme einer (integralen) Erfahrung bzw. eines Erfahrungsverständnisses ist angesichts der *einen* Wirklichkeit eine unhintergehbare Grundanforderung»[4], so wiederholt er in verändertem Kontext letztlich dieselbe Einsicht, von der Halbfas 1968 ausgegangen ist. Rückblickend meint er dazu:

«Mir ging es primär darum, (im Tillich'schen Religionsbegriff) eine anthropologische Rückbindung zu finden und damit zugleich den Religionsunterricht

---

[1] Vgl. W. H. Ritter: Religion in nachchristlicher Zeit, S. 31f.
[2] Vgl. dazu Georg Baudler: Religiöse Erziehung heute, Paderborn 1979, S. 42ff. Mit der Wirkungsgeschichte der Fundamentalkatechetik in der religionspädagogischen Diskussion der Siebzigerjahre beschäftigt sich ebenfalls: J.-A. von Allmen: Symboltheorie und Symboldidaktik, S. 103-109
[3] Vgl. G. Baudler: a.a.O. S. 46ff.
[4] Vgl. W. H. Ritter: Glaube und Erfahrung im religionspädagogischen Kontext, S. 170

für alle jene Fragen und Inhalte zu weiten, die wir heute als selbstverständlich und gleichzeitig als notwendig betrachten.»[1]

Die Wiedergewinnung der *Religion* für die Religionspädagogik ist wichtig gewesen, weil es das Christliche tatsächlich nicht ohne Religion gibt. Nur eine Religionsdidaktik, die sich dazu entschliesst, den christlichen Glauben auch in seinen religiösen Formen als Lebensangebot für heutige Lebenswirklichkeit zu verantworten, wird im gesellschaftlichen Diskurs dialogfähig bleiben.

5.3.2. Didaktische Konsequenzen

An dieser Weitung der Religionsdidaktik liegt Halbfas vor allem. Und so zieht er unmittelbar aus der Grundlegung im Religionsbegriff eine signifikante didaktische Konsequenz. Ein wesentlicher Grundsatz und didaktischer Ausgangspunkt heisst ja: «Christlicher Religionsunterricht ist prinzipiell biblischer Unterricht.» (S. 106) Von hier aus macht sich Halbfas nun auf und erweitert seine Didaktik im Rahmen seines weiten Religionsverständnisses. Denn «Religionsunterricht treibt nicht Bibelinterpretation um der Bibel willen, sondern um des heute lebenden Menschen willen, damit er mit Hilfe biblischer *und anderer* religiöser Zeugnisse zu einer bewussten Existenz in seiner Welt werde ...»[2], ergänzt er und empfiehlt einerseits die Beschäftigung mit Dichtung im Religionsunterricht, andererseits die Beschäftigung mit den Fremdreligionen.

Halbfas sieht den religionsdidaktischen Wert der Dichtung dabei in einer polaren Funktion: Aus der Spannung zwischen der Beschäftigung mit biblischen und literarischen Texten entsteht ein Prozess, der Unterricht in Gang setzt, denn der Text der Bibel und das Gesamte der Wirklichkeit, wie sie besonders in der Dichtung aller Zeiten vorliegt, legen sich gegenseitig aus. (S. 226)

Für die Beschäftigung mit den Fremdreligionen skizziert die «Fundamentalkatechetik» zwei didaktische Richtungen: Sie erfolgt erstens im Sinne einer sorgfältig informierenden und interpretierenden Religionskunde, die wegen der ausserchristlichen, religiösen Wirklichkeit und ihrer Bedeutung für unsere Welt wichtig ist, und zweitens im vergleichenden Umgang mit biblischen Texten

---

[1] Auf dem Weg zur zweiten Unmittelbarkeit. Ein Interview mit H. Halbfas, KBl 88(b) S. 445f.
[2] Vgl. H. Halbfas: Fundamentalkatechetik, S. 226, Hervorhebung durch M. M

und kirchlicher Religiosität. (S. 246) Ich weise besonders darauf hin, dass Halbfas in diesem Zusammenhang bereits von der Bedeutung einer angemessenen Kenntnis der grossen Weltreligionen für das politische Leben der Völker (S. 243) und vom Verstehen des Mitmenschen (S. 245) spricht. Erkenntnistheoretisch weitsichtig, aber in seiner Öffnung den üblichen konzeptionellen Rahmen des zeitgenössischen Religionsunterrichts bei Weitem sprengend, stellt Halbfas ferner die Forderung nach «der authentischen Stimme der Religionen», wobei er sich u.a. explizit auf das Religionsverständnis von Radhakrishnan beruft.[1]

Damit umspannt der Halbfas'sche Ansatz seit der «Fundamentalkatechetik» im Nebeneinander einer Bibeldidaktik und einer Didaktik der Religionen eine Weite, die sich für die multikulturelle Schulsituation der Gegenwart förmlich anbietet. Implizit sprengt er bereits auch den Rahmen der konfessionellen Konstituierung des Faches. In der 1. Auflage von 1968 unterzieht Halbfas dieser konfessionellen Bindung des Religionsunterrichtes zwar einer kritischen Prüfung, stellt diese jedoch noch nicht explizit in Zweifel. Unter dem Eindruck der amtskirchlichen Repression formuliert er allerdings «die radikale Frage, ob es in Zukunft noch schulischen Religionsunterricht geben kann, der im Auftrag der Kirchen und unter ihrer Kontrolle durchgeführt wird».[2]

5.3.3 Kritik einer konzeptionellen Grundlegung des Religionsunterrichts im Religionsbegriffs Tillichs

Freilich haben sich gerade im Zuge der religionspädagogischen Diskussion der Siebzigerjahre eine Reihe nicht von der Hand zu weisender Fragen in Bezug auf die Stichhaltigkeit des weiten Religionsbegriffes im Allgemeinen sowie an Halbfas' methodischem Vorgehen im Besonderen ergeben. Als erstes ist die Kardinalfrage zu stellen, ob es nämlich «eine alle Wirklichkeit und alle Menschen in gleicher Weise betreffende ‹Religion› oder ‹Religiosität› gäbe und was diese meine? Und ob diese ‹Dimension› als ‹religiös› bezeichnet werden kann. Denn das steht ja in der Tat erst zur Verhandlung an, ob rein ‹immanente› Sinngebungsversuche, also entschieden *nicht-religiöse* oder *atheistische Wirklichkeitsdeutungen* begriffslo-

---

[1] Vgl. dazu die 4. Auflage der «Fundamentalkatechetik», 1973, Anm. 758, S. 246
[2] A.a.O. S. 276

gisch und operationalisierbar zulässig als ‹Religion› bezeichnet werden sollten.»[1]

In seiner umfassenden Untersuchung zum Religionsbegriff hat sich W. H. Ritter auch systematisch mit den begriffslogischen Problemen befasst. Er stellt fest, die theoretische Begriffserstellung sei immer auf empirische Überprüfbarkeit, Stichhaltigkeit und damit auf konkret-situative Wirklichkeitsbezugnahme angewiesen, um einen Begriff empirisch, wissenschaftlich relevant und operationalisierbar nennen zu können; sonst bleibe die Theorie leer bzw. die Praxis blind. Von hier aus stellt er in den weiten Religionstheorien einen Mangel an empirischer Relevanzkontrolle fest, was zu mehreren Schwierigkeiten führt. Im Wesentlichen nennt er die folgenden:

1) «Religion» ist nicht mehr von «Nicht-Religion» zu unterscheiden. «Religion» ist nicht negierbar. Gibt es aber nicht genügend Menschen, die ihren letzten Rückhalt nicht in «Religion» oder «Gott», sondern in Weltimmanentem sehen?

2) Welchen Sinn hat es, rein diesseitige Sinngebungsversuche, ja sogar dezidiert nicht-religiöse Wirklichkeitsverständnisse als «Religion» zu benennen bzw. «religiös» zu vereinnahmen?

3) Welchen Sinn hat es insbesondere so radikale Religionskritik wie die Feuerbachs, Marx' und Freuds als «Religion» gelten zu lassen?

4) Kann «Religion» überhaupt unabhängig von gesellschaftlich-geschichtlichen Konkretionen (und Einschränkungen), unabhängig von realfaktischen, gesellschaftlich-geschichtlichen Verwendungszusammenhängen bestimmt, bezeichnet und erkannt werden?

5) Welche pädagogische Bedeutsamkeit hat der weite Religionsbegriff am Ende noch? Warum noch ein spezifisches Schulfach Religionspädagogik, wenn doch Religion allgegenwärtig ist? Wäre es nicht konsequent, angesichts der inhaltlichen Beliebigkeit von «Religion» auf eine explizite Religionspädagogik zu verzichten, da sie sachlich doch in einer allgemeinen Pädagogik aufgehen könnte?[2]

---

[1] Vgl. W. H. Ritter: Religion in nachchristlicher Zeit, S. 32

[2] Schon Diesterweg schwebte ursprünglich vor, die religiöse Erziehung in der allgemeinen Erziehung zu sublimieren, Religion zum Unterrichtsprinzip zu machen, ohne ihr ein eigenes Fach zuzuordnen. Damit sollte sie – ausgesprochen oder nicht – in jedem Fach präsent sein. (Vgl. C. Grethlein: Religionspädagogik S. 57) Dieses Extremkonzept religiöser Erziehung ist im Denken des aufgeklärten Liberalismus bis in die Gegenwart hinein lebendig geblieben, wie eine kleine Anekdote aus der Basler Bildungsreform der Neunzigerjahre zeigt: Auf eine kirchliche Anfrage an die Erzie-

6) Insgesamt stellt sich demnach dem weiten Religionsbegriff als gewichtigster begriffslogischer Einwand das Argument entgegen, dass Religion «im Sinne der Ermöglichung einer nicht religiösen Sinnantwort»[1] negierbar bleiben muss.[2]

In diesem Zusammenhang stellt sich dann auch die Frage, ob die auf der theoretischen Ebene überwundene disjunktive Struktur von Religion die Praxis des Religionsunterichts nicht doch wieder einholt, wenn Halbfas 1976 einräumt, dass die religiösen Erfahrungen nirgendwo als Massenphänomen auftreten, sondern als der mehr verkannte und verdrängte Besitz eines Teils der Gläubigen. Zwar machten gestern wie heute Millionen von Menschen religiöse Erfahrungen, doch vertrauten sie ihren Erfahrungen kaum.[3]

Eine zweite Kritik, die verschiedentlich gegen Halbfas und alle, die mit Tillichs Religionsbegriff gearbeitet haben, erhoben worden ist, richtet sich gegen die selektive Auswahl vor allem philosophischer Argumente aus dem ansonsten viel umfassenderen Gesamtwerk des deutsch-amerikanischen Theologen.

W. H. Ritter richtet drei Hinweise an alle, die unter expliziter Berufung auf Tillich den Schüler dazu befähigen wollen, «die religiöse Frage zu stellen als Frage nach dem, ‹was uns unbedingt angeht›»:
1) Tillich spricht hier als «Religionsphilosoph», er hat noch nicht den Schritt getan, den er in seiner «Systematischen Theologie» als Eintritt in den «theologischen Zirkel» (sprich: Glauben) nennt.
2) Wird Tillich auf diese Weise nur religionsphilosophisch in Anspruch genommen, dann kann eine sich auf solchen religionsphilosophischen Ansatz gründende Religionspädagogik entweder nur Anleitung zum Fragen geben – nicht zu einer spezifischen Antwort also – oder dem Schüler eine bunte Palette verschiedenster Ausformungen des «Letzten, was uns unbedingt angeht,» zur freien Wahl anbieten, und zwar mit einer konzeptio-

---

hungsdirektion des Kantons Basel, wie die Konsensfähigkeit für ein neu zu konzipierendes Schulfach Ethik unter gemeinsamer Trägerschaft von Kirche und Staat eingeschätzt werde, kam die empörte Antwort des damals liberalen Erziehungsministers: Für ein solches Fach bestehe grundsätzlich kein Bedarf. Denn Ethik sei integrierter Bestandteil jeden Unterrichts an den Basler Schulen.

[1] So auch H. Schrödter: Die Religion der Religionspädagogik, S. 76
[2] Vgl. W. H. Ritter: Religion in nachchristlicher Zeit, S. 36f.
[3] Vgl. Halbfas: Religion, S. 32

nellen Tendenz zur «Weltanschauungskunde». Die nachdrückliche Thematisierung einer Religion und/oder gar die Favorisierung des «Unbedingten», wie es sich im Rahmen des «theologischen Zirkels» darstellt, wäre eine unzulässige Grenzüberschreitung des gewählten religionsphilosophischen Ansatzes.
3) Mit E. Schillebeeckx schliesslich wird man Möglichkeit bzw. Unmöglichkeit, von einem philosophischen Ansatz aus zu Gott zu kommen bedenken müssen. Nach Schillebeeckx kann nämlich Gott, eine wesentlich religiöse Wirklichkeit, nicht die Antwort auf eine nicht-religiöse Frage sein. Ohne auf Schillebeeckx' theologisch-erkenntniskritische Ansichten hier eingehen zu können, wird man für die Religionspädagogiken, die solchermassen (religions-) philosophisch ansetzen, folgern können, dass diese ihre Konzeption nicht notwendig zu Gott führen muss.[1]

Ritter hat mit Bezug auf Schrödter eindrücklich zeigen können, dass die meisten Vertreter religionspädagogischer Konzepte der Siebzigerjahre, den weiten Religionsbegriff, den sie bei Tillich einseitig philosophisch rezipiert haben, konzeptionell nicht in dieser Weite durchhalten. Vielmehr wird Religion unter der Hand verändert: Religion meint nun weder eine bloss subjektive Fragehaltung («Ergriffensein») noch eine Pluralität von «Letztem, was uns unbedingt angeht», eine Gleichberechtigung verschiedenster Sinnantworten also, sondern letztlich eine spezifisch christlich-theologische Inhaltlichkeit, bzw. Normierung.[2]

Nur gilt gerade diese Kritik so für Halbfas nicht. Sein Versuch einer Neubegründung der Religionsdidaktik hat ja gerade darin seine Pointe, dass die subjektive Fragehaltung und Verstehenskompetenz der Menschen ernst genommen werden und auch die überlieferten Glaubensinhalte der Kirche geschichtlich-erkenntnistheoretischen Bedingungen unterliegen. Eindrücklich, wie er *zur Welt hin philosophisch* zu sagen versucht, was er *im Dortmunder Theologengespräch* auch *theologisch* buchstabieren kann. Vielleicht aber auch typisch, dass die Verständigung mit der Amtskirche schliesslich genau dort scheitert, wo es um die «Normierung kirchlicher Wahrheit» geht.

Die grundsätzlichen Bedenken gegenüber einer selektiven Rezeption von Tillichs Religionsbegriff sind andererseits nicht von der Hand zu weisen. Hier hat die theologische Diskussion eigentlich zum Konsens geführt,

---

[1] W. H. Ritter: A.a.O. S. 41
[2] W. H. Ritter: A.a.O. S. 40f.; S. 74; H. Schrödter: Die Religion der Religionspädagogik, S. 43

dass Tillich letztlich unrichtig verstanden wird, wenn man ihn zum Gewährsmann eines *ontologischen Religionsbegriffs* macht. Ich referiere kurz die wichtigsten Einsichten und folge dabei im Wesentlichen W. H. Ritter:[1]

1) Tillich will als «Theologe mehr sein als ein Religionsphilosoph»[2]. Damit sieht er den Theologen vor folgende Alternative gestellt: «Er kann die christliche Botschaft unter einen Religions-Begriff subsumieren. Dann gilt das Christentum als ein Beispiel religiösen Lebens neben anderen, gewiss als die höchste Religion, aber nicht als die endgültige und einzigartige. Eine solche Theologie hält sich ausserhalb des theologischen Zirkels. Sie hält sich innerhalb des religionsphilosophischen Zirkels und seinen unbestimmten Horizonten ...» Die andere Möglichkeit lautet: «Oder er wird wirklich Theologe, ein Interpret seiner Kirche und ihres Anspruches auf Einmaligkeit und Allgemeingültigkeit. Dann betritt er den theologischen Zirkel und sollte zugeben, dass er es wirklich getan hat. Er sollte dann aufhören, den Anspruch zu erheben, seine Theologie auf empirisch-induktive oder metaphysisch-deduktive Weise gewonnen zu haben»[3].

2) In einer ausschliesslich religionsphilosophischen Tillich-Rezeption bleiben ferner vor allem wesentlich Merkmale in Tillichs theologischen Denken unberücksichtigt: a) Der Begriff des Paradoxes, mit dem Tillich unter Kierkegaards Einfluss das Allgemein-Religiöse zu einem spezifisch Christlichen hin transzendiert. Mit «Paradox» meint Tillich hier einen Wesenszug der Überzeugung, «dass Gottes Handeln über alle menschlichen Erwartungen und über alle menschlichen Vorbereitungen notwendig hinausgeht»[4]. b) Das «prophetische» oder «protestantische» Prinzip[5], das nach Tillich allein in der Lage ist, den wahren Sinn des Unbedingten theologisch freizulegen, den Sinn des Unbedingten sagbar zu machen und der ständig drohenden «Dämonisierung» der Religion entgegenzuwirken. Es muss sich nach Tillich immer erst zeigen, ob das, wovon sich der Mensch «unbedingt ergriffen» weiss, wirklich das «Un-bedingte» ist und so dem Leben unbedingten Sinn einzustiften vermag.

---

[1] Vgl. W.H. Ritter: a.a.O. S. 42ff. Die Auswahl der Tillich-Zitate ist von Ritter übernommen und im Original nachvollzogen.
[2] Vgl. P. Tillich: Systematische Theologie, Bd. 1, 1956, S. 17
[3] Ebd.
[4] Vgl. P. Tillich: a.a.O. S. 70
[5] Vgl. P. Tillich: Prinzipien des Protestantismus, in: Gesammelte Werke, Bd. VII, 1962 S. 133ff.

3) Es ist fraglich, ob man die Tillich'sche Ontologie von seiner Christologie und seinem theologischen Gesamtrahmen isolieren darf. Für Tillich gehört das christologische Paradox, «dass in einem personhaften Leben das Bild wesenhaften Menschseins unter den Bedingungen der Existenz erschienen ist, ohne von ihnen überwältigt zu werden»[1], als «notwendiger Bestandteil» zur Ontologie. Das heisst: Die Frage nach dem Sein (Ontologie) erhält bei Tillich seine Bestimmtheit in der Antwort Gottes (Theologie).

4) Für diese Zusammengehörigkeit von «Onto-logie» und «Theo-logie» spricht im weiteren ein erkenntnis-theoretischer Gesichtspunkt: Nach Tillich unternimmt der Theologe, bzw. die systematische Theologie, «eine Analyse der menschlichen Situation, aus der die existentiellen Fragen hervorgehen ...»[2]. Nun wird aber eine solche Analyse menschlicher Situation nicht wertfrei oder vorurteilsfrei erfolgen, sondern immer schon in einem wertend-selektiven Sinn, also theologisch. Welche Probleme und Fragen der Mensch demnach existentiell für belangvoll zu halten hat, entscheidet nicht der Mensch in seiner je verschiedenen Vorfindlichkeit, sondern der Theologe. Bei Tillich heisst es: «Der Theologe ordnet diesen Wissensstoff in Bezug auf die von der christlichen Botschaft gegebenen Antwort. Im Lichte dieser Botschaft kann er seine Existenzanalyse machen»[3]. Folglich ist bereits die Ontologie bzw. Existenzanalyse theologisch interessegeleitet und Tillich hält sich also selbst für keinen neutralen Beobachter menschlicher Befindlichkeit.

5) Schliesslich hat Tillich selbst betont, dass das Christentum «mehr sein will als eine Religion» und infolgedessen «gegen alles in sich ankämpfen» müsse, «wodurch es eine ‹Religion› wird»[4]. Als Wesenszüge solcher zu überwindenden «Religion» nennt Tillich «Mythus und Kultus». «Echte Religion» ist demgegenüber in ihrer idealen Form die «biblische Religion, mit ihrem prophetischen Kern»[5].

Beachtet man die Herkunft des «protestantischen» oder «prophetischen» Prinzips aus dem biblisch-christlichen Gesamtrahmen, dann dürfte K. E. Nipkows Urteil zu Recht bestehen: «Wahrscheinlich wäre mit der

---

[1] Vgl. P. Tillich: Systematische Theologie, Bd. 2, 1958, S. 104
[2] Vgl. P. Tillich: Systematische Theologie, Bd. 1, 1956, S. 76
[3] A.a.O. S. 72
[4] Vgl. P. Tillich: Die verlorene Dimension, in: Gesammelte Werke, Bd. V, S. 53ff.
[5] Vgl. B. E. Benktson: Christus und die Religion. Der Religionsbegriff bei Barth, Bonhoeffer und Tillich, Stuttgart 1967, S. 99

Einbeziehung der kirchenkritischen, gesellschaftskritischen und nicht zuletzt ideologie- und religionskritischen Kraft des ‹protestantischen Prinzips› der geschichtliche, nämlich alttestamentliche und neutestamentliche Ursprung dieses Prinzips bei Tillich deutlich, die Ontologisierbarkeit dieses geschichtlich entstandenen Prinzips fragwürdig, damit aber ebenfalls die erstrebte allgemeine Plausibilität und allgemeingültige Begründbarkeit des RU schwierig geworden.»[1]

Zusammenfassend hat Nipkow für die Grundlegung der Religionspädagogik in einem anthropologisch-ontologischen Religionsbegriff folgende Aporien aufgewiesen: Sie gäben sich als «übergeschichtlich», seien jedoch geschichtlich bestimmt. Sie zielten einerseits auf die Erfassung möglichst vielfältiger religiöser Phänomene und erschwerten andererseits die Abgrenzung des Gegenstandes. Sie beanspruchten «allgemeine wissenschaftliche Geltung» und seien doch theologisch gebunden. Ihr «normenkritischer Anspruch» werde durch die «mangelnde Transparenz der eigenen Kriterien» zweifelhaft. Ihre Qualität als «universale Verständigungskategorie» leide unter den damit verknüpften apologetischen Absichten.[2]

Mittlerweile werden religionspädagogische Konzepte nicht mehr mit dem Tillich'schen Religionsbegriff begründet. Auch Halbfas hat die diesbezügliche Kritik zur Kenntnis genommen[3] und seinen früheren Ansatz bei Tillich relativiert.[4] Doch bildet die religiöse Ansprechbarkeit als anthropologische Grundvoraussetzung weiterhin den Rahmen zu seinen didaktischen Entwürfen.[5] Und er kann für sich in Anspruch nehmen, «eine

---

[1] Vgl. K.E. Nipkow: Braucht unsere Religion Bildung? In: Begegnung und Vermittlung. Gedenkschrift für I. Röbbelen, hrsg. von H. Horn, 1972, S. 52
[2] Vgl. K.E. Nipkow: Grundfragen der Religionspädagogik, Bd. 1, S. 139ff.
[3] Vgl. H. Halbfas: Wurzelwerk, S. 15
[4] Vgl. Auf dem Weg zur zweiten Unmittelbarkeit. Ein Interview mit H. Halbfas, KBl 88 (b) S. 445 f. Der Kontext der Aussage scheint mir wichtig: Im Zusammenhang mit Halbfas' Unterscheidung zwischen «Religionsunterricht» und «Religionspädagogik» zu Beginn der Siebzigerjahre, die er 1988 bedauert, fragt der Interviewer, ob damit auch der Ansatz bei Tillichs Religionsbegriff «passé» sei. Halbfas antwortet: «Wenn das alles sein sollte, was zur Begründung des Religionsunterrichts gesagt werden kann, ja ...» Halbfas dementiert also die Gültigkeit des Religionsbegriffs nur im Blick auf die konzeptionell-organisatorische Seite des Religionsunterrichts.
[5] Vgl. H. Halbfas: Wer sind unsere Schülerinnen und Schüler? Wie religiös sind sie? In: KBl 116, 1991, S. 750

grössere Öffnung des Religionsunterricht für die heutige Wirklichkeit»
mitgestaltet zu haben.[1]

5.4 VERSTEHEN ALS AUSLEGUNG VON WIRKLICHKEIT – DIE ENTFALTUNG DER HERMENEUTIK IN DER FUNDAMENTALKATECHETIK

Wie gezeigt hat Halbfas im «Religionsunterricht» die historisch-kritischen Methoden der Schriftauslegung vorsichtig rezipiert. In diesem Sinne, nämlich im Sinne einer «Kunstlehre des Verstehens» hat er sich also bereits dort auf die Hermeneutik eingelassen. Wir haben freilich auch festgestellt, dass er die «existentiale Hermeneutik» Bultmanns als eine Gesamtdeutung des Verstehens von Offenbarung beiseite lässt und dafür auf Kampmanns «theozentrische Überführung» zurückgreift.

In der «Fundamentalkatechetik» sagt Halbfas nun schon in der Einleitung, der Ansatz des Buches sei hermeneutischer Natur (S. 13), womit er, wie die Lektüre der ersten hundert Buchseiten ergibt, eine grundsätzliche Theorie des Verstehens meint, die im Anschluss an Hans Georg Gadamer die Bedingungen der Möglichkeiten von Erfahrung reflektiert: *Verstehen als Welterfahrung*. Gadamers Verständnis von Hermeneutik kommt etwa in folgender Aussage zur Sprache:

> «Die Hermeneutik, die hier entwickelt wird, ist nicht etwa eine Methodenlehre der Geisteswissenschaften, sondern der Versuch einer Verständigung über das, was die Geisteswissenschaften über ihr methodisches Selbstbewusstsein hinaus in Wahrheit sind und was sie mit dem Ganzen unserer Welterfahrung verbindet.»[2]

Auf diesem Hintergrund möchte Halbfas das Sprechen und die je konkrete Sprache als Medium des Verstehens vom «universalen Aspekt der Sprache» her sehen. Damit ist gemeint, dass alles Dasein, da es von gleicher Struktur wie das Phänomen Sprache ist, Symbolcharakter hat und auf Kommunikation hin angelegt ist. Indem also der Mensch der Welt begegnet und mit ihr in Beziehung tritt, *korreliert*, macht er eine Welterfahrung, die ihrem Wesen nach sprachlich strukturiert ist. Verstehen von Welt kommt nämlich dadurch zustande, dass der Mensch im Anspruch der Welt auf ein Gegenüber trifft, das sein eigenes Recht geltend macht,

---

[1] Vgl. H. Halbfas: Wurzelwerk, S. 15
[2] Vgl. H. G. Gadamer: Wahrheit und Methode, S. XXVII Einleitung)

welches der Mensch in seiner Antwort «schlechthinnig» anerkennt, appliziert und darin eben versteht. (S. 68f.)

Betrachtet man diesen Prozess näher, so ist festzustellen, dass am Anfang jeden Verstehens eine Frage steht. Jede Überlieferung stellt eine Frage und fordert damit den Interpreten zu jener Offenheit heraus, in der er etwas gegen sich selbst gelten lassen muss. Um die Frage aber zu beantworten, muss der Geragte selbst zu fragen beginnen. Also ist wirkliches Verstehen niemals nur Verstehen der Gegebenheiten der Vergangenheit oder der Lebenssituationen anderer, sondern Aneignung der Fragen in eigenes Fragen. (S. 86)

Von hier aus kann Verstehen auch als Verschmelzung vermeintlich separierter Horizonte gedeutet werden. Zur hermeneutischen Aufgabe gehört es den entgegenstehenden Horizont zu entwerfen, zwar um seine Andersartigkeit bewusst zu machen, ihn aber mit dem eigenen Verstehenshorizont gleich wieder einzuholen. Denn im Verstehen erfolgt mit dem Entwurf des entgegenstehenden Horizontes zugleich dessen Einholung. (S. 87) Sprache als Welterfahrung bewirkt also, dass Sachverhalte offenbar werden, erst Sprache gibt Wirklichkeit frei. (S. 72)

Halbfas kann aber auch umgekehrt sagen: «Welt haben heisst Sprache haben.» Nur im Lebensvollzug der Diesseitigkeit ist Sprache zuhause. Darum spricht nur eine weltliche Sprache wahr und, «wenn der Ort des Glaubens die eine Wirklichkeit ist, das Diesseits, unsere Geschichte und Zeit, und wenn Gott nicht ausserhalb dieser Wirklichkeit, sondern nur in ihr je und je begegnet, dann kann eine Rede von Gott, die Wirklichkeit erschliessen will, nur weltliche Rede sein.» (S. 74)

Folgerichtig erschliesst sich dann in einem nächsten Schritt Unterricht als Sprachgeschehen. (S. 92) Eine Schule, die Wirklichkeit eröffnet, ist also notwendig Sprach-Schule. Ein solchermassen von einem hermeneutischen Bewusstsein geprägter Unterricht deckt den Zugang zur Tiefe der Dinge auf. Das kann nicht bedeuten, allerhand Wissbares zu addieren, sondern Einsicht in die Struktur der Sachen zu gewinnen. Damit eröffnet Sprache dann die Transparenz der empirischen Wirklichkeit. (S. 94) In der Beschäftigung mit ihr lernen Schülerinnen und Schüler die Wirklichkeit in ihren Bedingungen und Möglichkeiten zu erkennen. «Solcher Umgang mit Überlieferung heisst Auslegung... Überall, wo Menschen der Welt begegnen und sie verstehen, geschieht Auslegung, Auslegung ist der Vollzug des Verstehens selbst.» (S. 97) Sie ermöglicht dem Schüler, die Herausforderung, den Anruf und den Anspruch unserer Welt verstehend zu vernehmen und darauf zu antworten, sie ruft indirekt eigene Antworten wach. Der Unterricht lebt also von einer Auslegung, die jeweils im Dialog mit vorausgehender, überlieferter Auslegung steht. Er ermöglicht auf diese Weise, dass der Mensch im Prozess des Unterrichts zu sich selbst findet.

Um allerdings differenzierter zu verstehen, was Halbfas mit dieser Sprache als Welterfahrung meint, müssen wir seiner Unterscheidung von *Logos* und *Mythos* folgen.[1]

«Wissenschaft als methodisch-experimenteller Zugriff des Menschen in der Subjekt-Objekt-Relation der Wirklichkeit untersteht dem Logos ... Im Gegenüber zum Logos ist Mythos jede Dasein auslegende Rede, deren Inhalt nicht exakt Verifizierbares und ‹wissenschaftlich› Feststellbares sieht und vom Hörenden eigenes Betroffensein und Glauben verlangt ... Die eigentliche Tiefe der Wirklichkeit, aus der heraus Menschen leben ... offenbart der Mythos.» (S. 196f.)

Die hier vorgenommene Unterscheidung zwischen Logos und Mythos erinnert an die Unterscheidung zwischen der intellektuellen Denkleistung, dem *Wissensdenken*, und der geistig-ideellen Funktion des Denkens, dem *Sinndenken*, die Halbfas in «Jugend und Kirche» entfaltet hat. Wie dort drängen sich nun auch hier einige kritische Einwände auf. So erscheint Halbfas' Sprachverständnis im Licht der Unterscheidung von Mythos und Logos doch sehr irrational.

Zwar räumt Halbfas ein, die Sprache des Logos widerspreche dem Mythos nicht und vermöge auch Wirklichkeit zu eröffnen (S. 197), doch die eigentliche Tiefe des Lebens offenbart der Mythos. Und dies in einem durchaus selektiv-elitären Rahmen, den Mallinckrodt gar in die Nähe einer gnostischen Geheimlehre bringt.[2] Denn die Wahrheit des Mythos ist nicht jedem Menschen mitteilbar (S. 198) und viele werden dieser Sprache nicht kundig. (S. 77) Neben diesem irrationalen Zug geht, wie in «Jugend und Kirche» ein auffälliger Kulturpessimismus einher. Beispielsweise, wenn vom «Siegeszug» des Logos berichtet wird, der seine Herrschaft zu einem «Monopol» ausbauen konnte, oder wenn Halbfas etwas pathetisch fragt: «Verstehen unsere Zeitgenossen noch die mythische Sprache?» (S. 216)

---

[1] Ich stütze mich im folgenden auf den ausgezeichneten Aufsatz von Hansjürgen von Mallinckrodt: Katechetik im existential-hermeneutischen Engpass, in: G. Stachel: Existentiale Hermeneutik, S. 81ff.

[2] A.a.O. S. 83

Schwerer wiegt m. E. noch, dass er nun seinerseits den Spiess umdreht und aus dem Monopol des Logos ein solches des Mythos macht. Denn so gibt er nun auch die Möglichkeit preis, Offenbarung aus der Geschichte zu hören. Von Geschichtlichkeit ist zwar oft die Rede, doch ist der historisch-soziale Raum des Menschen nur eine «Bedingtheit», bzw. ein «Rahmen» (S. 28), «für die persönliche Glaubensexistenz – sofern sie nur echt ist – jedoch belanglos».(S. 34) Damit hat der Glaube seinen realen Bezug auf die Geschichte verloren; er läuft Gefahr, seine Dynamik zu verlieren und sich auf ein statisches *Sein-an-sich* zu richten. Die Geschichte meiner individuellen Existenz tritt an die Stelle der Weltgeschichte, die Subjektivität an die Stelle der Sozialität und Offenbarung wird eher als eine von der Geschichte unabhängige «Theophanie» denn als Geschichte selbst verstanden.[1] Die Folge solcher Loslösung der Offenbarung von der Geschichte aber sind *Individualisierung* und *Privatisierung*.

So sagt Halbfas vom Mythos, er richte sich «strikt an den einzelnen» (S. 197), er «stiftet, indem er proklamiert, was den einzelnen unausweichlich betrifft, ein subjektives Verhältnis des einzelnen zum letztgültigen Seinsgrund seiner Existenz» (S. 198). «Offenbarung gibt also nur insofern ein Wissen, als sie Bedeutung und Anspruch der Wirklichkeit am einzelnen Menschen für je seine Existenz erkennen lässt.» (S. 221) Typisch für diese Individualisierung ist ferner ihre begriffliche Nähe zum Idealismus Schelling'scher Prägung, der sich auch bereits in «Jugend und Kirche» zeigen lässt.[2]

Mallinckrodt weist endlich auf das für die Hermeneutik bedeutsame Theorie-Praxis-Problem hin. Obwohl sich Halbfas gegen ein blosses Durchnehmen und begrifflich-rationales Explizieren biblischer Texte wendet (S. 268), lässt der hermeneutische Ansatz bei näherem Zusehen zu wenig Raum für die Praxis. Denn der eigentliche hermeneutische Vorgang wird ja als «Sprachgeschehen» bezeichnet und nicht als praktisches Handeln im Raum der Geschichte betrachtet.

---

[1] Vgl. dazu J. Moltmann: Theologie der Hoffnung, München 1966, S. 161

[2] Vgl. oben Kapitel 3.4. In der Rede vom «Seinsgrund» ebenso wie in der Begrifflichkeit der «Idee» (S. 76), «der Tiefe» (S. 93) und des «Sinngrunds» (S. 219) gebraucht Halbfas Schellings Vokabular. Mallinckrodt vermutet hier einen Einfluss Tillichs. Ich meine dagegen, Halbfas sei von Anfang an deutlich idealistisch geprägt, da sich seine Wirklichkeitserschliessung schon im Handbuch eher mit Theoria, «Schau», «Perspektive» als mit Praxis beschreiben liess.

In dieser kritischen Wertung sind mit der Betonung der *Theorie*, dem *Mangel an politisch-gesellschaftlicher Relevanz* und dem Hang zu romantisierendem *Irrationalismus* verbunden mit einem deutlichen *Kulturpessimismus* Eigenschaften von Halbfas' religionsdidaktischem Konzept genannt, die sich als Konstanten in seiner Entwicklung schon in früheren Arbeiten zeigten.[1]

Andererseits haben wir mit der «Fundamentalkatechetik» den vorläufigen Abschluss einer in sich konsistenten systematisch-theologischen Entwicklung vor uns, die sich seit dem «Handbuch der Jugendseelsorge» verfolgen liess. Sie lässt sich positiv auf folgende Begriffe bringen: Überwindung eines supranaturalistischen Stockwerkdenkens, in der Bestimmung von Natur und Gnade, das Verständnis des Wortes Gottes als Anrede, die Abkehr vom scholastischen Systemdenken zugunsten einer existentialen Realisation und schliesslich – als Summe – das Ringen um eine *Einheit der Wirklichkeit*. Denn so wie uns in der Erweiterung des Religionsbegriffs eine universale Kategorie der Wirklichkeit begegnet, ist die Rezeption von Gadamers Hermeneutik der Versuch, eine universale Kategorie des Verstehens zu gewinnen, welche auch die religiöse Dimension der Wirklichkeit kompetent zu deuten vermag.

Zwei Fragen waren im Anschluss an die Publikation der «Fundamentalkatechetik» besonders strittig: War das von Halbfas vorgelegte Verständnis von Offenbarung theologisch vertretbar? Und welchen Platz nahm die *Christologie*, insbesondere die *Soteriologie* in seinem Entwurf ein? Ich wende mich daher im letzten Abschnitt dieses Kapitels dieser zentralen Frage zu.

5.5 DER MYTHOS ALS KATEGORIE DER OFFENBARUNG IN DER WIRKLICHKEIT

Mit seiner Konzeption der existentialen Hermeneutik möchte Halbfas also insbesondere eine universale Voraussetzung für die Auslegung der religiösen Dimension aller Wirklichkeit schaffen. Hier schliesst der umfassende, hermeneutische Verstehensbegriff an die eingangs erläuterte weite Bedeutung von Religion an. Wo immer Wirklichkeit in ihrer Wahrheit und

---

[1] In «Aufklärung und Widerstand» geht Halbfas auf Mallinckrodts Kritik ein; er gibt ihm recht und macht ausdrücklich darauf aufmerksam, dass bei der Abfassung der «Fundamentalkatechetik» die unpolitische Konsequenz in der Hermeneutik Gadamers noch zu wenig klar war. Vgl. Aufklärung und Widerstand, S. 18, Anm. 1

Bedeutsamkeit für den Menschen zur Sprache kommt, wo sich die Wirklichkeit selbst sprachlich mitteilt, ihre Tiefendimension erschliesst und ihren Anspruch an den Menschen erfahrbar macht, haben wir es mit einem spezifisch religiösen Vorgang zu tun: Der Mensch wird mit dem konfrontiert, was ihn «unbedingt angeht». Vermittelt wird diese Erfahrung durch den *Mythos*.

Der in der «Fundamentalkatechetik» vorgelegte Mythos-Begriff steht im Zentrum eines konsequent vereinheitlichten Offenbarungskonzeptes, nachdem im «Religionsunterricht» noch durchaus widersprüchliche Aussagen über das Verhältnis von Mythos und Wahrheit auszumachen sind.[1]

Ich habe einleitend die These vertreten, dass Halbfas' religionspädagogische Entwicklung von seinem Erstlingswerk her bis zur «Fundamentalkatechetik» nachvollziehbar und kontinuierlich verläuft. Das meine ich insbesondere auch von seiner Theologie behaupten zu können. Die jeweiligen theologischen Denkmodelle lassen sich nämlich durchaus gegenseitig interpretieren, wobei gleichzeitig die entwicklungsbedingten Differenzen sichtbar werden, welche ihrerseits auf differente hermeneutische Rahmenbedingungen zurückzuführen sind.

Ich gehe nochmals von den materialkerygmatischen Begriffen *Theozentrik* und *Christozentrik* aus, die Halbfas im Handbuch im Anschluss an Jungmann verwendet.[2] Theozentrik bedeutet bei Jungmann «die Gesamtorientierung des menschlichen Lebens» und lässt sich im Handbuch weiter als «Ordnungsbild vom Weltganzen» interpretieren, in dem der Mensch

---

[1] So kann er auf S. 65 davon sprechen, dass «die Dimension des Mythos oder der Legende ... Träger und Mittler der Wahrheit, des Anspruches Gottes (sind), der auch auf solche Weise seine Treue zu Gehör bringt.» Andererseits findet sich auf S. 141 die Aussage, dass das «unaussagbare Geheimnis Gottes ... alle mythologischen Chiffren und Vorstellungsformen sprengt.»

[2] «Der Weg des Heils ist nun der Weg zu Gott, und zwar der Weg, den wir im Anschluss an Christus gehen sollen. Darum werden es immer zwei Gedanken sein, auf die wir zurückkommen: Gott und Christus, Theozentrik und Christozentrik. Die beiden Begriffe gehören eng zusammen, dürfen aber nicht miteinander vermengt werden. *Theozentrik meint die Gesamtorientierung unseres Menschenlebens; sie ist schon mit der Schöpfung gegeben und bleibt auch im Christentum das Grundgesetz, Christozentrik aber bezieht sich auf die Darstellung der Lehren, Einrichtungen und Hilfsmittel, durch die wir in der christlichen Heilsordnung zu Gott gelangen.*» (A. Jungmann: Katechetik. Aufgabe und Methode der religiösen Unterweisung, Freiburg, 1955, S.116) Zitiert im Handbuch S. 57; Hervorhebung durch M. M.

seinen eigenen Standort richtig erkennen und ein richtiges Verhältnis zu den Bereichen des Seins und zu Gott herstellen muss.[1]

Der Begriff Christozentrik ist zu deuten als «der Weg zu Gott hin», «die Mitte der Heilsgeschichte», «der Angelpunkt christlicher Verkündigung» sowie «Ziel der Schöpfung und ihrer Geschichte».[2] Halbfas bedient sich 1960 einer anerkannten theologischen Begrifflichkeit. Ein Seelsorge-Handbuch für die kirchliche Jugendarbeit kann mit einer «Hermeneutik des vorgegebenen Einverständnisses im Glauben» rechnen.[3] Die aufgeladene theologische Begrifflichkeit deutet denn auch auf die Zustimmung aller Beteiligten zur Glaubensbotschaft der Kirche hin.

In der Untersuchung «Jugend und Kirche» wird deutlich, dass Halbfas nicht mehr die gleiche theologische Sprache spricht wie zuvor; und doch war es möglich immanente theologische Denkmodelle strukturell auf das vorausgehende Werk zu beziehen. Die Entwicklung des Jugendlichen kann hier als «Menschwerdung» und «Selbstverwirklichung» gedeutet werden. Mit Hilfe des geistig-ideellen Denkens erfährt er Wirklichkeit und lernt die Ordnung der Dinge zu verstehen. Dies geschieht vermittelt durch ihre *Bilder*[4]. Das theologische Theorem *Theozentrik* als eines Ordnungsbildes vom Weltganzen ist hier in den Begriff *Wirklichkeit* überführt worden, vor der sich der junge Mensch zu verantworten hat. Das Theorem *Christozentrik* als *vermittelnder Heilsweg* findet sich strukturell wieder in den *Bildern der Dinge*.

Die aufwändige und in sich spannungsvolle Vermittlungskonzeption im «Religionsunterricht» deutet, wenn ich es richtig sehe, auf einen nächsten Entwicklungsschritt in Halbfas' Denken hin, der aber dann erst in der «Fundamentalkatechetik» deutlicher fassbar wird. Im gleichen Mass nämlich wie Halbfas die Einheit der Wirklichkeit gefährdet sieht, wird ihm die kategoriale Unterscheidung der Wahrheit, theologisch konkretisiert in der Lehre von der natürlichen und übernatürlichen Offenbarung zum Problem. Im Blick auf die Jungmann'schen Begriffe *Theozentrik* und *Christozentrik* stellt sich die theologische Aufgabe, die beiden Seinsbereiche nicht durch ein irgendwie geartetes Gegen- oder Übereinander voneinander abzusetzen, sondern einen Weg zu finden, sie ineinander überzuführen. Kampmanns *theozentrische Überführung* geht prinzipell davon aus, dass

---

[1] Vgl. H. Halbfas: Handbuch S. 160
[2] A.a.O.
[3] Vgl. K. E. Nipkow: Grundfragen der didaktischen Textvermittlung, in: Handbuch der Bibelarbeit S. 246
[4] Vgl. oben Kapitel 3.4

die *Persontiefe des Menschen* und *die Geheimnistiefe des Seins* korrelieren. Freilich unterscheidet er in der Wortverkündigung gewissermassen eine *christozentrische Überführung* als *übernatürliche* Offenbarung. Ich meine behaupten zu dürfen, dass Halbfas genau dieser Unterscheidung wegen, die er überwinden möchte, an der oben besprochenen Stelle nicht auf den ganzen Entwurf seines Lehrers eingeht.[1] Dafür spricht er im Zusammenhang mit der anthropologisch akzentuierten Weitung des Religionsbegiffs, Bezug nehmend auf K. Rahners Gedanke des *übernatürlichen Existentials*, vom nicht aussagbaren Geheimnis im Geist des Menschen als einem Uraspekt der totalen Wirklichkeit. Damit hat Halbfas wesentliche Bausteine seiner Vermittlungsslösung, wie er sie in der «Fundamentalkatechetik» vorschlägt, vorbereitet.

In der «Fundamentalkatechetik» begegnet dem zeitgenössischen Leser also der einzigartige Versuch, (katholisches) Offenbarungsverständnis unter den Bedingungen einer «Hermeneutik des zu suchenden Einverständnisses» zu buchstabieren.[2] Und ich möchte es durchaus noch etwas pointierter sagen. Deutet man die «Fundamentalkatechetik» im Zusammenhang von Halbfas' theologischer Gesamtentwicklung, so geht es ihm hier letztlich um die wirklichkeitsgerechte Erfahrung und Darstellung der Person, des Werkes und der Bedeutung Jesu Christi und seines Vaters im Raum der säkularen Schule.

Die Argumentation, mit der Halbfas den Zusammenhang zwischen Offenbarung und Mythos darlegt, unterstreicht sein didaktisches Anliegen. In der Absicht, eine Didaktik wechselseitiger Erschliessung biblischer und literarischer Texte zu gewinnen, muss er die fundamentaltheologische Frage nach den Kategorien von Offenbarung klären. Leitintention ist dabei einmal mehr die Überwindung der Unterscheidung von Natur und Übernatur. Er möchte den «missverständlichen» Begriff «Übernatürlichkeit» mit Tillich ersetzen durch «den Sinngrund allen Seins, der den Horizont und die Tiefe jeder Alltagserfahrung umfängt ... » und findet von dort her auch eine Umdeutung von *Offenbarung*: «In der Situation der Offenbarung sagt dieses Geheimnis, das unser Dasein trägt – wir nennen es Gott – sein ‹Wort› in unser Leben hinein ... » . (S. 220) Die Sprache, in der das geschieht, ist mythisch. «Alle Offenbarung spricht im Mythos.» (S. 221)

---

[1] Vgl. oben Kapitel 4.2.2
[2] Vgl. K. E. Nipkow: Grundfragen der didaktischen Textvermittlung, in: Handbuch der Bibelarbeit, S. 247

Der Begriff wird in folgender Hinsicht näher qualifiziert:
1) Halbfas möchte den Mythos «als eine legitime, den Logos komplementär ergänzende Betrachtungsweise der Wirklichkeit verstanden» wissen. (S. 253)
2) Der Mythos vermittelt keine objektiven Wahrheiten, keine wissenschaftlichen oder historischen Fakten, auch keine Wirklichkeit an sich. Vielmehr gibt die Aussageweise des Mythos Anteil an der Wahrheit der Wirklichkeit.
3) Die Frage nach dem *Inhalt* religiöser Wirklichkeit wird damit entscheidend relativiert. Das Wie des Sprechens wird mitbestimmend für den religiösen Inhalt der Offenbarung. «Inhalt der religiösen Rede ist Gott, aber nicht diese Vokabel ... teilt ihn mit, sondern nur die Sprache des Mitmenschen, die Leben erschliesst. Der Ort der religiösen Mitteilung ist das Leben.» (S. 199)
4) Das mythische Weltbild ... muss in seiner zeitbedingten Relativität vorgestellt, ... d.h. in ihrer Gegenständlichkeit als ungegenständliche, über sich hinausweisende Chiffre aufgezeigt werden.
5) «... aber verboten ist prinzipiell jede Entmythologisierung.» (S. 252) Denn mit K. Jaspers ist Halbfas der Meinung, dass der Mythos ein Bedeutungsträger sei, der nur in dieser seiner Gestalt Wahrheit aufbewahre. (S. 253)

Mit diesem Mythosverständnis steht und fällt, was Halbfas zum Thema «religiöse Mitteilung» und «Offenbarung» entfaltet. «Überall, wo sich dem Menschen im Mythos das Dasein eröffnet, steht er vor dem in aller Wirklichkeit sich offenbarenden Gott.» (S. 224) Von hier aus formuliert Halbfas seine von der Deutschen Bischofskonferenz beanstandeten Offenbarungsthesen, die im Kern die kategoriale Ununterscheidbarkeit der Offenbarungsinhalte behaupten. (S. 221ff.) Wie die Ergebnisse der wissenschaftlichen Disputation aber belegen[1], geht es Halbfas dabei grundsätzlich um die fundamentaltheologische Einsicht, dass sich Offenbarung immer unter den Bedingungen von Raum und Zeit für einen bestimmten Menschen ereignet und dass sie in diesem Sinn kein quantitatives Mehr an Wissen vermittelt, sondern eine unterschiedlich «verdichtete» Qualität des Lebens. Er anerkennt denn auch ausdrücklich die «fides quae creditur» der Kirche, die Glaubensinhalte, die die Kirche in ihrem Bekenntnis aufbewahrt.[2]

Im Brennpunkt dieser Metapher von der Verdichtung steht theologisch nun die Christologie. Denn «in Jesus wird in grösserer Dichte als ... je zuvor oder danach Gott in diese Welt hinein angesagt und zugesagt.» (S. 223) An dieser Stelle der Überlegungen befindet sich wohl der kritische

---

[1] Vgl. oben Kapitel 5.2.4
[2] Vgl. oben Kapitel 2.1.2

Punkt, an dem sich entscheidet, ob die bisherigen philosophischen Argumentationen nun auch ins Theologische hinein verlängert oder auch von dort her ergänzt werden können. Halbfas greift zu diesem Zweck auf die Theologie Karl Rahners zurück:

> «In ihrer ganzen Geschichte sucht die Menschheit dieses Menschsein in Gott; darum gehören alle Menschen aller Zeiten in Jesus Christus Gott an, die in Gehorsam gegen ihr Gewissen stehen, weil sie darin Christus als ‹das entscheidende Existential› ihres Daseins unbewusst, transzendental und ungegenständlich schon leben. Gott und Christi Gnade sind in allem als geheime Essenz aller wählbaren Wirklichkeit, und darum ist es nicht so leicht, nach etwas zu greifen, ohne mit Gott und Christus (so oder so) zu tun zu bekommen. Wer darum (auch noch so fern von jeder Offenbarung expliziter Wortformulierung) sein Dasein, also seine Menschheit, annimmt ..., der sagt, auch wenn er es nicht weiss, zu Christus Ja.» (S. 224)[1]

Karl Rahners Entwurf einer transzendental-anthropologischen Theologie, in deren Rahmen er seine «anthropologische Kehre» entfaltet, basiert auf der traditionellen, scholastisch geprägten Gottesvorstellung; er konfrontiert diese mit dem Selbstverständnis des Gegenwartsmenschen, wodurch beide Seiten modifiziert werden. *Anthropozentrik* und *Theozentrik* werden so zu Spannungspolen einer Theologie, die sich als wesenhaft doppelgerichtet versteht: ihr Denken geht gleichermassen von der Existenzerfahrung des Menschen zu Gott und von ihm her auf den Menschen zu.

Rahner geht von der ergangenen, geglaubten, vernommenen, angenommenen Offenbarung Gottes aus, wie sie im Wort der Schrift aufbewahrt ist und wie sie der Glaubenssinn im einzelnen glaubenden Menschen und in der Glaubensgemeinschaft auslegt. Sie ist Gotteswort im Menschenwort. Sein weiterer Denkweg wird üblicherweise als die transzendentaltheologische Methode bezeichnet. Sorgsam beschreibt er die konstitutiven Kräfte des Menschen, Erkenntnis und Willen, Vernunft und Freiheit. Im Bedenken dieser Fähigkeiten möchte er die Bedingungen der Möglichkeit des Menschen ergründen, eine Selbstoffenbarung Gottes zu erkennen. Die Grundlage dafür entfaltet er in dem Buch «Hörer des Wortes».[2]

---

[1] Halbfas zitiert hauptsächlich aus: K. Rahner: Zur Theologie der Menschwerdung, in: Schriften IV, S. 154
[2] K. Rahner: Hörer des Wortes, München 1963

Bei der Analyse dieser Bedingungen beschreibt er den Menschen in seiner Geistbegabung als ein zur Transzendenz hin offenes Wesen, welches sich einem es umgebenden und seine Erkenntnis ermöglichenden unendlichen Horizont gegenüber sieht, der vor ihm nicht in immer grössere Ferne ausweicht, sondern ihm nahe kommt und sich ihm erschliesst, nicht leere Transzendenz bleibt, sondern sich ihm zu erkennen gibt als das heilige namenlose Geheimnis Gottes. Etwas im Menschen, sagt Rahner in diesem Zusammenhang, muss fähig sein, dieses Geheimnis zu fassen, ohne es zu begreifen, denn kein Erkennen kann geschehen, ohne dass im Erkennenden etwas Verwandtes zum Erkannten existierte. Dieses Verwandte nennt Rahner «*übernatürliches Existential*», eine Anlage, die als Angebot des sich nahenden Gottes verstanden werden kann und die der Einwirkung des sich selber erschliessenden Gottes offen steht. Dieses «übernatürliche Existential» ist für Rahner jener Ort, an dem sich die menschliche Freiheit und die Gnade Gottes begegnen, wobei von aussen her nur gesagt werden kann, dass die Gnade Gottes die menschliche Freiheit nicht überwältigt, sondern zu sich selber befreit, so dass mit der Nähe Gottes auch die menschliche Freiheit wächst. Geheimnisvoll und rätselhaft bleibt jedoch, inwiefern ein Mensch dieser gnädigen Nähe Gottes Widerstand leisten und sie abweisen könnte, eine Möglichkeit, die mindestens theoretisch offen gehalten werden muss, wenn der Begriff «Freiheit» seinen Sinn noch behalten soll. Diese Einsicht kann Rahner freilich nur paradox ausdrücken: «Diese Selbstmitteilung (Gottes) bedeutet gerade jene Objektivität der Gabe und der Mitteilung, die der Höhepunkt der Subjektivität auf Seiten des Mitteilenden und des Empfangenden ist.»[1]

In der Verlängerung dieser anthropologisch gewendeten Theologie der Gnade entwirft Rahner eine in dieser Gnadenordnung gegründete Einheit aller Menschen, Christen wie Nichtchristen, unter denen er auch «*anonyme Christen*» ausmacht: «Wir haben alles Recht anzunehmen, dass die Gnade nicht nur auch ausserhalb der christlichen Kirche angeboten ist ... , sondern auch wenigstens weithin zu einem Sieg in der von ihr selbst erwirkten freien Annahme durch die Menschen kommt.»[2] Weiter folgert er: «Es wäre falsch, den Heiden

---

[1] Vgl. K. Rahner: Grundkurs des Glaubens, Freiburg 1976, S. 124; vgl. hierzu auch H. Vorgrimmler: Theologische Positionen Karl Rahners im Blick auf Hans Urs von Balthasar, Vortrag gehalten in der Karl Rahner Akademie Köln am 12. 1. 2000, dort zu beziehen; ebenso W. W. Müller: Das Symbol in der dogmatischen Theologie, S. 67f.; zu den Di- und Konvergenzen zwischen Rahner und Halbfas siehe bei: L. Zinke: Offenbarung und Wirklichkeit, in: Existentiale Hermeneutik, S. 29

[2] Vgl. K. Rahner: Das Christentum und die nichtchristlichen Religionen, in: Schriften zur Theologie Bd. V, S. 146, Einsiedeln 1962

zu sehen als einen Menschen, der bisher in keiner Weise von der Gnade und Wahrheit Gottes berührt war.» Und wenn es wahr ist, «dass dieses Heil, das ihn so erreicht, das Heil Christi ist, weil es ein anderes Heil nicht gibt, dann muss man nicht nur ein anonymer Theist, sondern auch ein anonymer Christ sein können. Und dann ist eben wahr, dass die Verkündigung des Evangeliums im letzten Verstand nicht einen absolut von Gott und Christus Verlassenen zu einem Christen, sondern einen anonymen Christen zu einem Menschen macht, der um dieses sein Christentum in der Tiefe seines begnadeten Wesens nun auch gegenständlich reflex und in einem gesellschaftlich verfassten Bekenntnis, in Kirche, weiss.»[1]

Die besondere Herausforderung, die sich Halbfas in seinem einheitlichen Wirklichkeitsentwurf stellt, ist es ja, die «Unterscheidung des Christlichen»[2] so in sein Konzept einzubauen, dass die Einheit der Wirklichkeit dabei nicht wieder in zwei Bereiche zerfällt. Das scheint mit Rahners Theologie der Gnade zu gelingen. Obwohl Rahner und Halbfas von völlig verschiedenen Seiten an das Problem herangehen und es in je eigenständiger Denkweise behandeln, stimmen sie in ihren Vorstellungen von der universalen, existentiell-religiösen Verfasstheit des Menschen weitgehend überein. Auch ihre Beurteilung der religiösen Situation der Menschheit sowie der Heilsbedeutung aller Religionen der Erde ist nahezu gleich. So kann sich Halbfas bei seiner Beschreibung der religiösen Dimension der Wirklichkeit mit guten Gründen auf Rahners Arbeiten berufen. Allerdings verfährt er mit ihnen ähnlich wie mit denen Tillichs: Er rezipiert sie nur selektiv, soweit sie eben seine eigene Konzeption zu stützen vermögen. Dabei kommen wesentliche Elemente des Rahner'schen Denkens nicht zur Geltung: Einmal die gleichermassen christologische wie anthropologische Grundstruktur seiner Theologie. Wo immer Rahner von Offenbarung und Heilsgeschichte, von Religion und Glauben oder auch von wissenschaftlicher Theologie spricht, kreisen seine Gedanken um die in Christus zentrierte Wirklichkeit und ihre Erfahrbarkeit im Selbstverständnis des Gegenwartsmenschen. Zweitens ist diese Christologie bei Rahner integriert in einer differenzierten Trinitätstheologie.[3]

Beachtet man, wie wichtig Halbfas die einheitliche Wirklichkeitskategorie ist, die er quasi absolut setzt, wird seine Schwierigkeit ersichtlich

---

[1] A.a.O. S. 154
[2] Vgl. R. Guardini: Die Unterscheidung des Christlichen, gesammelte Studien 1923-1963, Mainz 1963
[3] Vgl. H. Vorgrimmler: A.a.O.

eine theologisch angemessene Christologie zu integrieren. So kommen Entwürfe wie beispielsweise derjenige von Romano Guardini, den er zwar auch zitiert, offenbar nicht in Frage.[1] Halbfas' Entwurf, so will mir scheinen, ist ähnlich einem Vexierbild strukturiert: Die Interpretation, die sich einem sofort aufdrängt ist die philosophisch-hermeneutische. Doch schaut man lange genug hin, so lässt sich auch eine theologisch-christologische *Unterscheidung* erkennen. Halbfas schreibt ja: «Darum sollte man den Mythos nicht im Gegenüber zu Offenbarung sehen, sondern innerhalb des Mythos selbst *Offenbarung für uns* (Hervorhebung im Orginal) von sonstigen mythischen Sageweisen unterscheiden, in denen sich Offenbarung für andere Menschen ausspricht.» (S. 224) Sollte es von hier aus nicht möglich sein, das Geheimnis Jesu Christi von «sonstigen mythischen Sageweisen» zu «unterscheiden». Weitet man die Perspektive auf Halbfas' theologischen Weg vom Anfang her, so entbirgt sich möglicherweise unversehens das materialkerygmatische Theorem der Christozentrik, welches sich – mehrfach umgeformt – im Mythos aufgehoben hat: *Jesus Christus als Mittel- und Zielpunkt allen Schöpfungs- und Offenbarungsgeschehens, Christus, das bis zur Vollendung sich fortsetzende Heilswirken Gottes, die Imitatio Christi als mystischer Weg der Nachfolge, Christus, die Bedingung der Möglichkeit menschlicher Gotteserkenntnis.*

Damit wird weder eine «christliche Sonderwirklichkeit» eingeführt noch «der Totalität unseres Wissens über die Subjekt-Objekt-Struktur der Wirklichkeit etwas hinzugefügt» (S. 221). Aber die Wirklichkeit wird verwandelt; sie gerät in eine neue Beziehung zur Mitte ihres Seins und ihres Ziels: Jesus Christus.

Zugegeben, um dieses «gekippte Bild» zu sehen, muss man den Deutungsrahmen der «Fundamentalkatechetik» zu einem Gesamtblick über Halbfas' Werk weiten, doch mir scheint, in solchem Weitwinkel liesse sich von der «Christozentrik» des «Handbuchs» über den Mythos hier bis zum Symbol im «Dritten Auge» eine christologische Dimension ausmachen, die zwar aus evangelischer Perspektive sicher ergänzungsbedürftig erscheint,

---

[1] Es gibt im Denken Guardinis einen Punkt des plötzlichen Umschlags, wo Gott handelt und zwar ganz anders als der Mensch. Der Umschlag ändert die Fortsetzung unserer Erwartungen und Gewohnheiten. Zwar entfremdet der Umschlag uns nicht von den natürlichen und weltlichen Dingen, was Guardinis Denken von jeder dialektischen Theologie unterscheidet, die er stets bekämpfte. Vielmehr lässt der Umschlag das bisher Erfahrene und Bekannte in seiner wahren Tiefe aufleuchten. Trotzdem mochte sich Halbfas offenbar nicht auf Guardini berufen.

die aber im Rahmen von Halbfas' theologischem Denken ihren ganz eigenständigen Platz einnimmt.

Halbfas skizziert sie an einer anderer Stelle folgendermassen:

> «Wenn der Mensch mit letztem Ernst seiner jeweiligen Stunde gehorcht, erfährt er sich nicht nur gefordert, sondern kommt er auch in die Wirklichkeit des ihn Fordernden, die wir in Übereinstimmung mit der Tradition ‹Gott› nennen. Das ‹Wort Gottes›, das den Menschen in seine volle Wahrheit stellt, erkennen wir (als Christen) unüberbietbar deutlich in Jesus. Der Christ realisiert seine Berufung, wenn er die Existenzform Jesu findet, das heisst, Jesus als das ihn fordernde Wort Gottes anerkennt. Jeder, der sein Leben an der Wahrheit Jesu misst, um in dieser Wahrheit selbst wahr zu werden, lebt in Jesus, dem Wort Gottes. Das ist auch dann so, wenn er diese Termini nicht kennt oder sie als Interpretamente seiner letzten Entscheidung ablehnt. Denn hier sind Titel und Namen nicht wesentlich.»[1]

Wenn sich Halbfas hier zuletzt auf Rahners Lehre von den «anonymen Christen» beruft, deutet er an, dass er auch soteriologisch eine eigenständige Position einnimmt. Mit Rahner gegen H. U. von Balthasar sieht er die Erlösung letztlich im Heilswillen Gottes und nicht in Christus begründet; er vertritt damit eine «proportionale Abwertung der Erlösungstheologie durch das Kreuz». In Rahners Perspektivenwechsel «der neu verstandenen Begnadung aller Menschen» sieht er eine Freisetzung «zu einer Solidarität mit Andersdenkenden und Andersglaubenden. Endlich – wohl eine der wichtigsten Einsichten in Halbfas' christologisch-soteriologisches Denken – ereignet sich das entscheidende Moment, *die Umkehr oder Bekehrung*, nicht angesichts des Kreuzes «sola fide», allein aus Glauben, sondern im Verhältnis zum Nächsten, in der «Ver-antwortung» vor dem «An-spruch» der Welt, im Entweder-Oder zwischen Egoismus und Liebe.[2]

---

[1] Vgl. H. Halbfas: Das Wort und die Worte; in: Via Indirekta, Paderborn 1969, S. 111

[2] Die zentrale Stellungnahme zur Soteriologie findet sich in Anm. 3, S. 224: «Urs von Balthasar sieht deutlich, dass hier eine Theologia Crucis als Mitte christologischer Soteriologie fehlt, denn eine Lehre vom anonymen Christentum samt ihrem von Rahner betonten evolutiven Hintergrund, bedingt eine hierzu proportionale Abwertung der Erlösungstheologie durch das Kreuz, ‹denn nach dem Gehörten verdankt sich der erlöste Mensch ja nicht eigentlich Christus, sondern dem ewigen Heilswillen Gottes.› (vgl. H. U. v. Balthasar: Cordula oder der Ernstfall, Einsiedeln 1967, S. 91) Wir glauben, dass dieser Perspektivenwechsel Konsequenz der neu verstandenen Begnadung aller Menschen (inner- und ausserhalb der Religionen) ist und bedauern ihn nicht,

Aus dieser theologischen Perspektive eröffnet sich auch noch einmal ein Einblick in die wesentlichen Intentionen von Halbfas' Konzept. Gadamers Hermeneutik hat ihm den Deutungsrahmen gegeben, in dem der Verstehensprozess als ein In-Beziehung-treten des Menschen mit der Welt begriffen wird. In dieser Begegnung macht der Mensch eine Wirklichkeitserfahrung, die ihrem Wesen nach sprachlich strukturiert ist, die sich also in *Anspruch* und *Verantwortung* vollzieht. Wirklichkeit wiederum versteht Halbfas, wie wir gesehen haben, mit Tillich in ihrem Wesen religiös erfahrbar, nämlich immer dort, wo sie in ihrer Wahrheit und Bedeutsamkeit für den Menschen zur Sprache kommt, wo sie selbst sich sprachlich mitteilt, ihre Tiefendimension erschliesst und so ihren Anspruch an den Menschen erfahrbar macht. Wenn sich also von Gadamer her «verstehen» und «erfahren» gegenseitig auslegen und «Wirklichkeit» mit Tillich immer auch religiös strukturiert ist, so kann Halbfas vom «Verstehen der Welt» sprechen und damit durchaus eine «religiöse Erfahrung» meinen. Mehr noch: Mit Rahner kann Halbfas diese religiöse Erfahrung nun auch spezifisch christlich interpretieren. Denn wenn man in Tillichs «Tiefe» die Umrisse von Rahners «übernatürlichem Existential» sieht, so begegnet der Mensch, dessen Würde die Freiheit ist, seinem Gott, der sich in Gnade verschenkt, und aus einer *religiösen Erfahrung* kann eine *Gottesbegegnung* werden. «Die Unterscheidung des Christlichen» obliegt, wenn ich Halbfas recht verstehe, nicht einem religionspädagogischen Konzept, wie dogmatisch ausgewogen es auch immer sein mag, sondern geschieht unverfügbar dort, wo der Mensch im Anspruch der Welt den Anspruch Gottes vernimmt und sich für den Weg der Liebe entscheidet; als vorweg Begnadeter kann er gerade darin seine Freiheit erweisen, indem er sich ethisch verantwortet. Damit dürfte schliesslich deutlich geworden sein, dass Halbfas' didaktisches Grundprinzip, das «Verstehen von Religion» anzubahnen, auf der einen Seite die nötige Weite enthält, die Halbfas mit seinem Entwurf intendierte, dass es aber sehr wohl auch spezifisch christlich interpretierbar ist.

---

denn er setzt uns frei zu einer Solidarität mit dem Andersdenkenden und Andersglaubenden, die wir als die grosse Gnade und Möglichkeit der heutigen Weltstunde verstehen ... Wenn Balthasar freilich den Perspektivenwechsel der Theologie, zumal Rahners Lehre vom anonymen Christentum ... an den Ernstfall bindet und die Konsequenz der Rahner'schen Theologie darin sieht, dass die Entscheidung dann gar nicht angesichts des Kreuzes Christi fiele ..., wo eine sola fides von mir verlangt wird, sondern dort fiele, wo sie für jeden Menschen fällt: im Verhältnis zum Nächsten, im Entweder-Oder zwischen Egoismus und Liebe, dann können wir diese Konsequenz nicht mit Balthasar beklagen, sondern nur dankbar annehmen.»

6 Wege zur Mitte

«Im Grunde geht es in der heutigen Religionspädagogik insgesamt darum, ein breites Niveau jener zweiten Unmittelbarkeit zu gewinnen; nur das sichert den Heranwachsenden reife Gesprächspartner, Lehrerinnen, Lehrer und Pfarrer, die ihren Glaubensfragen nicht allein aus theologischem Wissen, sondern, was ebenso wichtig ist, aus einem den jungen Leuten verbundenen Lebensgefühl begegnen können.»

6.1 DIE ERWEITERUNG DER EXISTENTIALEN HERMENEUTIK DURCH DIE «POLITISCHE DIMENSION» – HALBFAS DIDAKTISCHER WEG VOR DER RELIGIONS-PÄDAGOGISCHEN SITUATION DER FRÜHEN SIEBZIGERJAHRE

Das Jahr 1970 darf mit K. Wegenast[1] als das Ende der Nachkriegszeit mit ihrem weitgehend unproblematisch empfundenen Einvernehmen zwischen Kirche und staatlichem Schulwesen bezeichnet werden. Besonders der Religionsunterricht an den öffentlichen Schulen der Bundesrepublik Deutschland gerät in einen Begründungsnotstand, da der soziale Relevanzverlust christlicher Deutungskategorien im gesellschaftlichen Leben jetzt auch für das allgemeine Bewusstsein evident zu werden beginnt. Massenaustritte von Schülern, besonders der weiterführenden Schulen, und harte Angriffe auf die Inhalte, Methoden und Ziele religiöser Erziehung in Schule und Kirche, vor allem aber auf die rechtliche Konstituierung des Faches Religionsunterricht als ordentliches Lehrfach an allen Schulen sind nun an der Tagesordnung. Die Situation spitzt sich noch durch das politische Klima zu: Schüler- und Studentenbewegung melden lauten Protest gegen alle überlieferten Autoritäten und Institutionen an und fordern die Abschaffung des Religionsunterrichts, weil jede Form religiöser Erziehung im Grunde ja doch nur ein Werkzeug der Systemstabilisierung und Unterdrückung sei.

Eine weitere Angriffswelle gegen das ordentliche Lehrfach Religionsunterricht rollte von der Seite einer sich kritisch wähnenden Erziehungswissenschaft heran. War denn der Religionsunterricht nicht im Grunde eine funktionslose Anhäufung von überholtem Stoff? Die Religionspädagogik sah sich somit bis in ihre Fundamente in Frage gestellt. Eine gründliche Reform religiöser Erziehung schien nötig, der Dialog zwischen Theologie

---

[1] Vgl. K. Wegenast: Religionspädagogik zwischen 1970 und 1980, in: Theologische Literaturzeitung 106, 1981, Nr .3, Sp. 147f.

und Erziehungswissenschaften musste wieder in Gang gesetzt, die Relevanz des Christlichen für das gesellschaftliche Leben wieder überzeugender als bisher ins Spiel gebracht werden, wollte man den Religionsunterricht für die Schule retten und die verunsicherten Religionslehrer ermutigen.

Die wissenschaftlichen Reaktionen auf diese Herausforderungen waren vielfältig, lassen sich aber aufs Ganze gesehen mit einigen Hauptlinien benennen:
- Die Religionspädagogik begann den Ist-Zustand der religiösen Erziehung mit Hilfe humanwissenschaftlicher Methoden zu erheben.
- Humanwissenschaftliche Methoden wurden ausserdem in Dienst genommen, um die religiöse Entwicklung des Menschen besser verstehen zu lernen. Man spricht hier von einer «empirischen Wende».
- Wie im letzten Kapitel dargelegt, wurde der jahrzehntelang verpönte Religionsbegriff wieder in die religionspädagogische Theorie und Praxis integriert; intendiert war dabei eine Neulegitimation des Religionsunterrichts jenseits der Konfessionen.
- Gegenstand intensiver Bemühungen war im weiteren die Rezeption der erziehungswissenschaftlichen Curriculumtheorie in die Religionspädagogik mit dem Ziel, die herkömmlichen Lehrpläne zu entrümpeln und die Lebensrelevanz des Christlichen wieder begründet zu verantworten.
- Schliesslich wurde auch das innertheologische Gespräch mit der systematischen Theologie intensiviert und neuere theologische Entwürfe wie beispielsweise die Politische Theologie für die religionspädagogische Theoriebildung fruchtbar gemacht.

Konzeptionell reagierte die Religionspädagogik durch eine sukzessive Erweiterung der hermeneutischen Aufgabe. Während Halbfas in der «Fundamentalkatechetik», wie wir gesehen haben, den biblisch-hermeneutischen Rahmen durch den Einbezug der Religionen und der Dichtung überschritt, versuchten gleichzeitige Bemühungen in der evangelischen Religionspädagogik die Lebensfragen der Gegenwart stärker in die hermeneutischen Bemühungen einzubeziehen.

So verschränkt Karl Ernst Nipkow 1971 die Auslegung der Bibel mit einem «Unterricht über das Christsein und Menschsein in der Gegenwart».[1] Er behält also die traditionserschliessende Struktur des Hermeneutischen Unterrichts bei,

---

[1] Vgl. K. E. Nipkow: Christlicher Glaubensunterricht in der Säkularität. Die zwei didaktischen Grundtypen des evangelischen Religionsunterrichts, in: Schule und Religionsunterricht im Wandel, Heidelberg 1971, S. 252

fordert aber eine stärkere Berücksichtigung der Lernbedingungen und Interessen der Schülerinnen und Schüler, die Möglichkeiten zur Mitbestimmung bei der Planung und Durchführung des Unterrichts erhalten sollen. Durch das komplementäre Beieinander beider Unterrichtstypen können die Aussagen der Bibel stärker im Kontext der Lebensthematik der gegenwärtigen Menschen und der Kirche wahrgenommen werden. Dazu ist es aber didaktisch und methodisch erforderlich, Gesamtthema und Ausgangspunkt des Unterrichts neu zu akzentuieren. Übergreifendes Thema ist «Christus in der Welt»; es ist eindeutig gegenwartsbezogen und erfordert, den Weg von der Gegenwart zur biblischen Botschaft zurückzugehen und die Alltagswelt mit ihr zu verschränken.[1] Die Welt als Ort des Glaubens wird damit Mitte des Unterrichts, nicht mehr die Auslegung des biblischen Textes. Bei Nipkow sind also die traditionserschliessende und die problemorientierte didaktische Struktur sich ergänzende Komplemente; die erste zeigt eine lehrgangsartige, die zweite eine thematisch-konzentrische Anlage des Unterrichts.[2]

Diese Komplementarität zweier didaktischer Grundtypen ist beim gemeinhin als «Vater» des problemorientierten Unterrichts bekannten H.-B. Kaufmann aufgegeben. Kaufmann erweitert zwar den Rahmen hermeneutischer Theologie durch die Forderung nach einer konkreten, situations- und gesellschaftsbezogenen Rede von Gott, aber er entschränkt ihn auch. Der Unterricht solle sich erstens an den Erfahrungen und Interessen der Lernenden und zweitens an komplexen Aufgaben und Verwendungssituationen orientieren; er ziele drittens auf eine Förderung entdeckenden, kreativen und problemlösenden Denkens und Verhaltens.[3] Von Gott, so Kaufmanns Überzeugung, lässt sich nur im Zusammenhang mit dem Ganzen der Wirklichkeit reden und so fragt er, «welche Erfahrungen, welche Medien und Verfahren», welche Themen, Texte, Gegenstände und Aufgaben ausgewählt und woraufhin diese Gegenstände ausgelegt werden müssen, damit es zu einer «doppelseitigen Erschliessung»[4] kommt.

---

[1] A.a.O. S. 257 f.
[2] A.a.O. S. 275 f.
[3] H.-B. Kaufmann: Streit um den problemorientierten Unterrichts, Frankfurt a. M. 1973, S. 40 f.; ders.: Muss die Bibel im Mittelpunkt des Religionsunterrichts stehen?, in: Nipkow/Schweitzer (Hrsg.): Religionspädagogik, S. 182-188
[4] Vgl. unten Kapitel 7.1

Die theologische Grundtendenz um 1970 verlief insgesamt von der *Dasein - bzw. Tradition auslegenden existentialen Hermeneutik* im Anschluss an Bultmann zur *Gesellschaft verändernden politischen Hermeneutik*, die u. a. Jürgen Moltmann theologisch entfaltet hatte.[1] In diesem Zusammenhang ist es besonders interessant, dass eine ganze Gruppe von Religionspädagogen, unter ihnen auch Hubertus Halbfas, sich gegen die oben genannten gesellschaftlichen Angriffe nicht verteidigten, sondern im Gegenteil der vorgebrachten Kritik weitgehend recht gaben. Seit 1970 optiert sie für *Emanzipation* als Leitbegriff für die religiöse Erziehung und benutzt beispielsweise das ideologiekritische Instrumentarium der *Kritischen Theorie* für die eigene Arbeit. Man fühlt sich dazu berechtigt, weil «das in den Evangelien verkündete Heilshandeln Jesu» ja gerade darin besteht, «dass Menschen, die in der Abhängigkeit von religiösen und gesellschaftlichen Normen stehen ... , befreit werden zur Selbstverantwortung, zur Selbstbestimmung der Normen».[2]

So formuliert Halbfas in seinem Buch «Aufklärung und Widerstand» religionsdidaktische Zielperspektiven, die im Blick auf die politische Dimension von Bildungsprozessen durchaus aktuell geblieben sind:

«1. Die Vermittlung und sprachliche Verarbeitung von Erfahrungen in den verschiedenen Gesellschafts- und Lebensbereichen:

a) Aufweis der sozialen Problemfelder unserer Gesellschaft: z.B. von Herrschaft, Macht, Hierarchie, Abhängigkeit, Besitz, Aufstieg und Ausschluss, Isolation und Integration, Konvention, Sitte, öffentlicher Meinung – sowie alle diese Konstellationen im Bezug zu individuellen Rechten und Strebungen.

b) Aufweis von Wirtschaftsformen und Berufsfeldern, ihren Zusammenhängen sowie den technologischen und ökonomischen Sachzwängen – zumal in ihrer Relevanz für Freiheit und Geltung des Individuums.

c) Aufweis der kulturellen Gegebenheiten: der Religionen, der Kunst, des Ethos und der Wissenschaften und ihrer Funktionen im gesellschaftlichen System – aber auch in ihrem Nutzen oder Schaden für die Emanzipation des Einzelnen.

---

[1] Vgl. J. Moltmann: Existenzgeschichte und Weltgeschichte, in: Evangelische Kommentare 1, 1968, S. 13; Moltmanns Anliegen kommt beispielsweise in folgendem Zitat zum Ausdruck: «Die Teilnahme an der Geschichte ist doch Teilnahme an der Geschichte der Menschheit, an politischer, sozialer und wissenschaftlich-technischer Geschichte. Diese Teilnahme aber führt weit über die Frage nach dem Sinn des eigenen Daseins hinaus.» (S. 15)

[2] S. Vierzig: Der Schüler im Religionsunterricht, in: informationen 1972, Heft 2, S. 2

2. Anleitung, wie Erfahrung reflektiert und Theorie praktiziert werden, das heisst Einübung in Methoden sachgemässer Orientierung und in die Realisation individueller wie kollektiver Fahigkeiten.
a) Ausgangspunkt ist immer die Selbstbetroffenheit des Schülers in seinen verschiedenen Lebensbereichen. Hier ist in konkreto zu zeigen, wie Systemzwänge manipulieren und welche Chancen bestehen, sich ihnen gegenüber zu behaupten.
b) Wahrnehmungskraft, Auffassungskategorien und Erfahrungsvermögen sind zu schulen; Rationalität, Originalität und Kreativität zu üben, Fähigkeiten des Umgangs mit Technik und gesellschaftlichen Instanzen sowie die Kommunikationspotenz müssen gefordert werden.
c) Entscheidend ist die Identitätsfindung des Schülers, das heisst seine Freiheit, aus der heraus er sich gegenüber allen bemächtigenden Zugriffen der Gesellschaft und Wirtschaftswelt, der Religionen, Künste und Wissenschaften behaupten kann.»[1]

Was nach der jahrzehntelangen Dominanz der *evangelischen Unterweisung* zunächst befreiend wirkte, die Preisgabe der biblischen Didaktik, war nicht unproblematisch. Was wird aus der theologischen Bearbeitung eines Themas unserer technischen Welt, wenn sich keine belegbare Analogie zu biblischen Texten finden lässt? Und was unterscheidet den Religionsunterricht noch von anderen Fächern, wenn sich jener in der Behandlung von Themen wie Arbeitslosigkeit, Mitbestimmung oder Weltarmut erschöpft? Bekommt der Unterricht so nicht den Charakter eines Supermarktes der Möglichkeiten, der in seiner Unverbindlichkeit letztlich nur immunisiert? Entsteht insgesamt nicht eine Problemmüdigkeit durch Wiederholung immer gleicher Fragen, zusätzlich verstärkt durch einen Überhang der kognitiven Dimension und ein Defizit an narrativen Elementen? Das *Problem der Probleme* aber besteht im Stellenwert, den die eigentlichen Lerninhalte in diesem Unterricht zugewiesen bekommen: Sie werden in einem Mittel-Zweck-Schema mediatisiert und dadurch funktionalisiert. Die einseitige Problemorientierung kreist um sich selber, und verfehlt daher grundsätzlich die Sache. Biblischen Texte und andere Inhalte werden so durch den modernen Kontext vergewaltigt, indem man sie moralisiert und politisiert.[2] Die genannten Probleme wurden schon früh erkannt und in einer anre-

---

[1] Vgl. Aufklärung und Widerstand, S. 13
[2] Vgl. G. Adam/R. Lachmann (Hrsg.): Religionspädagogisches Kompendium, Göttingen 1984, S. 46-49

genden und weiterführenden Diskussion von verschiedenen Seiten kritisch angemahnt.[1]

Für Hubertus Halbfas waren wohl zwei treibende Kräfte mitverantwortlich, formal und inhaltlich gesellschafts- und kirchenkritischere Töne anzuschlagen als zuvor. Zunächst muss seine persönliche Lage ziemlich aussichtslos gewesen sein[2], ausserdem lag der Ton radikaler Kritik an jeglicher Autorität quasi in der Luft, besonders an den Hochschulen. Sachlich gesehen erweitert Halbfas wie andere Religionspädagogen seiner Zeit seinen hermeneutischen Rahmen.[3] Dies bedeutet bei ihm konkret, dass die *Tradition auslegende Hermeneutik*, bereits in der «Fundamentalkatechetik» in drei Didaktiken aufgefächert, nämlich je eine Didaktik der Bibel, der Religionen und der Literatur, ergänzt wird durch eine «Auslegung des Daseins». Er möchte Unterrichtsprozesse jetzt nicht mehr bei der Bibel ansetzen, sondern bei der Alltagserfahrung der Kinder.[4] Seine oben zitierten Unterrichtsziele belegen eine Öffnung des Unterrichts für politisch-gesellschaftliche Inhalte, sie deuten vor allem aber auf eine Erweiterung des Sprachverständnisses und auf eine stärkere Betonung des Logos gegenüber dem Mythos, wenn gleich zu Beginn auf die Fähigkeit zu sprachlicher Unterscheidung gesellschaftlicher Phänomene abgehoben wird. Das sind bemerkenswerte Entwicklungen gegenüber der «Fundamentalkatechetik».

Andererseits ist auch in der problemorientierten Phase Halbfas' eigenständige Kontinuität zu betonen. Er bleibt sich in den Fundamenten treu und letztlich der existentialen Hermeneutik verpflichtet. Man beachte nur im obigen Zitat, wie er ausschliesslich auf der «Relevanz für Freiheit und Geltung des Individuums» beharrt. Nicht *Gesellschaftsveränderung* ist hier das Programm, sondern *Identitätsfindung* und *Selbstbehauptung* des Schülers gegenüber den Zugriffen der Gesellschaft. Dabei wird m. E. ein Bild der Diastase zwischen Mensch und Welt evoziert, welches doch recht

---

[1] Vgl. exemplarisch: K. Wegenast: Das Problem der Probleme, in: EvErz 24, 1972, S. 102 ff.; I. Baldermann/G. Kittel: Die Sache des Religionsunterrichts, Göttingen 1975, S. 53 ff. und 94 ff.; H. Halbfas: Das dritte Auge, S. 19-36

[2] H. Halbfas: Auf dem Weg zur zweiten Unmittelbarkeit, KBl 88 (b), S. 445

[3] Anders als J.- A. von Allmen würde ich nicht davon sprechen, dass das hermeneutische Anliegen zurücktritt, ich sehe stattdessen eine konstante existential-hermeneutische Komponente bei Halbfas auch in «Aufklärung und Widerstand». Vgl. J.-A. von Allmen: Symboltheorie, S. 177

Halbfas meint rückblickend, er habe das «hässliche» Wort «problemorientiert» in dieser Zeit gemieden. Vgl. dazu «Das dritte Auge» S. 19

[4] Vgl. H. Halbfas: Aufklärung und Widerstand, S. 127ff.

kulturpessimistisch anmutet.[1] Trotzdem kann Halbfas davon sprechen, dass Gott in der Alltagswelt erfahrbar ist,[2] woraus zu ersehen ist, dass auch der Religionsbegriff der «Fundamentalkatechetik» um die gesellschaftliche Dimension erweitert wird, ohne etwas von seiner grundsätzlichen Bedeutung für das Konzept einzubüssen. 1972 schreibt Halbfas: «Religiös sein heisst ... , die Frage nach dem tragenden Sinn unseres Lebens stellen. Von diesem Ansatz her verstehen wir Religiosität als die Kraft des Menschen, mit der er in all seinen geistigen Ausdrucksformen nach dem Woher und Wozu von Leben, Gesellschaft und Welt fragt. Darum ist die Religion etwas universal Menschliches.»[3] Rückblickend hält Halbfas 1982 fest, er negiere «seinen Ort» innerhalb des problemorientierten Religionsunterrichtes nicht.

«Diese Entwicklung hat uns einen ausserordentlichen Zuwachs an Wirklichkeit im Religionsunterricht gebracht, eine thematische Offenheit, die vordem unvorstellbar war. Ich bin auch nicht der Ansicht, die Ablösung bisheriger Praxis durch neue Trends dürfe in pauschalen Gegenbewegungen erfolgen. So sollte keine Kritik den Ertrag der voraufgegangenen Arbeit ignorieren oder abwerten: die grössere Rationalität in den Begründungen der Lehrinhalte, ihre schülerbezogene und situative Sensibilität, ... solche Ergebnisse bleiben Gewinn, die um jeden Preis in der weiteren Entwicklung der Religionspädagogik bewahrt werden müssen.»[4]

Dieses Zitat leitet die berühmt gewordene Abrechnung mit der Konzeption des problemorientierten Religionsunterrichtes ein, eine in der zeitgenössischen Diskussion viel zitierte Stelle, die Halbfas den Ruf eingebracht hat, ein Vertreter der «konservativen Tendenzwende um 1980» zu sein.[5] Wie ist diese Behauptung auf dem Hintergrund meiner Ergebnisse und Interpretationsmethode einzuschätzen? Vorweg ist zu wiederholen, ich versuche hier Halbfas' Weg verstehend nachzuvollziehen, und dies mit der Intention, einen integrativen Beitrag zu leisten. Ein wichtiger Grundsatz meines Verfahrens ist dabei, Halbfas *beim Wort zu nehmen* und gewisse Stellungnahmen nicht einfach zu überlesen. Dies ist bei einem zeitweise

---

[1] Vgl. oben Kapitel 3.3
[2] Vgl. Aufklärung und Widerstand S. 130
[3] Vgl. H. Halbfas: Revision der religiösen Erziehung, Heft 3, S. 10
[4] Halbfas: Das dritte Auge, S. 20
[5] Vgl. D. Zillessen: Symboldidaktik in: EvErz 36, 1984, S. 637-640; ebenso J.-A. von Allmen: Symboltheorie S. 209; vgl. dazu auch unten Kapitel 6.3

ambivalent und polemisch argumentierenden Autoren m. E. entscheidend. Weiter ist grundsätzlich zu fragen, wie das Auftauchen von neuen Strukturen zu deuten ist. Heisst Neues gleich Abkehr vom Alten? – Oder bedeutet es Erweiterung der Möglichkeiten? Aufgrund dieser methodischen Prämisse und meiner Ergebnisse aus den letzten Kapiteln würde ich die Akzente anders setzen und komme so zu einer dezidiert anderen Bewertung:

Erstens halte ich die Konzeption der «Fundamentalkatechetik» in ihrer verschränkten hermeneutisch-theologisch-anthropologischen Konstruktion für *die* entscheidende Konstante und wegweisend bis heute. Für die Siebzigerjahre und darüber hinaus kann explizit das Festhalten an der *existentialen Hermeneutik* und am *ontologischen Religionsbegriff* belegt werden. Neu – und das möchte ich betonen – lockert Halbfas sein exklusiv im *Mythos* begründetes Offenbarungsverständnis und räumt dem *Logos* in der Formel «Gotteserfahrung in der Welt» zumindest potentiell eine komplementär zum Mythos begriffene Funktion bei der Wahrheitsfindung ein. Aus der Sicht evangelisch-reformierter Religionspädagogik scheint mir das eine hoffnungsvolle Schnittstelle zu sein. Schliesslich plädiere ich bei der Gesamtbeurteilung entschieden für das Prinzip der Kontinuität, welches implizit Neues als Erweiterung der Möglichkeiten deutet, ohne die Bedeutung des Bisherigen zu schmälern. Halbfas wird nicht müde zu betonen, dass er seinen theologischen Weg letztlich unter dieser Perspektive der Kontinuität sieht. Das bedeutet insbesondere, dass er für sich in Anspruch nimmt, «eine fundierte und politisch qualifizierte Hermeneutik ... wahrzunehmen» und in seinen Religionsbüchern berücksichtigt zu haben.[1]

So ist es offenbar entscheidend, unter welchem Blickwinkel die Beurteilung getroffen wird. Aus der Gesamtperspektive von Halbfas' Weg schlage ich vor, die Deutung endlich ad acta zu legen, als habe sich Halbfas nach 1968 radikalisiert, sich zum Progressiven gewandelt, um zehn Jahre später ebenso radikal wieder zum Konservativen zu regredieren.[2] Diese Sicht scheint mir zu oberflächlich, weil sie eine grosse Zahl von differenzierenden Gesichtspunkten ausblendet. Nach meinem Dafürhalten vertritt Halbfas 1970 wie 1980 seine eigenständigen Positionen, die man mit einigem Recht als konservativ bezeichnen kann; gleichzeitig sind manche seiner Überzeugungen durchaus progressiv, wenn man diese

---

[1] Auf dem Weg zur zweiten Unmittelbarkeit, KBl 88 (b), S. 447
[2] So exemplarisch P. Biehl: Didaktische Strukturen des Religionsunterrichts, in: JRP 12, 1995, S. 212: «Während H. Halbfas radikal mit der problemorientierten Struktur brach, ...»

Begrifflichkeit überhaupt benutzen möchte. Halbfas fragt 1988: «Liest man meine Bücher so voreingenommen, dass Unterströmungen und Zusammenhänge nicht mehr wahrgenommen (werden) und jede neue Publikation zur Überraschung wird?» – Es steht zu hoffen, dass in Zukunft diese Zusammenhänge bei Halbfas deutlicher gesehen werden.

6.2 HALBFAS' BEITRAG IN DER DISKUSSION UM DIE KONFESSIONALITÄT DES RELIGIONSUNTERRICHTS

Vielleicht war es die unmittelbarste Konsequenz seines Streites mit der Amtskirche, dass Halbfas 1971 in einem publizistischen Paukenschlag die Trennung von Religionsunterricht und Katechese forderte.[1] Die Kirche müsse auf jede Verkündigungsabsicht im Religionsunterricht verzichten. Hier soll es um das *Verstehen* religiöser, in erster Linie christlicher Überlieferungen gehen.[2] In der Katechese andererseits sei das Ziel, eine kritische Einführung ins Christentum und in die Kirche zu vermitteln.

1972 dann trug er eine weitergehende These vor, die vor allem im katholischen Raum noch mehr Staub aufwirbelte: Die Bezugswissenschaft des Religionsunterrichts, die Religionspädagogik, sei keine theologische, sondern eine religionswissenschaftliche Disziplin.[3] Der Religionsunterricht darf keine kirchliche Seelsorgestunde sein, vielmehr «ordentliches Lehrfach für alle, dem Gespräch und der sachlichen, methodisch kontrollierten Verständigung über religiöse Traditionen, Glaubensbegründungen und Sinnfragen verpflichtet». Andererseits hat die Katechese einen Verkündigungsauftrag. «Sie soll christlichen Glauben realisieren helfen und intendiert deshalb Einübung dieses Glaubens».[4] Auf katholischer Seite versuchten in der Folge neben Halbfas auch andere, die Aporien des problemorientierten Modells durch ein derartiges zweigleisiges Angebot zu lösen[5], in dem zwischen schulischem und kirchlichem Unterricht, zwischen problemorientiertem Religionsunterricht für alle (als Wahlpflichtfach) und kirchlicher Katechese mit dem Ziel der Verkündigung als freiem Wahlfachangebot differenziert wur-

---

[1] Vgl. H. Halbfas: Aufklärung und Widerstand, S. 52
[2] A.a.O. S. 53
[3] H. Halbfas: Religionsunterricht und Katechese, in: D. Zillessen, Religionspädagogisches Werkbuch, Frankfurt 1972, S. 11
[4] A.a.O. S. 9 f.
[5] Vgl. G. Baudler: Der Religionsunterricht an der deutschen Schule, München 1971, S. 82ff.

de. Die *Religion* des Religionsunterrichtes betrachtete Halbfas als ontologisch-anthropologische Kategorie, Ziel des Unterrichtes, wie oben entfaltet, war für ihn die *Auslegung des Daseins*.

Die Option einer Trennung von Religionsunterricht und Katechese mit verschiedenen Bezugsdisziplinen und in getrennter Verantwortung von Staat und Kirche ist das Intermezzo einer erziehungs- wie kirchenpolitisch höchst aufregenden Zeitspanne geblieben. Auch Halbfas hat sich mittlerweile in aller Form von diesem Ansatz distanziert.[1] Gerade deswegen gilt es, an die in «Aufklärung und Widerstand» dargelegten Gedanken zur Konfessionalität des Religionsunterrichts und -lehrers sowie zur Bezugswissenschaft des Faches zu erinnern, die m. E. eine unverminderte Aktualität haben, weil sie als Ausgangspunkt und – mit leichten Modifikationen versehen – als Grundlage für heutige Modelle ökumenischen, inter- oder multikonfessionellen Religionsunterrichts dienen können. Die von Halbfas vorgebrachten Argumente gehören mittlerweile zu den klassischen Standards.

Der pluralen Situation unserer Gesellschaft und «Schule für alle» entspricht weder ein «mono-», noch ein «un-», noch ein «über-», sondern ein *«multikonfessioneller»* Religionsunterricht. In diesem gehe es nicht nur um *«sachgemässe Information»*, sondern um *«Teilhabe als Verstehen»*. Ein solcher Unterricht verfalle keineswegs in «synkretistische Nivellierung der Eigenarten» verschiedener Weltanschauungen und Konfessionen, sondern lasse *«die jeweilige religiöse Denomination im eigenen Selbstverständnis mittels authentischer und didaktisch sorgfältig gewählter Quellen und Dokumente»* zu Wort kommen. Durch Rücksicht auf die *«heimatliche Bekenntnisgebundenheit»* gebe es durchaus einen *«konfessionell-thematischen Schwerpunkt»* (S. 57). Der Lehrer solle seine *«persönliche Überzeugung in einer offenen «dialogischen Form»* einbringen. Da es darum gehe, *sich gemeinsam dem Motivationsgehalt der zu interpretierenden «Quellen und Dokumente» auszusetzen*, brauche Konfessionsgleichheit von Lehrer und Schülern nicht gefordert zu werden (S. 74f.). Wegen

---

[1] Auf dem Weg zur zweiten Unmittelbarkeit, KBl 88 (b), S. 445: «Die Polarisierungen, die ich 1972 mit Religionsunterricht und Religionspädagogik verbunden habe, bedauere ich. Aus dieser Konstellation geht kein sinnvoller Weg hervor. Mir ist insbesondere deutlich geworden, welche diffusen gesellschaftlichen Einflüsse zu ordnen wären, bzw. nicht mehr geordnet werden könnten, wenn Theologie und Kirche aus ihrer Verantwortung entlassen würden. Darum darf die Kirche grundsätzlich nicht aus ihrem Auftrag, ihrem Interesse und Engagement für den schulischen Religionsunterricht entbunden werden.»

der konfessionellen Bindung der Theologie und der Vielfalt der Inhalte eines «multikonfessionellen» Religionsunterrichts sei für die Lehrer *eine religionswissenschaftliche Ausbildung zu fordern*. Zwar ist auch Theologie «eine kritische und freie Wissenschaft», doch unterscheidet sie sich von den Religionswissenschaften «durch einen andersartigen hermeneutischen Ansatz». Für den Theologen begründe «der Geschichtszusammenhang, *in* dem der Christ seinen Ort hat, als auch dessen persönlicher Glaube ein Verhältnis zur Sache, in dem zugleich ein Vorverständnis des Christentums und ein entsprechendes Selbstverständnis im Verhältnis zum Christentum wirksam sind». Der Theologe wolle der «christlichen Kontinuität des christlichen Überlieferungsprozesses» dienen, während es dem Religionswissenschaftler um «phänomenologische, historische und empirische Untersuchungen» gehe. (S. 165ff.; Hervorhebungen von M. M.)

Zwei Prinzipien sind in dieser Grobskizze besonders hervorzuheben. Obwohl konzeptionell im Hintergrund der besprochene ontologisch-anthropologische Religionsbegriff als Grundlegung fungiert, geht die Didaktik konsequent vom Grundsatz aus *Religion ist gelebte Religion* und begegnet durchgängig als konkret-geschichtliche Erfahrung. Dies gilt in der Begegnung mit Menschen gleicher oder anderer Glaubens-, bzw. Weltanschauungstradition ebenso wie in der Begegnung mit entsprechenden Überlieferungen. Ebenso zentral die zweite Feststellung: Dieser Unterricht besitzt als bleibendes hermeneutisches Vermächtnis eine dialogische Struktur und bleibt, insofern er sich in *Teilhabe als Verstehen* realisiert nicht in einer existentialistisch-individualistischen Verengung stecken. Auf dieser didaktischen Grundlage lässt sich auch heute noch ein multikonfessioneller Religionsunterricht entfalten – Konfession im weiten Sinn auch als Weltanschauungskonfession verstanden.

Im Blick auf die Ausbildung der Lehrkräfte ist aus heutiger Sicht ein sich ergänzendes und aufeinander bezogenes Nebeneinander von Theologie *und* Religionswissenschaften wünschenswert und realisierbar. Denn aus der zeitlichen Distanz betrachtet darf gefragt werden, ob der Unterschied zwischen Religionswissenschaft vom Christentum und Theologie wirklich so gravierend ist, wie ihn Halbfas in seinen Auswirkungen auf den Religionsunterricht sieht. Einerseits kommen auch in theologischen Aussagezusammenhängen grosse Teilmengen von Aussagen vor, die nach Halbfas' Kriterien religionswissenschaftlicher Art sind, andererseits soll ja auch die religionswissenschaftliche Beschäftigung mit christlichen Quellen deren Eigenintention keinesfalls ersticken. Wird jedoch ihr Anspruch gehört, dann geht Religionswissenschaft in Theologie über.

Wenn das Prinzip der Kontinuität gelten soll, dass implizit Neues als Erweiterung der Möglichkeiten zu deuten ist, ohne die Bedeutung des Bisherigen zu schmälern, würde ich in dieser historischen Konzeption eines multikonfessionellen Religionsunterrichtes eine solide Basis sehen, auf welcher auch evangelische Lehrkräfte einen eigenen Unterricht entfalten können.

6.3 Das dritte Auge – die symboldidaktische Erweiterung der Hermeneutik als Weg zur Mitte

Wenn vorhin im Zusammenhang mit der Entwicklung des problemorientierten Ansatzes die Rede von den bewegten Jahren um 1970 war, so gilt es jetzt zunächst festzustellen, dass sich die Reformen in Gesellschaft und Bildungswesen zehn Jahre später weitgehend verflüchtigt hatten. Die gesellschaftsverändernden Prozesse wurden nicht fortgesetzt. Wohl blieben manche Utopien lebendig, sie äusserten sich jedoch eher in stillem Protest und Verweigerung als in aktivem Widerstand. Antiatomkraft- und Friedensbewegung hatten breiten Zulauf, Selbsthilfegruppen und Bürgerinitiativen formierten sich in verschiedenen gesellschaftlichen Bereichen. Das Bewusstsein einer ökologischen Krise wurde zunehmend als globale Krise der industriellen Welt wahrgenommen. Zahlreiche ökumenische Initiativen bemühten sich um die Schaffung eines ökologischen Klimas, in dem Bewusstseins- und Verhaltensänderungen möglich werden sollten.

Vor allem in der Jugendkultur, weil sich hier gesamtgesellschaftliche Tendenzen stärker ausdrücken, sind seit 1980 die unterschiedlichsten Verhaltensweisen zu beobachten: Die moderne Tendenz zur Subjektivierung lässt sich ebenso aufweisen wie die vormoderne Suche nach einer sinnverbürgenden Ordnung des Kosmos, in ihren religiösen oder esoterisch-magischen Spielarten, sowie die postmoderne Tendenz zu einer Ästhetisierung des Lebens. Es herrscht Hochkonjunktur für Jugendreligionen und neoreligiöse Gruppen, die ein Interesse an Mythologie und Innerlichkeit, an Okkultismus und Esoterik zeigen.[1]

Die religionspädagogischen Bemühungen der Achtzigerjahre richten sich weiterhin vor allem darauf, christliche Überlieferung und theologische Inhalte mit den Lebenserfahrungen von Zeitgenossen zu vermitteln, die Fachdidaktik zu erweitern und erfahrungshermeneutisch zu integrieren.

---

[1] Vgl. P. Biehl: Didaktische Strukturen des Religionsunterrichts, in: JRP 12, 1995, S. 212

Dies zeigt sich in den unterschiedlichen Versuche, den problemorientierten Ansatz durch eine kritische Symbolkunde hermeneutisch weiter auszubauen. Wenn sich der Religionsunterricht grundlegend auf Erfahrung beziehen soll, ist didaktisch umzusetzen, dass von Erfahrung nur im Zusammenhang von Sprache gesprochen werden kann, weil Wahrnehmungen und Erlebnisse erst zu Erfahrungen werden, wenn sie mit Hilfe von Symbolen gedeutet werden; «Erfahrungsbezug und Symbolverständnis bedingen sich daher in der Religionspädagogik wechselseitig.»[1] Im Blick auf die umrissene gesellschaftliche Lage kann die Symboldidaktik auch als Antwort auf die Herausforderung durch die ökologische Krise und die drei genannten Tendenzen kultureller Modernisierung verstanden werden.

Im «Dritten Auge», wir kennen die Struktur bereits, unterzieht Halbfas die problemorientierte Didaktik, die er selber gefördert hat, einer scharfen Kritik (S. 19 ff.) und empfiehlt die Symboldidaktik als Alternative angesichts des «Niedergangs der hermeneutischen Kultur» (S. 27). Der bereits früher referierte Aufweis didaktischer und konzeptioneller Defizite[2] gipfelt in einer Kritik spiritueller Defizite in den Gottes-Kapiteln aktueller Religionsbücher:

«Es sind Lektionen über inadäquate und adäquate Gottesvorstellungen, im Kern christliche Varianten der Religionskritik, gegen die nichts zu sagen wäre, würden sie nicht weithin für das Ganze stehen. Abgesehen von gelegentlichen Zitaten, die auf die Mitte verweisen, unterbleiben Entwürfe für unterrichtsgemässe Wege nach Innen. Die *Verschränkung von Gotteserfahrung und Selbsterfahrung* ist eine noch unbekannte didaktische Dimension.» (S. 18) (Hervorhebung durch M. M.)

Damit ist das Thema des «Dritten Auges» bezeichnet. Halbfas macht sich zur Aufgabe, den erkannten Mangel aufzufüllen. Hier klingt im Grunde das Proprium von Halbfas' Konzeption bereits an. Wenn die Entwicklung einer Symboldidaktik im Brennpunkt religionspädagogischer Arbeit, allgemein gesprochen, christliche Überlieferung und theologische Inhalte mit den Lebenserfahrungen von Zeitgenossen zu vermitteln sucht, so vertieft Halbfas diese Intention durch die «Verschränkung von Gotteserfahrung und Selbsterfahrung». Mit der in dieser Weise einzigartigen didaktischen Erweiterung *eines Weges nach Innen zur Mitte* ist der freilich heute

---

[1] Ders.: Die Chancen der Symboldidkatik nicht verspielen. Kritische Symbolkunde im Religionsunterricht. In: Religion heute. 1986, Heft 3, S. 169
[2] Siehe oben Kapitel 2.2.4

querstehende Versuch gemacht im Religionsunterricht der säkularen Schule nicht nur *von* und *über* Gott, sondern in einer grösstmöglichen Weite, selbst unter säkularen Bedingungen *mit Gott* zu sprechen. Und hier hat m. E. Halbfas' Konzept die entscheidende Pointe: Wenn die Halbfas'sche Hermeneutik von ihrem Gadamer'schen Ursprung her in ihrem Wesen dialogisch ist und rechtes Verstehen immer «Verstehen als Teilhabe», dann soll mit der Symboldidaktik im «Dritten Auge» den früher entwickelten Didaktiken einer biblischen, einer Tradition, Religionen und Dasein erschliessenden, eine die Mitte selbst – Gott – erschliessende hinzugefügt werden. So erhält auch der didaktische Grundsatz, das Gesamtkonzept wolle zum «Verstehen von Religion» anleiten, eine weitere entscheidende Bedeutung. Das «Dritte Auge» steht damit in unmittelbarer Verlängerung der «Fundamentalkatechetik» und intendiert letztlich die *Einheit der Wirklichkeit* erfahrbar zu machen. Das Buch rundet einen in seiner Art einzigartigen konzeptionellen Entwurf ab, der in seiner Ganzheitlichkeit seinesgleichen sucht und im Unterrichtswerk einen in Umfang und Inhalt adäquaten Ausdruck gefunden hat.

Dieses Plädoyer gehört an den Anfang und ist vor allem an die Adresse all jener gerichtet, die sich immer gleich über die hinlänglich besprochenen «Einseitigkeiten» und «Schwächen» des Konzeptes hermachen. Man wird Halbfas' Anliegen wahrscheinlich nicht gerecht, wenn man ihn von hinten her liest. Vieles wird tatsächlich erst verständlich, wenn man den «Anfang mitfolgen» lässt. Nun muss freilich festgestellt werden, dass die behauptete Kontinuität ebenso für alle bereits früher bezeichneten Fragwürdigkeiten gilt. Als erstes begegnet wieder eine prägnant negative Geschichtsschau in Form eines auffälligen Kulturpessimismus:

Achtet man auf den Ton der Kritik am problemorientierten Unterricht (S. 19-36), der ich im übrigen sachlich zustimme, so verfällt Halbfas, wie schon in der «Fundamentalkatechetik» und früher bemerkt, in ein eigentliches Lamento aktueller «religionsdidaktischen Kulturzerfalls», in dessen Verlauf – übrigens auch kein neuer Gedanke – «die Funktionalisierung der Lerninhalte» als Hauptsymptom des diagnostizierten Syndroms auf den wissenschaftstheoretischen Paradigmawechsel zurückgeführt wird. «Dieser Funktionalismus hat wohlbekannte Ahnen. Thomas Hobbes, der das Denken als reine Funktion der Sinnesorgane versteht, ist ihr neuzeitlicher Begründer. ... Auguste Comte verzichtet bewusst auf eine Erforschung des Wesens der Dinge. Er hält sich an die pragmata, das äusserlich Gegebene und empirisch Greifbare. Seit William James und John Dewey, dem für die Pädagogik wichtigsten Mann, unterliegen die Phänomene dann nur noch der Frage nach ihrer Verwendbarkeit und ihrer Wirkung. Der Wahrheitsgehalt einer Idee wird an ihren Folgen abgelesen. Dewey spricht deshalb vom instrumentellen Charakter der Ideen. Über die amerikanischen Curriculumtheorien hat dieser behavioristische Pragmatismus voll auf die deutsche Pädagogik übergegriffen und zeitweilig jede Gegenwehr gelähmt. Spätestens die ersten Folgen haben ihn jedoch als jenes zu eng geschnürte Wirklichkeitskonzept entlarvt, als das er philosophiegeschichtlich längst vorher erkannt war.» (S. 22 f.) Wenn dann im weiteren vom grossen «Bruch in der germanistischen Tradition», vom folgenreichen «Schwenk aus der Tradition Schleiermachers, Diltheys, Heideggers und Gadamers in die nüchterne Pragmatistik linguistischer Analysen» zu lesen ist, so steht vollends fest, auch das «Dritte Auge» steht in der Tradition jenes Idealismus, der uns seit dem «Handbuch der Jugenseelsorge» als einer der Grundzüge in Halbfas' Denken begegnet ist. Schliesslich folgt eine Stellungnahme, die sich wie ein Bekenntnis liest und m. E. als Motto über Halbfas' gesamtem Werk stehen könnte: «Mein Problem ist, dass die Orientierungsmöglichkeiten immer formaler, bildloser, dürftiger, schwindsüchtiger werden, je geringer das sachhaltige, sinnstiftende Wissen fundiert ist. Nein, es geht nicht primär um die Fähigkeit, sogenannte Probleme im Klassenzimmer diskutieren zu können, ein ‹Problemlösungspotential› zu entwickeln, ‹Anwendungssituationen› zu simulieren, sondern um die Begegnung mit erfahrungsgesättigten, bildhaften Inhalten, die – verarbeitet, innerlich und äusserlich bewältigt – ein Leben lang begleiten und sowohl unbewusst wie bewusst das eigene Leben stützen und orientieren. Das bedeutet mein Plädoyer für eine narrative Unterrichtskultur, für ein sinnenhaftes, begeisterndes Erzählen, in dem tausend und eine fremde Geschichte vermittelt und bedacht werden, so dass sich von Jahr zu Jahr ein Sachwissen anreichert, eine Welt eröffnet, eine bildende Betroffenheit ergibt, von der ein nur ‹wissenschaftsorientierter›, begriffsdürrer Problemunterricht nicht einmal träumen kann.» (S. 31)

Hier schliesst sich Halbfas' Denken unmittelbar an Figuren an, die uns bereits 1960 begegnet sind. Er beklagt einmal mehr die Gefährdung sinnstiftender Orientierungsmöglichkeit durch den destruktiven Einfluss empirischer Wissenschaft. Und sein didaktischer Eros gibt sich als Wächter über einen ausschliesslich vom Idealismus geprägten Bildungsbegriff zu erkennen. Von hier aus erklärt sich sein Problem mit heutiger (Schul-)Kultur und gleichzeitig wohl das Problem vieler an Halbfas' Konzept interessierter Zeitgenossen. Aus dem Blickwinkel meiner Untersuchungsmethode gibt es sich letztlich als eine *erkenntnistheoretische Differenz im Blick auf den Bildungsbegriff* zu erkennen.

Die Sorge um eine allgemein gültige Kategorie der Wirklichkeit durchzieht die religionspädagogische Diskussion wie ein Refrain. Auf evangelischer Seite hat sich u. a. K. E. Nipkow eingehend mit der Frage nach der

Einheit der Wirklichkeit und ihrer bildungstheoretischen Bedeutung befasst.[1]

Nipkow unterscheidet im Anschluss an V.- J. Dieterich verschiedene Modelle der Verhältnisbestimmung von Theologie und Naturwissenschaften. Beim *monistischen Modell*, eher im katholischen Raum verbreitet, werden Voraussetzungen und Ergebnisse von Naturwissenschaft und Theologie in eine umfassend integrierende naturphilosophisch-naturtheologische Deutung eingebettet bzw. eingepasst, die meist von einem einheitlichen idealistischen Weltbild (Vorrang des Geistes) geprägt ist.

Das *diastatische Modell* ist in erster Linie auf protestantischer Seite zu Hause. Hierbei findet eine strikte Trennung der Zuständigkeitsbereiche statt: Die *weltlichen Fächer* sollen von religiösen Implikationen freigehalten, die *rein wissenschaftlichen* entsprechend bei ihrer Sache bleiben.

Wünschbar wäre indessen nach Nipkow eine *kommunikationstheoretische Verhältnisbestimmung*, die als *dialogisches Modell* zu entfalten ist. Es ist formal zunächst durch die Tatsache bestimmt, dass überhaupt ein Gespräch zwischen Naturwissenschaft und Theologie aufgenommen wird.[2] Dieser Dialog zwischen Theologie und Naturwissenschaften um einen gemeinsamen Bildungsbegriff muss neben einer ethischen und geschichtlichen vor allem auch eine erkenntnistheoretische Dimension umfassen. Dabei wird nach Nipkow das in der protestantischen Theologie bislang vorherrschende diastatische Denkmodell dialektisch in einem verbindenden Denkmodell aufgehoben, d.h. in seiner Wahrheit bewahrt und zugleich verändert. «Gott steht zum einen der Welt als seiner Schöpfung gegenüber, wie überhaupt nur auf der Grundlage des biblischen Schöpfungsglaubens die Welt als Schöpfung qualifiziert werden kann. Was der Glaube weiss, ist ein anderes Wissen als das, was Natur- und Humanwissenschaften wissen. Der von der Welt im Glauben unterschieden gewusste Gott wird jedoch zum anderen als Gott in der Welt, als «Gott in der Schöpfung» (J. Moltmann) glaubend gewusst.»[3] Sowohl die zeitlich-räumliche Trennung wie die Trennung von aussen und innen, werden demnach in ein drittes umfassendes Denkmodell aufgenommen. Es erlaubt, die naturwissenschaftlich-metaphysische Frage nach der Einheit der Wirklichkeit und die theologische Frage nach der Einheit der Wirklichkeit in Gott in ein analoges Verhältnis zu bringen, in die Nähe einer christlich-theologischen Antwort, um so die eine

---

[1] Vgl. exemplarisch K. E. Nipkow: Bildung als Lebensbegleitung und Erneuerung, S. 538 ff.
[2] A.a.O. S. 540
[3] A.a.O. S. 544

Sicht durch die andere komplementär zu ergänzen. *Hier wird also in der Denkfigur des Paradox die Weltimmanenz Gottes gedacht, ohne die Welttranszendenz Gottes preiszugeben.*

Dieser dialektisch-*paradoxe* Weg der spannungsvollen Einheit von Identität und Nicht-Identität lässt sich nach Nipkow theologisch von drei miteinander zusammenhängenden Ausgangspunkten her denken: «Danach ist Gott erstens schöpfungstheologisch nicht nur Schöpfer am Anfang, sondern er bleibt auch Schöpfer vom Anfang bis zum Ende der Welt. Diese Sicht hat ihre Grundlage zweitens christologisch in der angehobenen Neuschöpfung in Jesus Christus und darf drittens pneumatologisch geglaubt und gehofft werden in der gewissmachenden Kraft des schöpferischen Geistes Gottes, der uns erfüllt. Im trinitarischen Gottesverständnis könnte der christliche Glaube die Einheit Gottes in der Welt mit der Einheit der Wirklichkeit in Raum und Zeit gedanklich verbinden.»[1]

Vor den oben genannten Modellen einer Verhältnisbestimmung zwischen Theologie und Naturwissenschaft lässt sich die Erkenntistheorie von Hubertus Halbfas näher differenzieren. Dabei wird deutlich, dass sein Denken durch keines der Modelle ohne weiteres darstellbar wäre. Denn bei ihm heisst der Gegensatz naturwissenschaftliche kontra geisteswissenschaftliche Erkenntnistheorie. Dabei könnte man das *Modell Halbfas* streng monistisch nennen. Denn er konstruiert ein einheitliches Weltbild ausschliesslich mit Kategorien einer geisteswissenschaftlichen Hermeneutik. Hier hat er mit dem letztlich durch Schelling geprägten Mythos-Begriff und Rahners anthropologisch gewendeter Theologie zwei Konzepte gefunden, ein philosophisches und ein theologisches, die sich gegenseitig auslegen und mit denen Theologie und Anthropologie, Offenbarung und Erfahrung zu verschränken sind. Mit dieser in der «Fundamentalkatechetik» grundlegend entfalteten Konzeption kann er zunächst auf eindrückliche Weise einlösen, was er im «Dritten Auge» fordert:

«Ein Satz mit dem Wort ‹Gott› darf in seiner Bezogenheit auf den Menschen nicht bedeutungsleer werden, wenn dieser sich als Atheist versteht. Und eine Anleitung zum Gebet sollte so welt- und lebensöffnend sein, dass auch der ‹religiös Nichtpraktizierende› dadurch Hilfestellung zu einem qualitativ anderen Leben gewinnen kann.» (S. 49)

---

[1] A.a.O. S. 545

Das ist wie gesagt eindrücklich. Nur handelt sich Halbfas dadurch das Problem ein, dass er sich in Opposition zur modernen, naturwissenschaftlichen Erkenntnislehre stellt. Sein Denken gerät durch einen einseitig idealistisch geprägten Monismus in eine Diastase zu jeglichem Denkmodell, das auf empirischer Erfahrung beruht, und zwar signifikanterweise nun nicht in einem Verhältnis, wie das oben beschriebene diastatische Modell, in dem beiden Bereichen *ihre je spezifische Wahrheit* zugestanden wäre, sondern ganz offensichtlich *mit einem absoluten Wahrheitsanspruch*, den das geisteswissenschaftliche Erkenntnismodell erhebt und der die Wahrheitserkenntnis aus empirischer Erfahrung bestreitet. Die behauptete Einheit der Wirklichkeit im Halbfas'schen Denken wird so durch die Abspaltung einer ganzen philosophischen Tradition relativiert, in der Halbfas, wie im obigen Zitat deutlich wird, nur Niedergang sieht.

Ich würde im Halbfas' Denken letztlich einen Mangel an Dialektik diagnostizieren, wodurch sein Bildungsbegriff einseitig als sich ergebende Einordnung in die Einheit der Wirklichkeit zu beschreiben ist; Bildung als kritische Distanzierung in sokratischer Tradition steht nicht ebenbürtig in dialektischer Spannung daneben, sondern spielt eine untergeordnete Rolle. Zwar zeigt sich Halbfas immer wieder bemüht, auch dem diskursiv-kritischen Denken zu seinem Recht zu verhelfen, doch fallen diese Ansätze neben der zentralen Bedeutung des monistischen Erkenntnismodells didaktisch zu wenig ins Gewicht. Exemplarisch lässt sich diese These an Halbfas' Ausführungen zur «Dialogform» begründen, die einen wichtigen Argumentationsteil seiner *Didaktik der Spiritualität* darstellen.

Dem Lehrer-Schüler-Verhältnis korrespondiert als literarisches Genus der Dialog. Halbfas vergleicht das Lehrgespräch hinduistischer Tradition, das einen ausschliesslich hörenden Schüler kennt, der nicht einmal eine Gegenfrage, geschweige denn einen Einwand vorbringt, mit dem sokratischen Diskurs. Seine Grundposition sei kritisch, er kenne Vorbehalte, Einwände, Gegenargumente und stehe dem Lehrer mehr denkend als in einem geistlichen Sinne ergeben gegenüber; daraus ergebe sich mehr demokratische Partnerschaftlichkeit, eigenständiges Bewusstsein und logisch räsonierende Potenz.

Im östlichen Lehrgespräch sieht der Schüler seinen Lehrer in ergebener Ehrfurcht als eine Manifestation des Göttlichen und vertraut sich ganz dessen überlegener Führung an, wodurch er zu den tiefsten spirituellen Erfahrungen gelangt. «Dieses Führungsverhältnis ist in einer religiösen Kultur, die die Zwangsjacke des diskursiven Denkens sprengt, um in die gefährliche Freiheit einer inneren Selbsterfahrung zu geleiten, unentbehrlich.» Im sokratischen Dialog andererseits sind «stürmende Grösse» und «spirituelle Armut» des abendländischen Menschen mitangelegt. Halbfas schwebt nun zwar ein Schüler «sokratischer

Art» vor, «allerdings weniger rationalistisch, sondern mit mehr Intuition für die spirituelle Dimension unseres Lebens begabt.» (S. 149)

Man kann hier anhand der Argumentation verfolgen, wie sich Halbfas im Hin und Her zwischen östlichem Lehrgespräch und sokratischem Diskurs windet. Es scheint als neige er eher ersterem zu, obwohl er auch dem kritischen Gespräch positive Eigenschaft zuschreibt. Aber statt es nun dabei zu belassen, statt die beiden Dialog-Modelle dialektisch aufeinander zu beziehen, ja ineinander zu verschränken, löst er die Spannung auf und entwirft ein Gesprächsmodell, welches begrifflich zwar an Sokrates anknüpft, aber ausgerechnet in seiner Haupteigenschaft, der kritischen Subjektivität, offenbar nicht mehr das enthalten soll, was das Adjektiv *sokratisch* eigentlich verspricht; es entsteht keine Synthese aus einem dialektischen Sowohl-als-auch, sondern als eigentlicher Anachronismus, ein «mit mehr Intuition für die spirituelle Dimension unseres Lebens» versehener sokratischer Diskurs.

So befindet sich Halbfas' Didaktik gewissermassen im Sog seines monistischen Erkenntnismodells, obwohl er fortgesetzt beteuert, auch der kritischen Vernunft ihren Raum geben zu wollen. Pointiert gilt dies insbesondere für die im «Dritten Auge» entfaltete Symboldidaktik.

Sie ist durch Tillich (S. 98), vor allem aber durch Mircea Eliade bestimmt, der seinerseits starke Wurzeln bei C. G. Jung hat (S. 104); Halbfas möchte diese Symboltheorien in all ihrer Unterschiedlichkeit der Ansätze integrieren. Das religiöse Symbol hat – auch abgesehen von seiner konkreten lebens- und zeitgeschichtlichen Geltung – als «Urbild» eine universale Bedeutung für den Menschen. Angesichts des Verlustes von Ganzheit und Sinn des Lebens durch Intellektualisierung machen die dem Menschen «ewig gegebenen» Symbole (Eliade) «ein umfassendes und zugleich unerschöpfliches» Angebot zur Lösung der Sinnfrage (S. 121). Indem der Mensch sich von der tendenziellen Ganzheitsrichtung des Symbols erfassen lässt, «partizipiert er an dessen Sinnstiftungspotential» (S. 122). Eine Didaktik des religiösen Symbols, welche hierfür die entsprechenden Bedingungen bereitstellen möchte, darf sich demnach nicht am Konflikt oder Problem orientieren, sondern muss durch bildenden Umgang den ganzheitlichen Symbolsinn zu stiften helfen (S. 120, S. 128f). Halbfas fordert, strukturell vergleichbar mit der «geistig-ideellen Denkfunktion» in «Jugend und Kirche», die Entwicklung eines «inneren Symbolsinns», des «dritten Auges», also eines genuin religiösen Sinnes, den er ausdrücklich als «metawissenschaftlich» bezeichnet, weil er rational nicht vermessbare Tiefenschichten erschliessen soll.[1] Die intendierte Verschränkung von Gotteserfahrung und Selbsterfahrung erhält damit eine «innere Erfahrungskategorie» (S. 118), in welcher der Symbolsinn geübt werden kann. Es wird also deutlich, dass der Symbolsinn mehr ist als das Verständnis definierter Symbole. Nein, das «dritte Auge» erschliesst die Tiefendimension der Wirklichkeit, womit gleichzeitig gesagt ist, dass alles zum Symbol werden kann, die Blumen im Klassenzimmer ebenso wie die gemeinsam eingenommene Mahlzeit. Stilleübungen sind dabei geeignet, die integrierende und orientierende Kraft der Symbole freizusetzen; ferner bedarf es einer «narrativen Lehrkultur». Der als Symboldidaktik konzipierte Religionsunterricht zielt auf eine schrittweise Veränderung der gesamten Schulkultur, so dass in ihr Lernen als räumliche Erfahrung und «als Umgang und Gesittung» möglich wird (S. 165 ff).[2]

In der *Didaktik des Weges zur Mitte* geht es Halbfas bei allem aber zentral um *das Verstehen*. Im Anschluss an seine Unterscheidung zwischen *Logos* und *Mythos* in der «Fundamentalkatechetik» setzt er den Begriff der symbolischen Sprache in einen scharfen Gegensatz zur diskursiven Sprache – beispielsweise der Theologie. Diskursive Sprache ist distanzierend, definierend und versucht, von aussen einen Sachverhalt zu erfassen, den sie systematisiert und auf fremde Kategorien anwendet (S. 110). Im Gegensatz dazu ist religiöse Symbolsprache betroffene Sprache, sie stellt keine Distanz her zu ihrem «Objekt», sondern lässt sich von ihm bewegen. Menschen, die in einer symbolischen Sprache reden, leben in ihr und haben nicht das Bedürfnis – oder nicht die Fähigkeit, symbolische Sprache rational zu erklären (S. 111). Symbolische Sprache wurzelt im Unbewussten.

Weil in der Welt von heute nicht davon ausgegangen werden kann, dass Symbolsprache noch intuitiv verstanden wird, plädiert Halbfas dafür, dass die Auslegung symbolischer Rede auf der Ebene symbolischer Sprache verbleibt. Der «Sprung» auf die diskursive Sprachebene darf dabei nur ein «methodischer Zwischenschritt» sein. Sie muss «immer wieder in die symbolische Perspektive zurückführen» (S. 129).

Die diskursive Symbolauslegung hat insbesondere die Aufgabe, dem faktischen Missverstehen der Symbole entgegenzuwirken. In dieser Funktion kommt ihr in den Religionsbüchern für die Sekundarstufe, aber schon

---

[1] Vgl. hierzu oben Kap. 3.4
[2] Vgl. J.-A. von Allmen: Symboltheorie, S. 180

vom 4. Schuljahr an, immer grösser werdende Bedeutung zu.[1] Sie setzt nach Halbfas das intuitive Verstehen, eine innere Beziehung zur Wirklichkeit, voraus. Der Aufbau dieser inneren Beziehung zur «Innenseite der Dinge» ist das Ziel der Symboldidaktik auf der Grundschule.

Problematisch an Halbfas' Rede vom Symbol als Sprache ist freilich der Gültigkeitsbereich dieser Analogie. Nicht nur sagt er mit Ricoeur, dass Symbole erst im Universum der Sprache zu ihrer symbolischen Dimension kommen (S. 115). Er geht weiter und legt fest, eine Mythe setze sich aus Symbolen zusammen wie ein Satz aus Wörtern und Buchstaben (S. 109). Die Einübung des Symbolsinnes nennt er häufig «Alphabetisierung» (S. 110) und er spricht zuweilen von einer Grammatik der Symbole.[2] Damit aber macht diese Begrifflichkeit aus der symbolischen Sprache wieder eine Sondersprache und führt letztlich die Aporie vor Augen, in die sich Halbfas mit seiner Hauptintention begibt, die Einheit der Wirklichkeit undialektisch zu denken. Diese Auswegslosigkeit gilt es aber aufzubrechen, um die Anschlussfähigkeit des Unterrichtswerkes im Horizont ökumenischer Unterrichtskonzepte zu ermöglichen. Dazu ist Halbfas' didaktische Konzeption im Rahmen einer kritisch-konstruktiven Bildungstheorie mit anderen didaktischen Ansätzen und Strukturen zu verschränken.

Dies soll im abschliessenden Kapitel exemplarisch skizziert werden.

---

[1] Vgl. exemplarisch das Auferstehungskapitel im Religionsbuch für das 4. Schuljahr, S. 49-51. Ich meine, dass die Religionsbücher für die Sekundarstufe tatsächlich den Vorwurf fehlender Symbolreflexion relativieren, der anfangs Neunziger Jahre von Bucher und Biehl erhoben worden ist.

[2] Vgl. J.-A. von Allmen: Symboltheorie S. 184f.

7 Lernwege

«Es ist auch zu bedenken, dass es niemals genügt, den Religionsunterricht bloss juristisch abzusichern, wenn er inhaltlich und zugleich in seinem formalen Niveau nicht in grosser Breite – innerhalb der Schullandschaft wie in der Gesellschaft insgesamt – überzeugt.»

In diesem abschliessenden Kapitel geht es mir darum, die theologischen und didaktischen Strukturen des Unterrichtswerks vor Halbfas' bisher entworfenem Profil zu skizzieren. Mein Ziel ist es vor allem aber, ihre Anschlussfähigkeit innerhalb der gegenüber Deutschland ungleich vielfältigeren Schweizer Verhältnisse zu bedenken, wo auf engstem Raum konfessionell begründete Unterrichtskonzeptionen neben staatlich verantworteten Konzepten ohne umfassende rechtliche Grundlage in Funktion sind.[1] Von hier aus gesehen teile ich Halbfas' Überzeugung, dass es nicht genügt, den Religionsunterricht juristisch abzusichern, sondern dass er inhaltlich begründet werden muss. Denn auch in Kantonen, in denen das Fach im Auftrag des Staates erteilt wird, verdeckt die Berufung auf die rechtlich-institutionelle Ebene die Tatsache, dass heute die Vermittlung biblischer oder religiöser Inhalte gesellschaftlich keine allgemeine Plausibilität mehr geniesst.

Allerdings führt auch ein weiter allgemeiner Religionsbegriff, wie ihn Halbfas als inhaltliche Begründung des Religionsunterrichts verwendet, nicht aus diesem Begründungsnotstand heraus. Er definiert insgesamt zu wenig exakt, was Religion sein soll, weshalb viele vieles darunter verstehen können, und es wird letztlich eine inhaltliche Auseinandersetzung und Klärung darüber verhindert, was Religion eigentlich an der Schule zu suchen hat. Denn die apriorische Behauptung eines religiösen Urgrundes der Seele vereinnahmt gerade die Kritiker von Religion an der Schule, welche als Folge erst recht innerlich auf Distanz gehen.[2]

---

[1] Vgl. auch oben Kapitel 1.2

[2] Für Basel-Stadt kann ich sagen, dass eine anthropologische Begründung des Religionsunterrichtes zwar einige Plausibilität geniesst, dass es aber insgesamt bisher nicht zu einer inhaltlichen Klärung darüber gekommen ist, was Religion eigentlich an der Schule zu suchen hat, und wenn es um wesentliche Fragen der Koordination und Integration des Faches innerhalb der (staatlichen) Pädagogik geht, weicht das oberflächliche Wohlwollen in der Regel einer grundsätzlichen Skepsis.

Für die Nordwest-Schweiz, und ich meine sagen zu dürfen darüber hinaus, gilt, dass sich der Religionsunterricht wie jedes andere Schulfach inhaltlich vor dem Bildungsauftrag der Schule zu legitimieren hat, ganz egal ob er nun staatlich oder kirchlich getragen wird. Dieser Bildungsauftrag der Schule ist das Ergebnis eines breit abgestützten gesellschaftlichen Prozesses, in dessen Verlauf sich die politischen, wirtschaftlichen und kulturellen Instanzen auf die grundsätzlichen Erfordernisse zu einigen haben, welche die schulische Bildung erfüllen soll und die dann die weitere Ausarbeitung fachlicher Curricula bestimmen.[1] Exemplarisch gilt dies für Basel-Stadt. Hier hat der in den Achtzigerjahren initiierte Reformprozess mittlerweile zu Bildungs- und Schulkonzepten geführt, die vom Gesetzgeber für verbindlich erklärt worden sind. Darin legen sich die Basler Schulen den von Wilhelm von Humboldt begründeten Bildungsbegriff zu Grunde.

Bildung bedeutet in diesem Zusammenhang die Anregung und Stärkung aller im Menschen angelegten Kräfte, mit dem Ziel, dass sich diese in einem lebenslangen Prozess der Welt-Aneignung zu entfalten vermögen und zur Entwicklung einer sich selbst bestimmenden Individualität beitragen, die ihrerseits wiederum zur Bereicherung der Menschheit dienen kann. Diese neuhumanistische Humboldt'sche Bildungsauffassung enthält also gleichzeitig einen Subjekt- und einen Objektbezug und die Schule erhält demnach eine dialektisch strukturierte Aufgabe: Sie soll einerseits die ihr anvertrauten Menschen in ihrer Persönlichkeitsentwicklung stärken und ihnen andererseits beim Hineinwachsen in die Gesellschaft helfen. Für den Religionsunterricht heisst das, er erhält nur insofern seine Legitimation im Fächerkanon der Schule, als er innerhalb dieser globalen Aufgabestellung einen spezifischen und nur von ihm zu leistenden Beitrag erbringt.

Eine inhaltliche Begründung des Religionsunterrichtes hat also vom Bildungsbegriff auszugehen und muss sich dann der Frage stellen, ob sich von fachwissenschaftlicher und fachdidaktischer Seite überzeugende Argumente beibringen lassen, die eine Mitwirkung des Faches Religion an der Bildungsarbeit der Schule legitimieren. Dieser Ansatz soll daher im Folgenden zunächst kurz entfaltet werden, um dann in einem zweiten Schritt

---

[1] Die Rolle und der Beitrag der Kirchen in diesem Prozess hängt direkt von ihrer jeweiligen staatsrechtlichen Einbindung ab. Unter den getrennten Verhältnissen von Basel-Stadt müssen die Kirchen immer darum kämpfen in gesamtgesellschaftlichen Vernehmlassungsprozessen als relevante Institutionen anerkannt und in ihrem Anliegen gehört zu werden, während die institutionelle Anerkennung der Kirchen im Kanton Basel-Land rechtlich abgesichert ist.

Halbfas' Unterrichtskonzept unter der Perspektive dieses Bildungsbegriffs kritisch zu erörtern.

7.1 DER BILDUNGSBEGRIFF ALS LEGITIMATION FÜR DEN RELIGIONSUNTERRICHT AN DER SCHULE

Ursprünglich ein Begriff aus dem Bereich von Religion und Theologie wurde der Bildungsbegriff im Verlauf des 18. Jahrhunderts durch die sich von der Theologie emanzipierende Pädagogik übernommen.[1] Dabei behielt er auch im neuen pädagogischen Kontext zentrale anthropologische und ethische Inhalte bei. Wohl war er jetzt nicht mehr religiös-theologisch gefüllt, aber er enthielt in säkularisierter Form weiterhin eine Vorstellung vom Wesen des Menschen und seinem verantwortlichen Handeln in der Welt. Die Pädagogik der Zeit entwarf dabei das Bild eines frei und autonom handelnden Individuums, das seine Fähigkeiten und Möglichkeiten gegen alle Abhängigkeitstendenzen zu entwickeln habe. Im Zentrum dieses Bildungsverständnisses lagen demnach für bedeutende Bildungstheoretiker wie Rousseau, Humboldt und Schleiermacher auch politische Implikationen, was diese in ihren jeweiligen Theorien auch zum Ausdruck brachten.

Im Laufe des 19. Jahrhunderts geriet der Bildungsbegriff jedoch zwischen die politischen Fronten. Für die restaurativen Kräfte in Gesellschaft, Staat und Kirche stand er den Ideen der Aufklärung und damit auch den politischen Vorstellungen der Französischen Revolution zu nahe. Sie witterten dahinter zu Recht einen republikanisch-demokratischen Entwurf von Individuum und Gesellschaft, den es zu verhindern galt. In dem Masse wie die Restauration die Oberhand gewann, brachte sie sein politisch-emanzipatorisches Ferment, welches sich als Anrecht auf Bildung für alle Menschen artikulierte, in Misskredit. Derart um sein Grundanliegen gebracht, wurde der Bildungsbegriff in der Folge vom konservativen Besitzbürgertum usurpiert, welches ihn auf charakteristische Weise umdeutete: Bildung wurde zum Privileg einer bestimmten sozialen Klasse, die sich durch den *Besitz* bestimmter *Bildungsstoffe* von den unteren Klassen abhob, die in besonderen *Bildungsinstituten* wie dem traditionellen Humanistischen Gymnasium tradiert wurden. Für die Schulen der nicht-privilegierten Schichten galt erst recht eine Leitvorstellung, die genau das Gegenteil des ursprünglich von den Bildungstheoretikern intendierten Bildungszieles umfasste:

---

[1] Vgl. zum Folgenden H. F. Rupp: Religion-Bildung-Schule, S. 291-296, der die rund 700-jährige Geschichte des Bildungsbegriffes nachzeichnet.

Sie hatten den Auftrag Individuen sozial und politisch in die gegebenen gesellschaftlich-politischen Verhältnisse einzupassen, was dadurch zusätzliche Plausibilität erhielt, dass die expandierende Industriegesellschaft für ihre Zwecke ausgebildete Schulabgänger benötigte, die bestimmte Funktionen im Produktionsprozess ausfüllen konnten. Eine quietistisch-individualisierend interpretierte Auffassung der christlichen Religion, die sich in eben diesen Dienst der Stabilisierung des gesellschaftlich Vorgegebenen stellte, wurde hier zur fragwürdigen Helfershelferin.

Auf diesem Hintergrund geriet der ursprüngliche semantische Gehalt des Begriffes Bildung zunehmend in Vergessenheit. Im Laufe des 20. Jahrhunderts verkam der Begriff geradezu zur beliebigen Worthülse, deren sich die unterschiedlichsten weltanschaulichen und gesellschaftlichen Bewegungen bedienen konnten. Der Begriff war disqualifiziert und schien erledigt.

Im Verlauf der Achtzigerjahre jedoch hat sich der Bildungsbegriff, vor dem Hintergrund seiner kurz zusammengefassten Geschichte eher überraschend, in der pädagogischen und didaktischen Wissenschaft neues Ansehen verschafft. Vielerorts ist er in seiner genuin bildungstheoretischen Inhaltlichkeit neu aufgegriffen worden und wird seither in einer breit geführten Debatte bearbeitet. Nach H. F. Rupp lassen sich dabei vor allem drei Arbeitsschwerpunkte unterscheiden:

In einer historisch-hermeneutischen Fragerichtung wird erstens versucht, die komplexe Geschichte des Begriffes zu rekonstruieren, um ihn dann zweitens aus einem problemgeschichtlich-kritischen Überblick heraus für die Gegenwart zu reformulieren und seine Möglichkeiten für das aktuelle pädagogische Handeln fruchtbar zu machen. Drittens wird versucht, die Linien dieses reformulierten Bildungsbegriffes bis in die Ebene der Didaktik auszuziehen. Exemplarisch lassen sich diese drei Stossrichtungen an den Arbeiten von Wolfgang Klafki aufweisen, der sich wie kaum ein zweiter deutscher Pädagoge der Gegenwart mit dem Bildungsbegriff beschäftigt hat.[1]

Im Raum der evangelischen Theologie darf als *Promotor* des Bildungsbegriffs Karl Ernst Nipkow bezeichnet werden. Er hat den Bildungsbegriff in den Siebzigerjahren aufgegriffen und ihn als zentrale reli-

---

[1] H. F. Rupp: A.a.O. S.295 f.; vgl. dazu ebenso: W. Klafki, Studien zur Bildungstheorie und Didaktik., Weinheim 1963; ders.: Neue Studien zur Bildungstheorie und Didaktik. Beiträge zur kritisch-konstruktiven Didaktik, Weinheim 1985

gionspädagogische Leitkategorie fruchtbar gemacht[1]; damit hat er der evangelischen Religionspädagogik der letzten 25 Jahre wohl einen der entscheidendsten Impulse verliehen.[2]

Grundlegend ist für Nipkow die Einordnung der Religionspädagogik zwischen Theologie und Pädagogik. Sich selbst charakterisiert er als einen «von der Erziehungswissenschaft herkommenden Religionspädagogen»[3] und vermeidet es, die Auseinandersetzung um die Weltdeutung auf der Ebene einer theologischen Anthropologie zu führen. Die Begründung der Religionspädagogik am Religionsbegriff kommt für ihn daher nicht in Frage.[4]

Es ist die biblisch-reformatorische Tradition, welche für Nipkow den «freien Raum» zu sachgemässer erziehungswissenschaftlicher Ausarbeitung religionspädagogischer Probleme öffnet.[5] Als Lutheraner geht er vom Schema «Gesetz und Evangelium» aus, Erziehung steht für ihn unter dem Gesetz, d. h. er ordnet sie unter die «weltlichen Dinge» ein und hält sie folglich für einen Gegenstand der pädagogischen Vernunft, die für Nipkow geschichtlich-dialektisch bestimmt ist. In fragmentarischer Lückenhaftigkeit begreift sie die Bewegung der Geschichte in ihrer Komplexität als Einheit. Partikularitäten und Einseitigkeiten, Widersprüche und Aporien ordnet sie aufeinander zu und bringt auf diese Weise ihren Wahrheitsgehalt zur Geltung. Dabei ist sie ihrem Wesen nach gleichzeitig reflexiv und

---

[1] Nipkows Denken kreist seit seiner Dissertation über «Die Individualität als pädagogisches Problem bei Pestalozzi, Humboldt und Schleiermacher» von 1960 über sein dreibändiges Grundlagenwerk «Grundfragen der Religionspädagogik», erschienen zwischen 1975 und 1982, bis hin zu seinem umfassenden Bildungsbuch «Bildung als Lebensbegleitung und Erneuerung» von 1990 zentral um die Begründung kirchlichen Erziehungshandelns im Bildungsbegriff.

[2] G. Adam bezeichnete 1989 die drei Bände «Grundfragen der Religionspädagogik» als «das entscheidende Werk zu den Grundfragen und damit auch Grundlagen in der evangelischen Religionspädagogik seit 1975»; in: G. Adam: Grundlagenforschung in der evangelischen Religionspädagogik, in: Religionspädagogische Beiträge 24 (1989), S. 149.

Einen guten Überblick über Nipkows Denken bieten C. Bizer: Präludium: Zum Spiel der religionspädagogischen Theorie; in: JRP Bd. 12, 1996 S. 19ff. und H. F. Rupp: Religion-Bildung-Schule, S. 314ff.

[3] Vgl. K. E. Nipkow: Grundfragen, Bd. 1, S. 201

[4] Vgl. a.a.O. S. 139 ff.; ebenso die Absage an E. Feifels Begründung des Religionsunterrichtes im Religionsbegriff (Grundfragen, Bd. 2, S. 166 ff.); vgl. auch oben Kapitel 5.3

[5] K. E. Nipkow: Grundfragen, Bd. 1, S. 200f.

kommunikativ: Die eigene Vernunfttätigkeit ist in den geschichtlich-gesellschaftlichen Prozess eingeordnet und zukunftsbezogen. So ist auch in der Religionspädagogik jeder einzelne Erkenntnisprozess vielfältig vernetzt und auf Integration hin angelegt. Widersprüche sind produktiv und Aporien, einmal erkannt, sind auszuhalten. Die grundlegenden Diskussionen aller, besonders der benachbarten Disziplinen sind aufzunehmen. Multiple und interdisziplinäre Zugänge gehören zur Bewegung der umfassenden Vernunft selbst. Sie verleihen dem Theoretiker der Religionspädagogik Modernität und Wahrheitsanspruch.

Damit ist der Rahmen abgesteckt, in welchem die Religionspädagogik ihre Kriterien gewinnt. Er konstituiert sich sowohl durch die Pädagogik und die Geschichte ihres neuzeitlichen emanzipatorischen Denkens als auch durch die Theologie und ihren christlichen «Befreiungszuspruch und -anspruch».[1] Theologie und Pädagogik stehen dabei jeweils in ihrer eigenen Geschichte, zu der sie sich auch reflexiv-kritisch verhalten, sind aber gleichzeitig durch mannigfaltige, sie wechselseitig bedingende Bezogenheit miteinander verflochten. Aus dieser Dialektik des Zusammenhangs und der Unterscheidung von Pädagogik und Theologie entfaltet Nipkow nun *das konvergenztheoretische Orientierungsmodell*:

Für eine religionspädagogische Aussage muss in gleicher Weise der Theologe die pädagogische Sachgemässheit theologisch und der Pädagoge die theologische Sachgemässheit pädagogisch einfordern. Das setzt voraus, dass theologische und pädagogische Aussagen «konvergent» aufeinander abgebildet werden können, freilich nicht zu einem identischen Bild, sondern so, dass jeweils Deckungsungleichheiten bleiben. Die Konvergenztheorie vollzieht nicht eine vorgängig angelegte Harmonie nach, sondern dient heuristischer Orientierung und möchte die Koordinaten zur prozesshaften Entwicklung von Konvergenzen abgeben.[2]

---

[1] A.a.O. S. 176

[2] C. Grethlein weist auf die systematischen und praktischen Probleme bei der Realisierung einer gleichberechtigten Konvergenz und Divergenz zwischen Theologie und Pädagogik (vgl. C. Grethlein: Religionspädagogik, S. 194). Als Theologe neigt Nipkow wohl schliesslich eher der Theologie zu (vgl. H. Schmidt: Leitfaden Religionspädagogik, Stuttgart 1991, S. 121, Anm. 859). Mich persönlich beeindruckt aber gerade sein ernsthaftes Bemühen, Schule und Kirche, Pädagogik und Theologie in der Vielfalt ihrer Ausprägungen konstruktiv miteinander ins Gespräch zu bringen, ohne seine Identität hintanzustellen. Wahrscheinlich sind es auch Parallelen in der Biographie, so vor allem die Tätigkeit in Schule und Kirche, sowie eine herausgespürte We-

Von fundamentaler Bedeutung ist m. E. die *Konvergenz zwischen der evangelischen Rechtfertigungslehre und dem Bildungsbegriff.* Beide Begriffe weisen eine dialektische Struktur auf, in welcher der Mensch als etwas vorausgesetzt wird, das zu realisieren ihm als Lebensaufgabe mitgegeben ist. Damit enthalten beide auch ein Verständnis von Subjektivität, das sich in einer Dialektik von Reflexivität und Kommunikation verwirklicht. Ich referiere einen Strukturvergleich von G. Lämmermann.[1]

Um die Konvergenz aufzuzeigen, muss die Theologie die klassische Rechtfertigungslehre als Aussage über menschliche Subjektivität interpretieren. Rechtfertigung bedeutet ja nach Röm. 5, 18, dass der Mensch vor jeder Eigenleistung die im Sündenfall verlorengegangene Gottebenbildlichkeit durch Christus wiedererlangt. Auf diese Weise wird er durch die Gnade Gottes, um es in bildungstheoretischer Begrifflichkeit auszudrücken, zu einem kompetenten, handlungsfähigen Subjekt, dessen Eigenrecht unaufhebbar ist. Es stellt sich ihm allerdings die Lebensaufgabe, diese konstitutive Vor-Gabe lebensgeschichtlich einzulösen. Wiederum theologisch gesprochen ist Gott damit «das ursprüngliche Gegenüber menschlicher Selbstbestimmung»[2]. Diese theologische Aussage von der Gottbezogenheit des Menschen bedeutet strukturell, dass sich der menschliche Prozess der Selbstfindung dialektisch relational verwirklicht, eine Einsicht, die Luther wiederum theologisch als Glaube bestimmte, welcher im Lebensvollzug die gegebene Unmittelbarkeit, Selbstbezogenheit und Begrenztheit des Menschen zu transzendieren vermag. Dieses konstitutive Verständnis des Menschseins im Rechtfertigungsgeschehen drückt sich sodann bei Luther direkt in ethischer wie in ekklesiologischer Hinsicht aus, denn sowohl die Vorstellung von der Freiheit eines Christenmenschen wie der Gedanke vom allgemeinen Priestertum aller Getauften folgen unmittelbar daraus.

Damit ergeben sich zwischen der theologischen Rechtfertigungslehre und einem kritischen Verständnis von Bildung wenigstens vier grundlegende, strukturelle Übereinstimmungen: Auch im Bildungsbegriff wird erstens der Mensch von seiner Subjektivität her bestimmt, die als solche dem Bildungsprozess vorausgesetzt gedacht wird. Zweitens lässt sich Bildung als Überwindung von Unmittelbarkeit durch die Auseinandersetzung und das Bezogensein auf anderes bestimmen. Bildung intendiert drittens die Entwicklung einer verant-

---

sensverwandtschaft im Wunsch Gegensätze zu harmonisieren, die mich viele meiner innersten Anliegen bei ihm wiederfinden lassen.

[1] Vgl. dazu auch G. Lämmermann: Grundriss der Religionsdidaktik S. 85ff.

[2] Vgl. W. Gräb / D. Korsch: Selbsttätiger Glaube. Die Einheit der Praktischen Theologie in der Rechtfertigunsglehre, Neukirchen 1985, S. 45

wortlichen Haltung gegenüber der Mitwelt und wird viertens als ein Prozess betrachtet, welcher prinzipiell unabschliessbar ist.

In seiner dialektischen Struktur vermittelt der Bildungsbegriff aber nicht nur die lebensgeschichtliche Spannung zwischen der Freiheit autonomer Selbstverwirklichung und der Anpassung heteronomer Sozialisierung. Auch der eigentliche Bildungsprozess vermittelt zwischen Subjekt und Objekt, wobei Start und Ziel dieses Vermittlungsprozesses das Subjekt selbst ist. Ohne Auseinandersetzung und Aneignung, ohne Selbstbildung fehlt gewissermassen der Ausgangspunkt des Bildungsprozesses, in dessen Verlauf die Objekte dieser Auseinandersetzung aber auch auf das Subjekt zurückwirken; demnach gilt ebenso die Antithese: ohne Prägung durch die objektive Welt, ohne Fremdbildung also, kommt ebenso keine Bildung zustande. Konkreter gesagt: Der Jugendliche setzt sich mit den objektiven Tatsachen und Inhalten der Umwelt auseinander; dadurch gewinnen diese objektiven Gehalte prägenden Einfluss auf ihn und andererseits wird der Gebildete befähigt diese Umwelt konstruktiv zu gestalten und gelangt ans eigentliche Bildungsziel, die Befähigung zu einem verantwortlichen Wahrnehmen des Umweltverhältnisses.

Der Bildungsgedanke vermittelt daher weiterhin zwischen dem unsinnigen Dualismus *materialer und formaler Bildung*. Die Überbetonung der bildenden Funktion objektiver Stoffe führt zu einer materialen Bildungstheorie, die erfolgreiche Bildung an bestimmte klassische Stoffe bindet, der pädagogische Subjektivismus dagegen sucht sein Heil in der Schulung und Entfaltung der inneren Kräfte des Menschen. Um diesen Vermittlungscharakter zu betonen definiert W. Klafki Bildung auch als *doppeltes Erschliessen*. Bildung erschliesst nämlich einerseits dem sich Bildenden ein Stück fremde Welt und im gleichen Akt der Aneignung begreift dieser sich selbst. Bildung als doppeltes Erschliessen betont also die *Gleichzeitigkeit der Fremdwahrnehmung und der Selbsterfahrung im Bildungsakt*. Damit ereignet sich Bildung in einem wechselseitigen Sich-Durchdringen von Subjekt und Objekt, von Mensch und Umwelt. Indem das Kind einen Gegenstand geistig bearbeitet und sich ihm aussetzt, gewinnt es Kategorien für sein eigenes Verstehen der Welt und das *objektive* Resultat dieses Bildungsbemühens ist ein neu gewonnenes Wissen; *subjektiv* führt dieser Zuwachs an Wissen und seine Verarbeitung zu neuer Erkenntnis-, Erlebnis- und Handlungsfähigkeit.

Von hier aus ergibt sich innerhalb einer bildungstheoretischen Konzeption von Unterricht ein *Vorrang der Didaktik* vor der Fachwissenschaft. Denn es ist die vordringliche Aufgabe der Fachdidaktik Inhalte zu identifizieren, welche eine solche wechselseitige Erschliessung ermöglichen. Näherhin vollzieht sich diese durch *Kategorien*, durch welche Wahrnehmung strukturiert und Erkenntnis möglich wird. Diese Kategorien vermitteln zwischen dem *Besonderen* und dem *Allgemeinen*. Eine Didaktik der *kategorialen Bildung* wird es sich also zur Aufgabe machen, einen Unterricht zu entfalten, der die Kinder zur Konstruktion von Kategorien für ihren Weltumgang anleitet. Dabei geht der Bildungsweg in der Regel durch die Besonderheit der Erscheinungsformen einer Sache hindurch zu ihrem allgemeinen Gehalt, auch genannt *das Fundamentale*.

Freilich gibt es als Ausnahme den sogenannten *fruchtbaren Moment*, welcher eine letzte Unverfügbarkeit allen Bildungsbemühens anzeigt. In fruchtbaren Momenten wird einer Schülerin beispielsweise schlagartig eine Einsicht ins Wesen des Glaubens zuteil. Sie erlebt fundamental, was Glaube bedeutet.

Die Regel ist aber wie gesagt, dass das Allgemein-Fundamentale vom Besonderen her angegangen werden muss. Dabei eignen sich nicht alle Einzelerscheinungen gleichermassen, denn Stoffe, die in zufälliger Einmaligkeit verschlossen bleiben, haben keinen über sie hinaus weisenden Bildungswert. Im Bereich des Besonderen sucht die Didaktik daher vordringlich nach dem *Elementaren*, d. h. nach Stoffen, an denen Methoden, Prinzipien, Strukturzusammenhänge, Formelemente o. ä. erlernt werden können. Diese *Elementarisierung als didaktische Hauptaufgabe* in der Unterrichtsvorbereitung bedeutet dann für eine bestimmte Klasse innerhalb eines thematischen Zusammenhangs Unterrichtsinhalte zu finden, um sich damit dem Fundamentalen der Sache selbst zu nähern.

Damit sind die Umrisse einer bildungstheoretischen Didaktik aus Sicht der Pädagogik skizziert. Es stellt sich aber nun die Frage, ob die didaktische Vermittlung einer kategorialen Bildung von der Theologie her als «Genese des christlichen Selbstbewusstseins» interpretiert werden kann. R. Preul hat einen derartigen Strukturvergleich durchgeführt, den ich als zweites grundlegendes Beispiel im Rahmen des konvergenztheoretischen Orientierungsmodells kurz referieren möchte.[1]

Auch unter der Voraussetzung der theologischen Aussage, dass der Glaube von Gott gegeben ist, ist er kein passiver Akt, sondern die «Aneignung einer bewusst erkannten und bejahten Wahrheit» (S. 29). Als aktive Tat ist der Glaube «ein religiöser Akt» innerhalb einer psychologisch beschreibbaren Wirklichkeit.

---

[1] Vgl. R. Preul: Kategoriale Bildung im Religionsunterricht, S. 7

Dieser religiöse Akt zeichnet sich durch drei Merkmale aus:
1. Er ist ein Akt der Freiheit. Der Mensch macht in freier Erkenntnis und Bejahung eine äussere Wahrheit zu einer inneren. Dabei geht der Glaube nicht am Begreifen, Fühlen und Wollen vorbei. Vielmehr geschieht Glaube gerade dort, wo religiöser Wille angestiftet und ein Subjekt zu aktivem Denken und Handeln gebracht wird.
2. Der religiöse Akt ist eine neue Selbstinterpretation des Menschen. Er bewirkt «ein neues Denken unter einem neuen geistigen Bezugspunkt, ein neues Existenzgefühl und eine neue Motivation und Sinnrichtung des praktischen Wollens» (S. 30).
3. Im religiösen Akt geht der Mensch über sich hinaus. «Religiöse Akte sind freie und zentrale Akte der Person, in denen der Mensch Bewusstsein der Endlichkeit seiner Existenz und Welt realisiert und zugleich dadurch bewältigt, dass er es auf den transzendenten Grund und das transzendente Ziel aller endlichen Wirklichkeit oder auf die Macht über alle Wirklichkeit bezieht» (S. 32).

Das religiöse Selbstbewusstsein wird in seiner Entwicklung durch derartige religiöse Akte bestimmt. Es darf insgesamt in Analogie zum Werden von Identität beschrieben werden. In diesem wie in jenem durchläuft der Mensch einen psychologisch beschreibbaren Entwicklungsprozess und die Wechselwirkung zwischen Erfahrung und Reflexion spielt eine bedeutende Rolle. Dieser «Prozess der Wechselwirkung von Erfahrung und Reflexion spielt sich ... nicht in einem isolierten Ich ab» (S. 36), sondern in Auseinandersetzung mit der Umwelt. Damit entspricht die Bildung des religiösen Selbstbewusstseins «dem Gesetz der kategorialen wechselseitigen Erschliessung» und das Konzept der kategorialen Bildung mit ihren Begriffen des Fundamentalen und Elementaren ist auf die religiöse Bildung übertragbar.

Zum Fundamentalen stösst der Religionsunterricht vor, wenn er «die Religion als *Religion* dem Schüler verständlich und damit auch erfahrbar» (S. 53) macht. Dies ist beispielsweise dann der Fall, wenn ihm unmittelbare Einsichten in die Bedingungen seines Lebens zuteil werden und geschieht wie gesagt zumeist vermittelt durch das Elementare. Die Religionsdidaktik ist des weiteren auf die Kenntnis der lebens- und entwicklungsgeschichtlichen Bedingungen der am Bildungsgeschehen beteiligten Subjekte angewiesen. «Erst aus dem Wissen um die Gesetze, Strukturmomente und Bedingungsfaktoren religiöser Entwicklungsabläufe wird es möglich, im Religionsunterricht elementare Theologie zu betreiben» (S. 60).

Damit erreicht der Religionsunterricht eine grösstmögliche Weite und Anschlussfähigkeit innerhalb der schulischen Bildung. Es geht ihm um «alle religiösen Lernprozesse, schulische und ausserschulische. Ferner müssen auch alle mittelbar religiös bedeutsamen Lernerfahrungen und Lernvoraussetzungen berücksichtigt werden, die mit dem allgemeinen Bildungswesen und Bildungsschicksal einer Zeit gegeben sind.»[1] Voraussetzung dazu ist allerdings, dass die Religionspädagogik am gesellschaftlichen Diskurs um die immer wieder neu zu bestimmenden «Schlüsselprobleme» der Gegenwart teilnimmt. Daran orientiert muss sie sich weiterhin daran beteiligen «Qualifikationen» zu beschreiben, die zur gemeinsamen Bearbeitung dieser uns alle angehenden Probleme befähigen. Erst im Anschluss daran können eigentliche religionspädagogische Aufgabenfelder strukturiert werden, innerhalb derer die Religionsdidaktik schliesslich ihre Elementarisierungsaufgabe angehen kann.

Die Diskussionen um die «Schlüsselprobleme» und «-qualifikationen» allgemeiner Bildung sowie um die Aufgabenfelder und Ziele des Religionsunterrichtes sind in den letzten zwanzig Jahren auf verschiedenen Ebenen geführt worden, was in der Natur der Sache liegt. Eine nachhaltige Auswirkung bis heute hat dabei K. E. Nipkows frühe Formulierung der vier Grundaufgaben der Kirche gehabt:
1) «Lebensbegleitende, erfahrungsnahe Identitätshilfe»
2) «Gesellschaftsdiakonische politische Verantwortung»
3) «Wagnis kritischer Religionssicht»
4) «Der ökumenische Weg» [2]
Wegweisend war weiterhin H.- G. Heimbrocks allgemeines Ziel religiöser Bildung: Es besteht darin Subjektwerdung in universaler Solidarität und Mitkreatürlichkeit zu fördern, indem Menschen
1) ihre individuelle Lebensgeschichte verstehen,
2) angesichts der bedrängenden Gegenwartsprobleme gemeinsam handeln,
3) ihre gemeinsame Lebenswelt unter der Perspektive der Verheissung des Evangeliums deuten und
4) den Streit um die Wahrheit dialogisch auszutragen lernen.[3]
Der innere Zusammenhang zwischen den vier zuletzt genannten Modalitäten und Nipkows «Grundaufgaben» braucht wohl nicht näher erläutert zu werden.

Seit der religionspädagogischen Rezeption des Bildungsbegriffs in den Siebziger- und Achtzigerjahren darf von einer zunehmenden Öffnung der

---

[1] Vgl. K. E. Nipkow: Grundfragen, Bd. 1, S. 14
[2] Vgl. K. E. Nipkow: Grundfragen, Bd. 2, S. 101 ff.
[3] Vgl. H.- G. Heimbrock: Lern-Wege religiöser Erziehung, Göttingen 1984, S. 203

Theologie zur Pädagogik hin gesprochen werden und es mangelt nicht an gründlichen systematisch-theologischen und religionsdidaktischen Versuchen, kirchliches Handeln, bzw. Religion an der Schule bildungstheoretisch zu legitimieren. Problematisch bleibt, dass diese Bemühungen unterschiedlich zur Kenntnis genommen werden. Wo die gesetzlichen Grundlagen und – in der Regel davon abhängig – die geeigneten Diskussionsforen fehlen, bleibt eine gegenseitige Verständigung über die Ziele religiöser Bildung aus. Trotzdem wird der Diskurs um den Bildungsauftrag der Schule und den spezifischen Beitrag des Religionsunterrichts in seinem Kontext weitergeführt und dabei auch durch die Aufnahme neuer Gesichtspunkte modifiziert.[1] Und dies ist äusserst wichtig, denn die bildungstheoretische Legitimation des Religionsunterrichts an der Schule bleibt bis auf weiteres der einzige zukunftsweisende Ansatz. Dies gilt auch als kritische Anfrage an das Unterrichtswerk von H. Halbfas.

7.2 DAS THEOLOGISCH-DIDAKTISCHE PROFIL DES UNTERRICHTSWERKS IN BILDUNGSTHEORETISCHER PERSPEKTIVE

7.2.1 Der Bildungsbegriff und die Einheit der Wirklichkeit

Der Bildungsgedanke ist bereits seit 1960 in Halbfas' Denken präsent. Schon im «Handbuch der Jugendseelsorge» war beispielsweise zu lesen:

> «Ein gebildeter Mensch braucht deswegen nicht sonderlich viel zu wissen, weil es im Bildungsprozess nicht auf nacktes Wissen ankommt, sondern auf den Erwerb eines Ordnungsbildes vom Weltganzen, in dem der Mensch seinen eigenen Standort richtig schaut und ein richtiges Grundverhältnis zu den Hauptbereichen des Seins und zu Gott herstellt.» [2]

Allerdings gebraucht Halbfas den Bildungsbegriff ursprünglich nicht als Oberbegriff. Er wählt «Erziehung» zum «umfassenden Begriff für alle personalen Bemühungen, den Menschen ganzheitlich aufzuerbauen und zu vollenden».[3] Wenn es aber darum geht, den eigentlichen Lernprozess zu

---

[1] Vgl. exemplarisch A. Grözinger: Der Beitrag des schulischen Religionsunterrichtes zur Alphabetisierung des Lebens oder Welche Religion braucht die Schule, in: M. Vetter (Hrsg.): Wieviel Religion braucht die Schule?, Tübingen, 2000
[2] Vgl. H. Halbfas: Handbuch S. 160; ebenso oben Kap. 2.2.4 und 2.2.5
[3] Vgl. H. Halbfas: Handbuch, S. 15

beschreiben, liegt ihm der Begriff Bildung näher. Er versteht ihn 1960 einerseits als «Herausbilden (Transparentwerden) ... (des) göttlichen Bildcharakters im Menschen», als eine Entwicklung also, die er näher mit «Selbstbildung» umschreibt. Andererseits kann der Mensch seiner Meinung nach «aus sich selbst nicht die Wesensschau auf sein Leben und die Welt finden», bleibt also auf «Fremdbildung» angewiesen. «Das eine ... gibt es nicht ohne das andere.»[1] Bildung als Prozess – bestehend aus Selbstbildung und Fremdbildung – ist Halbfas von Beginn seines Weges an ein Begriff. Bei näherer Betrachtung meiner bisherigen Ergebnisse und im Vergleich zum eben skizzierten kritischen Bildungsbegriff bei Klafki und Nipkow zeigt sich aber, dass Halbfas Subjekt und Objekt im Bildungsprozess anders zuordnet und dass er sich den Bildungsprozess als Ganzen anders vorstellt.

In der Theorie der kritischen Bildung verläuft der Bildungszirkel vom Subjekt über das Objekt wieder zum Subjekt hin. Ausgangs- und Zielpunkt des Prozesses ist dabei der sich bildende Mensch in seiner Subjektivität. Die Voraussetzung dazu besteht in der grundsätzlichen Möglichkeit zur kritischen *Selbstbildung* als aktiver Aneignung der Welt, ihr Ziel erreicht die Bildung in der Befähigung dieses Menschen sich konstruktiv an der Gestaltung der Umwelt zu beteiligen. Dazwischen liegt die im dialektischen Sinn als Antithese zu denkende Fremdbildung, das heisst Bildung als erziehende Prägung durch die objektive Umwelt, die Menschen und Dinge, die Gesellschaft insgesamt. Ich vertrete nun die These, dass dieses Modell des Bildungsprozesses bei Halbfas anders zu skizzieren ist.

Das eingangs noch einmal aufgegriffene Bildungsverständnis im «Handbuch der Jugendseelsorge» unterscheidet wohl Selbst- und Fremdbildung, das Subjekt der Bildung und damit der Ausgangspunkt des Bildungsprozesses ist aber in beiden Modi das *Bild*, bzw. *die innere Ordnung des Seins*, der Mensch steht damit hier wie dort einem zu verwirklichenden Ideal gegenüber und ist gewissermassen das Objekt der Bildung. So fällt die dialektische Spannung zwischen *Voraussetzen* und *Setzen*, die im kritischen Bildungsbegriff angelegt ist, dahin. Dafür wird aber eine andere Spannung um so wirksamer, nämlich diejenige zwischen Ideal und Wirklichkeit. In «Jugend und Kirche»[2] stellt Halbfas die Bildungsaufgabe der Jugend als schier unlösbar dar. Im dort entfalteten Verständnis von Bildung sieht er die Jugendlichen nicht als aktive Mitgestalter der Gesellschaft, die konstruktiv verändernd in die geschichtliche Entwicklung eingreifen könnten,

---

[1] A.a.O. S. 447, Anm. 1
[2] Vgl. oben Kapitel 3.3

also zu wenig von einer durch Reflexivität und Kommunikation geprägten Subjektivität her, sondern als in ihrem Menschsein Bedrohte, weil die vorgegebenen Ideale wahrer Menschlichkeit kaum mehr mit der gesellschaftlichen Wirklichkeit zu vereinbaren sind. Im Gegensatz zur dialektischen Wechselwirkung zwischen Subjekt und Objekt in der Theorie der kritischen Bildung überwiegt in *Halbfas'* Bildungsmodell *die prägende Potenz allen Seins*, die sowohl im Modus der Selbstbildung wie in demjenigen der Fremdbildung das eigentliche Subjekt der Bildung darstellt.

Diese Struktur verstärkt sich noch durch seine hermeneutische und didaktische Entfaltung im «Religionsunterricht», in der «Fundamentalkatechetik»[1] und im «Dritten Auge»[2]; sie findet ihre Fortsetzung im Unterrichtswerk. Wie oben dargestellt geht es Halbfas besonders darum, auf der Basis eines ontologischen Religionsbegriffs den Bezug zwischen Erfahrung und Offenbarung innerhalb einer einheitlichen Wirklichkeit herzustellen. Im Vergleich mit einem Unterrichtskonzept, das im Anschluss an den kritischen Bildungsbegriff begründet und mit Hilfe des konvergenztheoretischen Orientierungsmodells entfaltet ist, ergeben sich hierzu beträchtliche Differenzen.

So wird die Einheit der Welt hier prinzipiell bruchstückhaft gesehen, das Leben selbst als Fragment und nie abgeschlossen, sondern auf Zukunft hin offen. Vor dieser Kulisse erhebt eine kritische Bildungstheorie den Anspruch an den jungen Menschen, an einer lebenswerten Welt mitzugestalten und eine Orientierungskompetenz zu entwickeln, welche die Welt als Einheit und sinnvoll zu begreifen vermag. Vorausgesetzt ist dabei, dass der Mensch durch seine Vernunftbegabung dazu in der Lage ist. Demgegenüber spricht Halbfas auch im Unterrichtswerk häufig vom «Anspruch»[3] einer möglichst umfassenden Theorie. Tendenziell möchte er die Schüler durch die Religionsbücher lieber über- als unterfordern. (LHB 5, S. 30)

---

[1] Vgl. oben Kapitel 5.4 und 5.5

[2] Vgl. oben Kapitel 6.3

[3] Der Halbfas'sche *Anspruch*, der einem in vielen seiner Werke als schneidende Kritik an desolaten Zuständen begegnet, hat für meine Ohren an manchen Stellen einen prophetischen Zug; er findet seinen überzeugendsten Ausdruck überall dort, wo seine eigene Betroffenheit durchschimmert – beispielsweise in manchen Passagen von «Jugend und Kirche» oder in der «Fundamentalkatechetik». Andererseits ist die prophetische Gabe eine ambivalente Erscheinung, die je nach kommunikativem Umfeld auch in Anmassung umschlagen kann, nämlich als würden hier nun endlich auf die entscheidenden Fragen die richtigen Antworten gegeben, wesentliche Mängel identifiziert und behoben, was freilich auch eine Frage des Tones ist, in dem die Kritik vorgetragen wird.

Grösser noch sind die Ansprüche an die Lehrerschaft (S. 27), weil Lehrerinnen und Lehrer des Schulfaches Religion «umfassenden» Anforderungen genügen müssen:

> «Der Anspruch an das eigene Fach wäre zu gering, würden die Lehrerhandbücher nicht zugleich eine fachübergreifende Brauchbarkeit haben. Wer Deutsch, Geschichte, Kunst, Politik, Erdkunde, Ethik ...unterrichtet, soll sich von diesen Bänden ebenfalls angesprochen fühlen. Darüber hinaus wollen die Handbücher ein Schulprogramm entwickeln, das Lernen wieder mit dem Leben verbindet. Ein solcher Anspruch muss das Selbstverständnis der Religionspädagogik prägen: Religion hört auf Religion zu sein, wenn sie separiert und segmentiert, statt kommunikative und umfassende Prozesse in Gang zu setzen.» (S. 15)

Das Bildungskonzept, welches dem Unterrichtswerk zugrunde liegt, wird hier exemplarisch fassbar: Ausgangspunkt und Ansatz ist das bekannte Verständnis von Religion. Religion umfasst alles, ja ihr wesensbestimmendes Merkmal ist gerade das Gegenteil von «separieren» und «segmentieren», das heisst, *sie* vermittelt *die Einheit der Wirklichkeit*, weil sie mit dem Ganzen des Lebens zu tun hat. Der Anspruch an die Religionspädagogik darf deshalb nicht geringer sein als sich auf dieses Ganze einzulassen und ein Schulprogramm zu entwickeln, welches möglichst fächerübergreifende Lernangebote macht. Bildung beruht dabei in erster Linie auf der bildenden Kraft des Lebens, das exemplarisch und *kategorial* in «äusseren Bildern» repräsentiert wird, welche die «inneren Bilder» spiegeln. Zwischen inneren und äusseren Bildern besteht dabei eine ambivalente Wechselwirkung; die *Selbstbildung* besteht darin sich «die Unterschiede» zwischen konstruktiven und destruktiven Einflüssen «bewusst» zu machen und sich «Bilder» anzueignen, «die sehen lehren». (RB 5/6, S. 168) Obwohl zurückgenommen, bleibt die oben bezeichnete Spannung zwischen Ideal und Wirklichkeit damit auch im Unterrichtswerk bestehen. Daraus resultiert zumindest unterschwellig weiterhin ein gebrochenes Verhältnis zu neueren und neusten gesellschaftlichen Entwicklungen wie *Pluralismus, Individualisierung und multikulturellen Lebenswelten*, zu Phänomenen also, die wohl das epochale Ende der Moderne markieren.

> «Die überall auszumachende Tendenz zur Individualisierung wird in fast allen neueren Untersuchungen als Strukturmerkmal der heutigen Jugend angesehen, wenngleich es gewiss keine jugendspezifische Erscheinung allein ist, sondern die moderne Gesellschaft insgesamt charakterisiert ... Man mag meinen, das Schwärmen für einen Star, für bestimmte T-Shirts oder für eine Hard-Rock-Version sei auf Äusserlichkeiten fixiert und vermöge keine Szene zusam-

menhalten. Doch würde ein solches Urteil die Prägekraft der Szene weit verkennen ... *Damit erweist sich der symbolische Charakter des jugendlichen Konsums. Beim Hosenkauf geht es mitnichten um die Notwendigkeit, gesund und wärmend bekleidet zu sein, vielmehr steht die begehrte Textilmarke für eine – dem Aussenstehende oft verborgene – Wertewelt und einen Lebensstil, der den Wunsch einschliesst, von anderen der gleichen Szene akzeptiert zu werden ...* Die Aufsplitterung der Szenen bringt es andererseits mit sich, dass die Jugendkultur in ihren wechselnden Moden für die meisten Zeitgenossen kaum noch überschaubar ist. *Die wuchernde Multioptionalität führt dazu, dass alle Dinge wichtig sind oder, mit gleichem Recht, dass alle Dinge unwichtig sind. Es gelingt niemandem mehr, das verwirrende Nebeneinander aller nur denkbaren Angebote, Überzeugungen, Werte, Erlebnismöglichkeiten und Lebensstile kritisch zu sichten, und so schwinden in der Jugendkultur auch die Massstäbe für das Unverzichtbare gegenüber dem Möglichen und dem Überflüssigen.* Das inflationär gewordene Freizeitangebot, die unaufhörlichen Feten, die Fülle der Wahlmöglichkeiten führen zur Unverbindlichkeit des Marktes der Möglichkeiten ... *Ein übergreifender und zugleich relativierender Sinn, welcher dem Einzelphänomen seinen Stellenwert zuwiese, existiert nicht und kann auch im Prozess einer totalen Kulturnivellierung nicht erwartet werden.*»[1]

Im vorgelegten Ausschnitt fliesst zunächst über den metaphorischen Gehalt der Wortwahl eine negative Bewertung des gesellschaftlichen Pluralismus ein, wenn beispielsweise davon die Rede ist, dass die «Multioptionalität wuchert». Im weiteren zeigt der Text eine Tendenz zur Pauschalisierung und zur Übertreibung, als ob das generell auf die Jugend der Grossstädte zuträfe, dass sie in jedem Hosenkauf bewusst oder unbewusst einen Akt der Identitätsfindung vollzöge und alle Jugendlichen dauernd an Feten herumhingen. Wenn der Text explizit auf die Vielfalt der Jugendkultur zu sprechen kommt, so verfällt er offensichtlich in einen Modus der Klage über Verlorengegangenes. Die Rede vom «verwirrenden Nebeneinander» verweist vielleicht am deutlichsten darauf, dass der Pluralismus hier grundsätzlich negativ gewertet wird. Wenn K. Gabriel[2] von der lebenslangen Aufgabe individueller Orientierung spricht, so stellt er den postmodernen Menschen unter dem kritischen Bildungsbegriff zwischen die Freiheit eines individuellen Lebensentwurfs und den Anspruch gesellschaftlicher Orientierung, er nimmt ihn ernst in seiner subjektiven Würde. Dahinter steht eine grundsätzliche Bejahung von Individualisierung und Multikulturalität.

---

1 LHB 8, S. 29-32; Hervorhebungen durch M. M.
2 Vgl. K. Gabriel: Christentum und Industriegesellschaft, S. 38

Ein Bildungsverständnis jedoch, welches von einer bildenden Einheit der Welt ausgeht, baut eine unüberbrückbare Spannung zur Vielgestaltigkeit der pluralistischen Kultur auf und vermag diese nur als «totale Nivellierung» wahrzunehmen.

Die im letzten Kapitel aufgezeigte monistische Struktur und der Mangel an Dialektik in Halbfas' Konzept zeigt sich in seiner Bildungsvorstellung also als *Manko an reflexiv-kommunikativer Subjektivität im Modus der Selbstbildung*.

Halbfas vertraut scheinbar fast gänzlich auf die bildende Kraft seines enzyklopädischen Curriculums. Und diese Einseitigkeit ist gewiss seine Stärke. Wer könnte sich der Fülle gehaltvoller Texte und Bilder, welche die über 3000-jährige Geschichte der jüdisch-christlichen Überlieferung und der Welt der Religionen repräsentieren, entziehen? Schülerinnen und Schüler jedenfalls sind fasziniert von den inhaltlichen Arrangements und Unterrichtende entdecken eine Vielzahl von altersspezifischen Zugängen zu traditionellen und unkonventionellen Themen des Religionsunterrichtes. Trotzdem, wirklich arbeiten lässt sich unter einem kritischen Bildungsbegriff mit dem Unterrichtswerk von Halbfas nur, wenn diese starke objektiv-stoffliche Seite durch einen ebenso starken Begriff von Subjektivität ergänzt und damit dialektisch verschränkt wird. Man mag einwänden, dass sich das Konzept als Ganzes dagegen sperrt, de facto wird es in der Praxis längst mit anderen Konzepten vermischt. Ich schlage daher vor Halbfas' Konzeption bewusst als *Antithese* zu evangelischen Entwürfen zu betrachten, die ihrerseits die Subjektivität stark betonen. Die Kehrseite der evangelischen Freiheit ist ja bekanntlich die unverbindliche Beliebigkeit. Hier kann Halbfas mit seinem gewichtigen Sachbezug einen *komplementären* Beitrag leisten.

7.2.2 Erfahrung und Offenbarung in bildungstheoretischer Perspektive

In der Sorge um die Einheit der Wirklichkeit hat Halbfas in der «Fundamentalkatechetik» mit dem *Mythos* eine immanente Offenbarungskategorie entfaltet[1], in welcher er Offenbarung und Erfahrung aufs Engste verschränkt. Dabei setzt seine theologische Grundlegung bei der anthropologisch gewendeten Theologie Karl Rahners an: Dem Ganzen der Schöpfung wohnt Gottes Gnadenwille inne, worin der Mensch die frei setzende *Offenbarung* Gottes als Anspruch und Herausforderung zur Nächstenliebe

---

[1] Vgl. oben Kapitel 5.5

erfährt. Besonders deutlich zeigt sich die Pointe dieser Vermittlung an der zentralen Stelle der Offenbarungstheologie, nämlich bei der Lehre von der Erlösung. «Die Unterscheidung des Christlichen» ist für Halbfas nämlich nicht *die Rechtfertigung in Christus*, sondern die menschliche Entscheidung zu ethisch-verantwortetem Handeln. Im Unterrichtswerk hat Halbfas diesen Standpunkt nun abgewogener zu sagen gelernt und ihn in einem breiteren erlösungstheologischen Kontext eingebettet. (LHB 4, S. 282ff.)

> Er schliesst sich jetzt dem soteriologischen Verständnis Anselms an, bei dem «der freiwillige Tod Jesu ... die Aufgipfelung eines Lebens (ist), das sich radikal an Gott und die andern weggab und gerade so in Freiheit Schöpfung verwirklichte und für uns alle neu konstituierte.» Nach Anselm sind die Menschen in diesem Sinne als «imitatores» in die Nachfolge gerufen und werden so durch den Menschen Jesus in die eigene Befreiung einbezogen. «Und wer dann wirklich anfängt, sich auf Jesus und dessen befreiende Praxis einzulassen ..., der gerät an diesen befreienden Gott, der als Liebe und Gnade erfahren werden kann ..., der jeden unverdientermassen ganz annimmt und ihn damit frei macht zu einem Verhalten gegenüber anderen, das sich dem Verhalten Jesu – wenn auch nur entfernt – annähert.» (S. 287)

Strukturell ist diese Theologie der oben skizzierten Bildungsvorstellung unterlegt. Der schöpfungsimmanente Gnadenwille Gottes ist der theologische Ausdruck für den bildenden Anspruch des Weltganzen an den Menschen. Bildung kann dabei sowohl als befreiendes Handeln Gottes am Menschen wie auch als befreites Handeln des Menschen an seinem Nächsten interpretiert werden. Wie verhält sich diese Vorstellung nun zum kritischen Bildungsbegriff? Ich habe oben dargestellt, dass eine bildungstheoretische Begründung des Religionsunterrichtes in evangelischer Tradition bei der Rechtfertigungslehre ansetzt. Also erscheint es hier sinnvoll, das bei Halbfas zugrunde liegende katholische Offenbarungsverständnis mit der reformatorischen Offenbarungstradition zu konfrontieren, um die gestellte Frage differenzierter beantworten zu können.

> Der Kern der reformatorischen Offenbarungslehre liegt in einer ganz bestimmten Zuordnung von menschlichem und göttlichem Handeln im Offenbarungsgeschehen; und zwar so, dass es überhaupt unmöglich wird, von einer in menschliche Hand gegebenen *Quelle* der Offenbarung zu sprechen. Für die Reformatorische Theologie besteht Offenbarung nämlich darin, dass der Geist Gottes einem Menschen den Sinn und die Wahrheit des Lebenszeugnisses Jesu erschliesst; wobei sich dieses geistliche Erschliessungsgeschehen zwar notwen-

dig an ein menschliches Reden und Hören bindet, aber erst durch das stets frei bleibende Geisthandeln Gottes hinreichend bedingt ist.[1]

Daraus folgt erstens *die Freiheit Gottes*: Alles tradierende und lehrende Handeln von Christen, selbst von Amtsträgern der Kirche, ist in sich selbst keine Vergegenwärtigung der Offenbarung Gottes, sondern menschliche Bezeugung der Offenbarung und als solche stets fehlbar. Die Offenbarung besteht in jenem Geisthandeln Gottes, welches das Glaubenszeugnis der Gemeinde frei bestätigt oder auch als fehlerhaft entlarvt.

Es folgt daraus aber zweitens ebenso *die Freiheit des Menschen*. Denn von hier aus lässt sich der theologische Inhalt der Rechtfertigungslehre begreifen, dass «das Heil allein aus der Predigt des Wortes Gottes und durch den Glauben zuteil wird, nicht durch menschliche Werke, auch nicht durch Erziehung.»[2] Die Rechtfertigungslehre macht sich hierin zur Anwältin menschlicher Freiheit, denn sie unterscheidet zwischen dem Heil schenkenden Glauben und den nicht Heil wirkenden Werken. Ein Glaube, der sich nicht dem freisprechenden Evangelium, sondern einer Forderung – und sei es in Gottes Wort – verdankte, wäre nicht Glaube, sondern seine Perversion. Die Rechtfertigungslehre differenziert aber noch weiter, indem sie innerhalb der Offenbarung zwischen Gesetz und Evangelium unterscheidet. Denn in der Offenbarung erfährt der Mensch ja beides: Christus fordert ihn einerseits auf, sein Kreuz zu tragen, indem er ihn in die Nachfolge ruft (Gesetz) und er sagt ihm andererseits seine Vergebung und Verheissungen an (Evangelium), *der Heil bringende Glaube* verdankt sich aber nur dem Evangelium.

Somit garantiert die reformatorische Rechtfertigungslehre die Freiheit des Menschen, indem sie seinen Wert und seine Würde, sein Mensch- und Geschöpfsein streng von der Nachfolge und Heiligung unterscheidet.

Hält man die beiden skizzierten Vermittlungsmodelle zwischen Offenbarung und Erfahrung nebeneinander, so fällt zunächst auf, dass in Halbfas' Theologie Versöhnung ausschliesslich von Gott ausgeht; dem Monismus auf der philosophischen Ebene entspricht eine monistische Theologie. Dagegen ist *Rechtfertigung* im reformatorischen Sinn nur trinitarisch denkbar. Vom kritischen Bildungsbegriff her gesehen zeigt Halbfas' Vermittlungsmodell tendenziell einen Mangel an menschlicher Freiheit. Wohl lässt sich dies nicht an der zitierten Stelle aus dem Unterrichtswerk aufzeigen. Die hier gewählte Formulierung liesse sich vorsichtig sogar im Sinne der

---

[1] Vgl. die Ausführungen von E. Herms: Offenbarung und Glaube, 8. Offenbarung, S. 210ff.
[2] Vgl. K. E. Nipkow: Grundfragen, Bd. 1, S. 200

Rechtfertigungslehre interpretieren. Jedenfalls ist der enthaltene erlösungstheologische Gedankengang «ökumenisch» anschlussfähig. Im Blick auf Halbfas' theologisches Gesamtkonzept ist indessen die Kritik fehlender Freiheit nicht so leicht von der Hand zu weisen. So in sich geschlossen wie er philosophisch und theologisch Erfahrung und Offenbarung vermittelt, lässt sich wohl weltliches Reden als Gebet deuten und die Betrachtung eines Dürerbildes kann zur Offenbarung werden – und genau dies ist ja seine Intention. Doch gerade an dieser Stelle muss ich aus dem Blickwinkel der reformatorischen Tradition Einspruch erheben. Durch die Absolutsetzung von *Religion* bekommt die Offenbarung gegenüber der Erfahrung zu viel Gewicht. Wenn ich im Blick auf die Bildungsvorstellung kritisiert habe, in Halbfas' Bildungsmodell stelle der prägende Einfluss der objektiven Welt das eigentliche Subjekt der Bildung dar, so ist an dieser Stelle einzuwenden, dass der Mensch überhaupt nicht mehr an Gott vorbeikommt. Das theologische System ist zu geschlossen gedacht und die Kritik am ontologischen Religionsbegriff gilt strukturell auch hier.[1] Wenn Halbfas sich zum Ziel setzt, dass «ein Satz mit dem Wort ‹Gott› ... in seiner Bezogenheit auf den Menschen nicht bedeutungsleer werden (darf), wenn dieser sich als Atheist versteht»[2], so ist der Atheist, sofern er sich so versteht, in seiner Identität und damit in seiner Freiheit nicht ernst genommen. Der fehlenden kritischen Subjektivität im Bildungsbegriff entspricht m. E. also ein Mangel an subjektiver Freiheit im theologischen Konzept.

Umgekehrt ist zu betonen, dass Halbfas aus seiner theologischen Sicht überzeugend auf die Gefahren einseitiger Subjektivität verweist. So erhebt er in eindrücklicher Weise Einspruch gegen ein subjektivistisches Freiheitsverständnis, das seine *Verantwortung* gegenüber der Schöpfung nicht wahrnimmt.[3] Deshalb ist die Arbeit mit dem Unterrichtswerk von Halbfas für den evangelisch geprägten Theologen immer wieder eine sehr fruchtbare Erfahrung, weil hier nun in echter Ökumene komplementäre Strukturen aneinander geraten, die im Blick auf die Zukunft der Kirche wohl auch tatsächlich aufeinander angewiesen sind.

---

[1] Vgl. oben Kapitel 5.3.3
[2] Vgl. H. Halbfas: Das Dritte Auge S. 49
[3] Vgl. H. Halbfas: LHB 4, S. 86-99

7.2.3 Die didaktische Grundstruktur des Unterrichtswerks und der kritische Bildungsbegriff

Halbfas' Unterrichtswerk wird durch eine *Didaktik der Sprache* strukturiert und zusammengehalten, welche die Verstehensvoraussetzungen für das ganze Curriculum sichern soll. (LHB 5, S. 23) In ihr sind verschiedene sachbezogene Didaktiken aufgehoben, die Halbfas auf seinem Weg entwickelt hat und die ins Unterrichtswerk Eingang gefunden haben. Halbfas schreibt dazu 1992:

> «In seiner Relevanz reicht dieser Sprachunterricht weit über den üblichen Bereich von Christentum hinaus. Er ist ein Schlüssel für die je begegnenden Sprachspiele, mit denen Menschen unterschiedliche Dimensionen der Wirklichkeit beschreiben und damit zugleich ein Schlüssel für das Verständnis fremder Religionen. Ohne religiöse Sprachlehre gibt es keinen Zugang zur Religionsgeschichte, keine Kulturdidaktik und letztlich auch kein Verständnis für Kunst und Literatur.»[1]

Zusammenfassend würde ich eine *symboldidaktische* und eine *traditions-erschliessende didaktische Teilstruktur* innerhalb dieser umfassenden Didaktik der Sprache unterscheiden, in denen sich seine ursprünglichen Dispositionen[2] unschwer wiedererkennen und zuordnen lassen. Die Mitte dieser sprachdidaktischen Grundstruktur ist der *verstehende Ansatz*[3] des Werkes, den Halbfas als strikte Alternative zu jeder Form von Glaubensverkündigung empfiehlt. Halbfas möchte auch Schülerinnen und Schülern ohne christliche Sozialisation «verstehende – und wenn möglich, erfahrungsbezogene – Zugänge zum Christentum und darüber hinaus zur Welt der Religionen» eröffnen. Auf diesem Weg des Verstehens haben gerade auch die kritischen Vorbehalte und Ablehnungen der jungen Menschen eine didaktische Relevanz. Halbfas äussert sich dazu 1997 folgendermassen:

---

[1] Vgl. H. Halbfas: Nach vorne gedacht, in: Religionsunterricht an höheren Schulen 35, 1992, S. 375

[2] Vgl. H. Halbfas: Die geistigen Defizite. Kritischer Rückblick auf 10 Jahre religionspädagogische Arbeit, in: KBl 106 (1981) S. 256-260. Zweitveröffentlichung in der Einleitung zu «Das dritte Auge» S. 13-18.; ebenso oben Kapitel 1.4.2 und 2.2.4

[3] H. Halbfas: Religionsunterricht in Sekundarschulen, LHB 10, S. 28; vgl. auch Religionsunterricht in der Grundschule, LHB 1, S. 16; ebenso Religionsunterricht in Sekundarschulen, LHB 5, S. 23

«Somit soll der Religionsunterricht Anleitungen zum Verstehen des christlichen Glaubens bieten und daneben, soweit es geht, auch Wege zum Verständnis anderer Religionen führen. Dies ist kein Minimalprogramm. Es verzichtet nicht auf höchste Ansprüche. Denn was heisst ‹Verstehen›? Es kennzeichnet die menschliche Wahrnehmung grundlegend, *schliesst kritisches Denken und die Fähigkeit ein, unterschiedliche Gegebenheiten zueinander in Beziehung setzen zu können. So sehr es sich auf alle Bereiche der Welt ausweiten kann, bleibt es letztlich ein Sichverstehen.* Natürlich ist es nicht dasselbe, ob es darum geht, den Satz des Pythagoras, ein Kunstwerk, eine Glaubensformel oder eine fremde Religion zu verstehen, aber richtig bleibt doch, dass sich darin der Mensch letztlich selbst verstehen lernt, auch und gerade im ganz Anderen, sofern nur die hermeneutische Anstrengung nicht verkürzt wird. *Darum ist der Verstehensprozess kein einseitiger kognitiver Vorgang. Er schliesst Intuition und Emotion mit ein; im besten Fall sind alle Sinne beteiligt. Im Akt des Verstehens eröffnen sich dem Menschen die Möglichkeiten seiner selbst. Er transzendiert seine jeweiligen Grenzen und lernt sich vom bisher Unbekannten oder Fremden auf bisher verschlossene Dimensionen seiner selbst hin kennen.*» (LHB 10, S. 29f.; Hervorhebungen durch M. M.)

Der hier entfaltete Verstehensbegriff nimmt die frühere Unterscheidung in die intellektuelle und die geistig-ideelle Denkfunktion auf[1] und fusst auf der existentialen Hermeneutik der «Fundamentalkatechetik».[2] Dabei wird *kritisches Denken* als *eine* notwendige Voraussetzung genannt, doch wird fast gleichzeitig betont, der Verstehensprozess sei kein einseitig kognitiver Prozess. Mit der anderen Seite, «der Fähigkeit, unterschiedliche Gegebenheiten zueinander in Beziehung setzen zu können», werden *Intuition, Emotion und die Beteiligung der Sinne* in Verbindung gebracht. Verstehen wird als Selbsterschliessung gedeutet, als *«Eröffnung der eigenen Möglichkeiten»,* als *Selbsterkenntnis im Licht des transzendenten Fremden und Unbekannten* und insofern als ein *religiöser Akt*.

Damit verlängert der Verstehensbegriff als *die Mitte der Halbfas'schen Religionsdidaktik* die eben erörterte theologische Intention, «das Wort ‹Gott› auch dem Atheisten *verstehbar* zu machen», hinein in die Unterrichtstheorie. Schülerinnen und Schüler sollen gerade als Kritisierende ernst genommen werden. Es soll ihnen ermöglicht werden, sich sogar im Modus der Ablehnung *verstehend* auf die Sache des Religionsunterrichtes

---

[1] Vgl. oben Kapitel 3.4
[2] Vgl. oben Kapitel 5.4

einzulassen und damit – wohl unbewusst – eine auch religiös interpretierbare Erfahrung zu machen.

Hierzu möchte ich zweierlei aus Sicht der bildungskritischen Didaktik einwenden.

Die erste Differenz betrifft die Interpretation *des religiösen Aktes*. Die Transzendenzerfahrung im Halbfas'schen Verstehensbegriff ist letztlich eine *Überwältigungsgerfahrung*. Der Verstehende lässt sich auf einen konkret-elementaren Zusammenhang ein und macht dabei die Erfahrung, dass sich ihm dabei das Allgemein-Fundamentale erschliesst. Als religiöser Akt qualifiziert sich dieses Geschehen durch ein Bewusstsein der Entgrenzung angesichts einer überwältigenden Einsicht in die Unendlichkeit des Seins. Sein Ziel ist zu deuten als Bewusstseinserweiterung: der Mensch wird sich inne, dass er «neue Dimensionen seiner selbst kennen gelernt hat». Im Vergleich zu R. Preuls genannter Definition des religiösen Aktes liegt hier demnach die entgegengesetzte Bewegung vor. Hier die Erfahrung existentieller Begrenzung und ihre bewusste Bewältigung durch einen religiösen Bezug auf «das transzendente Ziel aller endlichen Wirklichkeit», dort eine intuitiv wahrgenommene Überwältigung durch die transzendente Wirklichkeit, die in ein erweitertes Bewusstsein mündet. Aus bildungskritischer Perspektive muss sich Halbfas gewiss sagen lassen, dieses Verständnis des religiösen Aktes sei irrational und entmündigend, er kann andererseits für sich in Anspruch nehmen, dass sich auch die biblisch- überlieferten Gotteserfahrungen unter den Kategorien des «Tremendum und Faszinosum»[1] einordnen lassen und das umgekehrt Preuls rationale Definition des religiösen Aktes vor der Frage «Wo warst Du, Gott, in Auschwitz?» ins Stammeln gerät. Insgesamt geht Halbfas die Gottesthematik in den Religionsbüchern in selten angetroffener Breite an (LHB 5, S. 140f.) und bietet auch aus evangelischer Tradition gesehen viele Anschlussmöglichkeiten[2], im Hintergrund aber steht ein Gottesbild, welches mit der soeben entfalteten didaktischen Grundintention zusammenfällt:

«Im vorliegenden Religionsbuch 5 geht es darum, Sensibilität für die Frage nach Gott zu gewinnen. Das ist an sprachliche Behutsamkeit gebunden, aber auch an die Fähigkeit, dieser Welt mit offenen Sinnen begegnen zu können. Die ‹Masken Gottes›, wie sie in der Einleitung oben beschrieben werden, möchten als

---

[1] Vgl. R. Otto: Das Heilige: über das Irrationale in der Idee des Göttlichen und sein Verhältnis zum Rationalen, München 1971
[2] Vgl. LHB 3, S. 189-198: Gott: Verborgen und offenbar. Der Gott der Bibel: Der bildlose Gott – Der befreiende Gott – Der gebietende Gott

das ‹Schattenbild eines unsichtbaren Angesichts› gesehen, als ‹Schau des Einen im Vielen› gesammelt werden. (LHB 5, S. 140)

Die zweite Differenz ist im Grunde mit diesen Ausführungen zum religiösen Akt bereits genannt. Sie betrifft die didaktische Theorie der Vermittlung. Halbfas' Vermittlungskonzept trägt durchaus die Strukturen *kategorialer Bildung in sich*. Sein Curriculum besteht aus didaktisch sorgfältig elementarisierten Inhalten, durch die sich das Allgemein-Fundamentale mit dem Konkreten wechselseitig erschliessen soll. Damit bleibt Verstehen aber letztlich ein *Sichverstehen* und also eine *Selbsterfahrung*. Im kritischen Bildungsverständnis aber meint *doppelte Erschliessung* ja die kategoriale Vermittlung einer *Selbsterfahrung* mit einer *Welterfahrung*. Die Elementarisierungsaufgabe besteht dann darin, *altersstufengemässe Inhalte zu identifizieren*. An diesem unterschiedlichen Verständnis von Elementarisierung hat sich übrigens auch der Streit um die Relevanz der empirischen Entwicklungspsychologie entzündet[1], der wohl kaum einseitig zu schlichten ist. Denn die Kontrahenten gehen, wie wir gesehen haben, von konträren didaktischen Auffassungen aus. Ich würde Halbfas an dieser Stelle gerne an seine oben zitierten Bildungsziele für die politisch-gesellschaftliche Dimension erinnern[2]. Denn eine kritische Religionsdidaktik kommt m. E. ohne Problemorientierung nicht aus. Seine *traditions-erschliessende Didaktik* wäre dann mit einer *kritischen Didaktik der Bearbeitung gesellschaftlicher Probleme* zu verschränken und der absolute Begriff von Wirklichkeit würde dialektisch aufgebrochen. In ähnlicher Weise wäre wohl *seine Symboldidaktik komplementär durch eine kritische Symboldidaktik im Sinne P. Biehls zu verschränken*, die darauf abzielt, die ambivalenten Wirkungen des Symbols kritisch aufzuarbeiten und Wahrheitsmomente vorgegebener Symbole durch einen selbsttätigen Umgang mit christlichen Symbolen zu verstärken.[3]

****

Unter drei Gesichtspunkten – Bildungstheorie, Theologie und Didaktik – habe ich in diesem letzten Kapitel die Konvergenzen und Divergenzen von Halbfas' religionspädagogischem Konzept im Rahmen einer

---

[1] Vgl. oben Kapitel 3.2
[2] Vgl. oben Kapitel 6.1
[3] Vgl. P. Biehl: Erfahrungsbezug und Symbolverstehen, in: P. Biehl und G. Baudler: Erfahrung – Symbol – Glaube, Frankfurt a. M., 1980, S. 26-77

kritischen Bildungstheorie erörtert. Dabei habe ich Abweichungen und Übereinstimmungen, ergänzungsbedürftige Lücken und ergänzende Stärken hervorgehoben. Meine Quintessenz daraus ist nun folgende: Ein einzelnes religionsdidaktisches Konzept vermag den vielfältigen und komplexen religionspädagogischen Handlungsfeldern schon heute nicht mehr gerecht zu werden. Wir brauchen – besonders unter den föderalistischen Bedingungen in der Schweiz – eine Verschränkung verschiedener Ansätze und Strukturen. Unter den hierzulande immer häufiger anzutreffenden Voraussetzungen, dass der schulische Religionsunterricht von den christlichen Kirchen gemeinsam verantwortet und veranstaltet wird, halte ich die didaktischen Strukturen des Unterrichtswerks von Hubertus Halbfas gesamthaft für ein fruchtbares Komplement zu Didaktiken aus evangelischer Tradition. Voraussetzung dazu, diese hier theoretisch entfaltete These praktisch einzulösen, ist eine Einbindung der Lehrerinnen und Lehrer in die Diskussion und Reflexion über die «Schlüsselprobleme» unserer Zeit sowie die Entwicklung von entsprechenden «Schlüsselqualifikationen». Lehrkräfte beider Konfessionen, die in ökumenischen Konzepten unterrichten, «müssen wissen, was sie tun», d. h. sie sollten ihre eigene konfessionelle *Identität* kennen und davon ausgehend ihre didaktischen Entscheidungen treffen. In der Arbeit mit Halbfas' Konzept sollten sie andererseits, die *ökumenische* Kompetenz entwickeln, *die Wahrheit auch anders zu denken* und sie grundsätzlich in einer *komplementären Struktur* zu buchstabieren.

Für die Zukunft scheint es angesichts der fortschreitenden Individualisierung keine Alternative zu einem «alltags- und lebensbezogenen sowie erfahrungsoffenen und handlungsorientierten Religionsunterricht»[1] zu geben. Um einen Bezug auf die individualisierten und privatisierten Formen von Religion herzustellen, müssen wir unsere didaktischen Konzepte so weiterentwickeln, dass die Lernprozesse den sich rasant ändernden Lebensverhältnissen angepasst werden können. Die Religionsdidaktik wird daher noch mehr auf ihre *kommunikative und dialogische Struktur* zu achten haben, um religiöse Inhalte zu erschliessen. Dabei ist damit zu rechnen, dass sich in der Kommunikation auch die Inhalte und die Beteiligten ändern werden.[2] Im Blick auf das Ganze unserer Arbeit werden wir gut daran tun die Fragmentarität allen Lebens von Herzen bejahen zu lernen. Denn jede erreichte Entwicklungsstufe ist «nur ein Fragment aus Zukunft. Das

---

[1] Vgl. F. Schweitzer: Der Wandel des Jugendalters und die Religionspädagogik, in: JRP 10 (1993), Neukirchen-Vluyn 1995, S. 86f.
[2] Vgl. E. Feifel: Didaktische Ansätze in der Religionspädagogik, in: H.-G. Ziebertz/ W. Simon: Bilanz der Religionspädagogik, S. 104f.

Fragment trägt den Keim der Zeit in sich. Sein Wesen ist Sehnsucht. Es ist auf Zukunft aus. In ihm herrscht Mangel, das Fehlen der ihn vollendenden Gestaltung. Die Differenz, die das Fragment von seiner möglichen Gestaltung trennt, wirkt nicht nur negativ, sondern verweist positiv nach vorn.»[1]

---

[1] Vgl. H. Luther: Religion und Alltag. Bausteine zu einer Praktischen Theologie des Subjektes, Stuttgart 1992, S. 168f.

Literaturverzeichnis

Adam G./Lachmann R. (Hrsg.): Religionspädagogisches Kompendium, Göttingen, 1984
Adam G.: Grundlagenforschung in der evangelischen Religionspädagogik, in: Religionspädagogische Beiträge 24 (1989)
Arnold F. X.: Der Gestaltwandel des katechetischen Problems seit Mitte des 19.Jahrhunderts, in: KBl 77, 1952
Arnold F. X.: Katechese aus der Mitte der Heilsgeschichte, KBl 81,1956
Baldermann I./Kittel G.: Die Sache des Religionsunterrichts, Göttingen, 1975
Baldermann I.: Biblische Didaktik, Hamburg, 1963
Barth K.: Der Römerbrief, München, 1922
Barth K.: Die christliche Dogmatik im Entwurf, München 1927
Baudler G.: Der Religionsunterricht an der deutschen Schule, München, 1971
Baudler G.: Religiöse Erziehung heute, Paderborn, 1979
Benktson B. E.: Christus und die Religion. Der Religionsbegriff bei Barth, Bonhoeffer und Tillich; Stuttgart, 1967
Betz O.: Gefährliche Freiheit, München, 1961
Biehl P.: Didaktische Strukturen des Religionsunterrichts, in: JRP 12, 1995
Biehl P.: Die Chancen der Symboldidaktik nicht verspielen. Kritische Symbolkunde im Religionsunterricht. In: Religion heute. 1986, Heft 3
Bitter G.: Ansätze zu einer Didaktik des Glauben-Lernens, in: H.-G. Ziebertz (Hg.): Bilanz der Religionspädagogik
Bizer C.: Präludium: Zum Spiel der religionspädagogischen Theorie; in: JRP Bd.12, 1996
Bucher A.: Gleichnisse - schon in der Grundschule?, in: KBl 112,1987
Bucher A.: Religionspädagogik und empirische Entwicklungspsychologie, in: H.-G. Ziebertz (Hg.): Bilanz der Religionspädagogik
Bultmann R.: Glauben und Verstehen II, Tübingen, 1961
Bultmann R.: Glauben und Verstehen IV, 1967
Bultmann R.: Jesus Christus und die Mythologie, Hamburg, 1964
Bultmann R.: Kerygma und Katechese I, Hamburg, 1960
Dokumentation zu den Vorwürfen gegen das Erzbischöfliche Generalvikariat in den Angelegenheiten des Herrn Prof. Dr. Hubertus Halbfas, in: Kirchlicher Anzeiger für die Erzdiözese Köln, 108.Jg., 1968
Düring I.: Aristoteles. Darstellung und Interpretation seines Denkens, Heidelberg, 1966

Exeler A.: Einige Hinweise auf die gegenwärtige religionspädagogische Landschaft, in: KBl 105 (1980)
Feifel E.: Didaktische Ansätze in der Religionspädagogik, in: H.-G. Ziebertz: Bilanz der Religionspädagogik
Feifel E.: Handbuch der Religionspädagogik, Bd.I, Zürich, 1973
Flitner A.: Die Kirche vor den Aufgaben der Erziehung, Heidelberg, 1958
Foerster F.W.: Christus und das menschliche Leben, Recklinghausen, 1953
Foerster F.W.: Erziehung und Selbsterziehung, Zürich, 1917
Foerster F.W.: Schule und Charakter, Zürich, 1907
Frör K.: Biblische Hermeneutik, München, 1964
Gabriel K.: Christentum und Industriegesellschaft, in: Person-Gruppe-Gesell-schaft, Hildesheim, 1980
Gadamer H.G.: Wahrheit und Methode, Tübingen, 1960
Gräb W. / Korsch D.: Selbsttätiger Glaube. Die Einheit der Praktischen Theologie in der Rechtfertigunsglehre, Neukirchen, 1985
Grethlein C.: Religionspädagogik, Berlin, 1998
Grözinger A.: Der Beitrag des schulischen Religionsunterrrichtes zur Alphabetisierung des Lebens oder Welche Religion braucht die Schule, in: M. Vetter (Hrsg.), Wieviel Religion braucht die Schule ?, Tübingen, 2000
Gruehn W.: Die Frömmigkeit der Gegenwart. Grundtatsachen der empirischen Psychologie, Münster, 1956
Guardini R.: Die Unterscheidung des Christlichen, gesammelte Studien 1923-1963, Mainz, 1963
Halbfas H.: Auf dem Weg zur zweiten Unmittelbarkeit. Interview mit Hubertus Halbfas, in: KBl 1988
Halbfas H.: Aufklärung und Widerstand, Stuttgart, 1971
Halbfas H.: Das dritte Auge, Düsseldorf, 1982
Halbfas H.: Das Wort und die Worte; in: Via Indirekta, Paderborn 1969
Halbfas H.: Der Religionsunterricht, Düsseldorf, 1965
Halbfas H.: Die Bildungskonzeption des Bundes der Deutschen Katholischen Jugend, in: KBl 91, 1966
Halbfas H.: Die geistigen Defizite, Kritischer Rückblick auf 10 Jahre religions-pädagogische Arbeit, in: KBl 106 (1981)
Halbfas H.: Fundamentalkatechetik, Düsseldorf, 1968
Halbfas H.: Handbuch der Jugendseelsorge und Jugendführung, Düsseldorf, 1960
Halbfas H.: Jugend und Kirche, Düsseldorf, 1965
Halbfas H.: Nach vorne gedacht, in: Religionsunterricht an höheren Schulen 35, 1992
Halbfas H.: Religion, Stuttgart, 1976

Halbfas H.: Religionsunterricht in der Grundschule, Lehrerhandbuch 1-4, Düsseldorf 1983ff.
Halbfas H.: Religionsunterricht in Sekundarschulen, Lehrerhandbuch 5-10, Düsseldorf 1994ff.
Halbfas H.: Religionsunterricht und Katechese, in: D.Zillessen, Religionspädagogisches Werkbuch, Frankfurt, 1972
Halbfas H.: Revision der religiösen Erziehung, Heft 3
Halbfas H.: Wer sind unsere Schülerinnen und Schüler? Wie religiös sind sie? In: KBl 116, 1991
Halbfas H.: Wurzelwerk, Düsseldorf, 1989
Halbfas H.: Zur Rezeption der Montessori-Pädagogik, in: KBl 112 (1987)
Heimbrock H.- G.: Entwicklung und Erziehung. Zum Forschungsstand der pä-dagogischen Religionspsychologie, in: JRP 1
Heimbrock H.- G.: Lern-Wege religiöser Erziehung, Göttingen, 1984
Heimbrock H.G. u.a.(Hrsg): Handbuch der Religiösen Erziehung, Bd.II, Düsseldorf, 1987
Herms E.: Offenbarung und Glaube, Tübingen, 1992
Horstmann J. (Hrsg.): Ende des Katholizismus oder Gestaltwandel der Kirche?, Schwerte, 1993
Jaeger W.W.: Aristoteles. Grundlegung einer Geschichte seiner Entwicklung, Berlin, 1923
Jungmann J.A.: Katechetik. Aufgabe und Methode der religiösen Unterweisung, Freiburg, 1955
Kampmann Th.: Erziehung und Glaube, München, 1960
Kaufmann H.-B.: Muss die Bibel im Mittelpunkt des Religionsunterrichts stehen?, in: Nipkow/Schweitzer (Hrsg.): Religionspädagogik. Texte zur evangelischen Erziehungsverantwortung seit der Reformation, Bd.2.2, Gütersloh, 1994
Kaufmann H.-B.: Streit um den problemorientierten Unterrichts, Frankfurt a. M., 1973
Kirchschläger W.: Historisch-kritische Methoden (kath.), in: Handbuch der Bibelarbeit
Kittel H.: Vom Religionsunterricht zur Evangelischen Unterweisung, Hannover, 1947
Klafki W.: Neue Studien zur Bildungstheorie und Didaktik. Beiträge zur kritisch-konstruktiven Didaktik, Weinheim, 1985
Klafki W.: Studien zur Bildungstheorie und Didaktik, Weinheim, 1963
Koch G.: Der Fall Halbfas, in: Baur H.: Das politische Engagement des Christen heute, Bonn, 1970
Konflikt um Hubertus Halbfas, in: HK 23, 1969
Lämmermann G.: Grundriss der Religionsdidaktik, Stuttgart, 1991
Lämmermann G.: Religionspädagogik im 20.Jahrhundert, Gütersloh, 1994

Lange G.: Ästhetische Bildung im Horizont religionspädagogischer Reflexion, in: G. Ziebertz (Hg.): Bilanz der Religionspädagogik
Langer W. (Hrsg.): Handbuch der Bibelarbeit, München, 1987
Langer W.: Kerygma und Katechese, München, 1966
Langeveld M. J.: Das Kind und der Glaube, Braunschweig, 1959
Loch W.: Die Verleugnung des Kindes in der Evangelischen Pädagogik, Essen, 1964
Luther H.: Religion und Alltag. Bausteine zu einer Praktischen Theologie des Subjektes, Stuttgart, 1992
Lutz E.: Neue Wege in der Jugendarbeit, München, 1962
Luckmann Th.: The invisible Religion, New York, 1967
Mette N.: Kindheit und Jugend, in: JRP 12, 1996
Mette N.: Religionspädagogik, Düsseldorf, 1994
Meueler E.: Hubertus Halbfas und die katholische Katechetik, in: Materialdienst das konfessionskundlichen Instituts Bensheim, 1969
Moltmann J.: Existenzgeschichte und Weltgeschichte, in: Evangelische Kommentare 1, 1968
Moltmann J.: Theologie der Hoffnung, München, 1966
Müller W. W.: Das Symbol in der dogmatischen Theologie, Frankfurt a. M., 1990
Neidhart W.: Psychologie des kirchlichen Unterrichts, Zürich, 1960
Neuenzeit P./ Greinacher N. (Hrsg.): Die Funktion der Theologie in Kirche und Gesellschaft. Beiträge zu einer notwendigen Diskussion, München, 1969
Nipkow K. E.: Christlicher Glaubensunterricht in der Säkularität. Die zwei didaktischen Grundtypen des evangelischen Religionsunterrichts, in: Schule und Religionsunterricht im Wandel, Heidelberg, 1971
Nipkow K. E.: Grundfragen der didaktischen Textvermittlung, in: W. Langer: Handbuch der Bibelarbeit
Nipkow K.E.: Bildung als Lebensbegleitung und Erneuerung. Kirchliche Bildungsverantwortung in Gemeinde, Schule und Gesellschaft, Gütersloh, 1990
Nipkow K.E.: Die Individualität als pädagogisches Problem bei Pestalozzi, Humboldt und Schleiermacher, Weinheim, 1960
Nipkow K.E.: Grundfragen der Religionspädagogik, Bd.1-3, Gütersloh, 1975 ff.
Oerter R.: Moderne Entwicklungspsychologie, Donauwörth, 1980
Otto G.: Schule-Religionsunterricht-Kirche, Göttingen, 1961
Otto R.: Das Heilige: über das Irrationale in der Idee des Göttlichen und sein Verhältnis zum Rationalen, München, 1971
Pannenberg W.: Wissenschaftstheorie und Theologie, Frankfurt, 1973
Preul R.: Kategoriale Bildung im Religionsunterricht, Heidelberg, 1973

Rahner K.: Grundkurs des Glaubens, Freiburg, 1976
Rahner K.: Hörer des Wortes. Zur Grundlegung einer Religionsphilosophie, München, 1963
Rahner K.: Schriften zur Theologie, Bd.IV, Einsiedeln, 1961
Rahner K.: Schriften zur Theologie, Bd.V, Einsiedeln, 1962
Ritter W.H.: Religion in nachchristlicher Zeit, Frankfurt a. M., 1982
Ritter W:H.: Glaube und Erfahrung im religionspädagogischen Kontext, Göttingen, 1989
Rupp H.F.: Religion und Didaktik bei F.A. Diesterweg. Ein Kapitel einer Geschichte der Religionsdidakik im 19.Jahrhundert, Weinheim, 1987
Rupp H.F.: Religion-Bildung-Schule, Studien zur Geschichte und Theorie einer komplexen Beziehung, Weinheim, 1996
Schilling H.: Grundlagen der Religionspädagogik, Düsseldorf, 1970
Schmid F.: Grundlagentexte zur katholischen Jugendarbeit, Freiburg, 1986 (Handbuch kirchlicher Jugendarbeit Bd.3)
Schrödter H.: Die Religion der Religionspädagogik, Zürich, 1975
Schweitzer F.: Der Wandel des Jugendalters und die Religionspädagogik, in: JRP 10 (1993), Neukirchen-Vluyn, 1995
Stachel G.: Der Bibelunterricht, Einsiedeln, 1967
Stachel G.: Existentiale Hermeneutik, Zürich, 1969
Stachel G.: Heutige Schriftauslegung und Religionsunterricht, in: Anima, 2, 1964
Stallmann M.: Christentum und Schule, Stuttgart, 1958
Stock H.: Ein religionspädagogischer Nachtrag zum Bultmann-Gedenkjahr, in: JRP 1 (1984), 1985
Stock H.: Studien zur Auslegung der synoptischen Evangelien im Unterricht, Gütersloh, 1959
Theiner J.: Die Entwicklung der Moraltheologie zur eigenständigen Disziplin, Regensburg, 1970 (Studien zur Geschichte der katholischen Moraltheologie, hrsg. von M.Müller, Bd.17)
Tillich P.: Gesammelte Werke, Stuttgart, 1959 ff.
Tzscheetzsch W.: Lernprozess Jugendarbeit, in: Biemer G. (Hrsg.):Handbuch kirchlicher Jugendarbeit, Bd.2, Freiburg, 1985
Vierzig S.: Der Schüler im Religionsunterricht, in: informationen 1972, Heft 2
von Allmen J.-A.: Symboltheorie und Symboldidatik, Zürich, 1992
von Balthasar H.U.: Cordula oder der Ernstfall, Einsiedeln, 1967
von Mallinckrodt H.: Katechetik im existential-hermeneutischen Engpass, in: G.Stachel: Existentiale Hermeneutik
Vorgrimmler H.: Theologische Positionen Karl Rahners im Blick auf Hans Urs von Balthasar, Vortrag gehalten in der Karl Rahner Akademie Köln am 12.1.2000, (dort zu beziehen)

Waltermann L.: Kölner Inquisition. Katholischer Professor soll seine
  Thesen widerrufen, in: Die Zeit, 1.11.1968
Wegenast K.: Das Problem der Probleme, in: EvErz 24,1972
Wegenast K.: Evangelische und katholische Religionspädagogik seit 1965,
  in: Materialdienst des konfessionskundlichen Instituts Bensheim 36
  (1985)
Wegenast K.: Religionspädagogik II, Der katholische Weg, Darmstadt 1983
Wegenast K.: Religionspädagogik zwischen 1970 und 1980, in:
  Theologische Literaturzeitung 106, 1981, Nr.3
Weischedel W.: Die philosophische Hintertreppe, München, 1966
Welte B.: Auf der Spur des Ewigen, Freiburg, 1965
Wibbing S.: Hubertus Halbfas: Der Religionsunterricht; ThPr 2,1967
Ziebertz H.-G./Simon W.: Bilanz der Religionspädagogik, Düsseldorf, 1995
Zillessen D.: Symboldidaktik in: EvErz 36, 1984
Zinke L.: Offenbarung und Wirklichkeit, in: G.Stachel: Existentiale
  Hermeneutik
Zwergel H. A.: Hermeneutik und Ideologiekritik in der
  Religionspädagogik, in: Bilanz der Religionspädagogik

Sachregister

analogia entis 119
Anlage, religiöse 124-126
Anthropologie 20f., 27, 35, 78-80, 85, 94, 96, 98, 118, 123f., 149, 157, 199, 208
anthropologische Wende 80
Anthropozentrik 177
Berufungsverfahren, Halbfas' 23, 130f., 137f., 143
Bibeldidaktik 36
Bibelunterricht 33, 54, 104, 108-110, 119
Bibelverständnis 19
Bild 54, 56, 68, 71-73, 79, 82, 87, 91, 95, 99, 101f., 119f., 135, 165, 180, 189, 206, 209, 216
Bilddidaktik 19, 54, 73
Bildung 21, 29, 34, 39, 41f., 44, 50, 55-57, 60, 63, 66, 78, 80, 89, 91, 94, 99, 106, 167, 198, 200, 205-208, 210-218, 220f., 223, 227
Bildung der Persönlichkeit 42f., 49f., 60
Bildungsauftrag 13, 15, 205, 215
Bildungsbegriff 7f., 14, 20, 22, 58, 60, 85, 197f., 200, 205-208, 210f., 215-222
Bildungsziele 14f., 227
Bildung, Schlüsselqualifikationen der 214
Bund der Deutschen Katholischen Jugend (BDKJ) 37-41, 43f., 46, 48, 50
Christologie 165, 172, 176, 179
Christozentrik 33, 75f., 94, 173f., 180

Christozentrische Überführung bei Kampmann 174
Curriculum 14, 17, 19, 224, 227
Das dritte Auge (Buchtitel) 8, 18f., 21, 23, 53, 180, 188f., 194-196, 199, 201, 217, 223f.
Defizit 19, 22, 52f., 80, 108, 195, 224
Denken, Sinn- 94, 96 99, 170
Denken, Wissens- 94, 170
Denkfunktion, geistig-ideelle 94, 98, 119, 170, 225
Der Religionsunterricht (Buchtitel) 23, 52f., 108, 114, 122, 125-127, 143, 168, 173f., 217
Dialektik 200, 209f., 220
Didaktik 16, 19, 21, 54, 62, 81, 107, 114, 124, 128f., 155, 160f., 175, 187f., 193, 195, 200-202, 207, 211f., 224, 226f.
doppeltes Erschliessen 211
Einheit der Wirklichkeit 128, 172, 174, 179, 196, 198-200, 203, 215, 218, 220
Elementarisierung 212, 227
Emanzipation 155, 186f.
Entelechie 97
Entwicklung, Halbfas' 7f., 18f., 22, 127f.
Entwicklung, psychische 83f.
Entwicklungsstufen 38, 58, 83-88, 90
Entwicklungspsychologie 19, 58, 81, 83, 85, 87-90, 227
Erfahrung 16, 20f., 24f., 28, 32, 35f., 43, 48f., 51, 54, 58, 100, 110f., 119, 121-124, 126f., 139, 141, 150, 153f., 156, 159,

168, 173, 175, 182, 187, 193,
195, 200, 202, 213, 217, 220,
223, 226f.
Erziehung 12, 33-35, 38f., 49f.,
56-71, 78-80, 88, 96, 105,
118f., 155f., 158f., 162, 183f.,
186, 189, 208, 214f., 222
Evangelische Unterweisung 104
Existentiale Interpretation 105,
112, 117
fides qua creditur 25, 27, 32
fides quae 25, 27, 32, 148f., 176
Formalstufen 34
Führungsverständnis der Jugendbewegung 41f.
Fundamentalkatechetik (Buchtitel) 8, 18, 21, 23, 35, 53f.,
56, 62, 109, 127f., 130-133,
137-143, 145, 147-149, 155,
158-161, 168, 172-175, 180,
184, 188-190, 196, 199, 202,
217, 220, 225
Geisteswissenschaften 28, 168
Glaubens- und Gewissensfreiheit
12
Glaubenserfahrung 25, 27f.
Glaubensverkündigung 36, 40,
58, 69, 73, 77, 151, 224
Gotteserfahrung und Selbsterfahrung 20, 55, 195, 202
Handbuch der Jugendseelsorge
und Jugendführung (Buchtitel)
22, 24, 37, 58
Hermeneutik 8, 19, 23, 54, 56,
104-115, 117, 119, 128f., 138,
145, 155, 168-172, 174f., 178,
182-184, 186, 188, 190, 193-
196, 199, 207, 225
Historische Methode 113
Historisch-kritische Exegese 53,
108, 110, 127

Humanwissenschaften 8, 81, 198
Idealismus 73, 171, 197
imitatio Christi 66, 101, 180
Jugend und Kirche (Buchtitel)
22, 43, 48, 51, 58, 81f., 84-86,
90, 94, 96, 98-100, 119, 123,
170f., 174, 201, 216, 217
Jugendarbeit 22, 24, 37-43, 45,
47f., 50-52, 59, 81, 174
Jugendseelsorge 22, 24, 37-40,
51f., 55f., 58, 62-64, 82, 85,
92, 94, 101, 123, 128, 151,
172, 215, 216
Jungfrauengeburt 149
Katechese 33-36, 74f., 110, 113,
131, 134, 138, 143f., 147, 191,
192
Katechismus 33f.
Kirche und Staat 12-14, 155, 162
konfessionelle Anliegen 7, 13-
15, 154f., 192, 204
Konvergenztheorie 209f.
Korrelationsdidaktik 21
Kritische Perspektive eines Ordnungsbildes vom Weltganzen
51, 55
Lehre der Kirche 25-27, 32, 34,
41, 66, 68, 95, 125, 132, 138f.,
142, 145, 147-149, 151, 174,
181, 221
Logos 65, 97, 170, 175, 188,
190, 202
Material-kerygmatische
Erneuerung 8, 24, 36, 73, 77,
101
Mission 146, 148f.
Mitte 33, 41, 56, 71, 73-76, 94,
101, 128, 150, 174, 180-183,
185, 194f., 202, 224f.
Moderne 25, 28, 32, 87, 93, 218
Monismus 94, 198-201, 222

Münchner Methode 34f.
Mysterium 73, 76, 101
Mythos 111f., 145f., 149, 170-173, 175f., 180, 188, 190, 199, 202, 220
Natur und Gnade 21, 69f., 73, 101, 113, 172
Natur und Übernatur 35, 175
Naturwissenschaft 28, 198f.
Neuscholastik 24, 28, 30f., 32-34, 69f., 80
Offenbarung 8, 20f., 24f., 29, 32, 35-37, 64f., 73, 108f., 112-114, 118, 122, 124, 127, 129, 145-149, 168, 171f., 174-180, 199, 217, 220-222
Offenbarung und Erfahrung 8, 20f., 109, 122, 199, 220, 222
Ordnung, bildende Kraft der 44
Pädagogik 15f., 20, 34, 58, 63-67, 78, 84, 155, 162, 196, 204, 206, 208f., 212, 214
Pluralismus 91f., 94, 100, 164, 218f.
Reformkatechetik 34, 64
Reformpädagogik 34
Religion 11, 13-15, 17, 21, 23, 54f., 67, 79, 81, 88, 102, 122f., 125, 128f., 154-167, 172, 179, 189, 192f., 195, 204-208, 213, 215, 218, 223, 225, 228f.
Religionsbegriff 8, 109, 124f., 128, 154-160, 162-164, 166f., 184, 189f., 193, 204, 208, 223
Religionsdidaktik 11, 23, 53, 105, 127, 130, 154f., 160, 164, 210, 213f., 225, 227f.
Religionspädagogik 8, 11, 20, 23, 33-35, 38, 54, 63, 69, 78, 81, 85, 87, 90, 93, 104, 108, 128, 131, 138, 147, 153, 155, 156, 160, 162-164, 167, 183-185, 189-192, 195, 208f., 214, 218, 228
Religionsunterricht 11-13, 15-17, 20f., 34, 36, 54, 69, 83, 88, 104-107, 110, 115-117, 128f., 131, 138f., 154, 159-161, 167, 183, 185-194, 195f., 202, 204-206, 212f., 215, 225, 228
Religiosität 48, 122-125, 129, 157f., 160f., 189
Säkularisation 24, 104, 107
Säkularismus 69, 107, 155
Scholastik 29f.
Schulgesetz 12
Schulkultur 15, 20, 54, 202
Soteriologie 65, 101, 119, 172, 181
Sozialformen 38
Spiritualität 19f., 23, 54, 200
Syllabus 29
Symbol 18, 54, 89, 95f., 102f., 178, 180, 195, 201-203, 227
Symboldidaktik 8, 18f., 21, 54, 189, 195f., 201-203, 227
Systemlosigkeit 42, 52, 91
Theologie 8, 16, 20-22, 24-34, 36-37, 63-66, 69, 74, 76, 78, 80, 96, 105, 108f., 113, 125, 129, 140, 142, 150-153, 155f., 159, 163, 165f., 171, 173, 177-180, 182, 184f., 192f., 198f., 202, 206-214, 220-222, 227, 229
Theorie 22, 41-45, 49, 51-53, 55, 64, 73, 114, 127, 159, 162, 168, 171, 184, 186f., 208, 216f., 227
Theozentrik 75, 94, 101, 173f., 177

Theozentrische Überführung bei
  Kampmann 118f., 122, 168,
  174
Tübinger Schule 29
Überblick über das Ganze 42f.,
  52
Übernatur 29, 68f.
Übernatürliches Existential bei
  Rahner 175, 178
Umgang mit Texten 19, 54
Unterrichtsverfahren,
  entwickelndes 34
Unterrichtswerk, Halbfas' 7, 15-
  17, 22f., 52f., 55, 88f., 196,
  215-224

Unterscheidung des Christlichen
  8, 179, 182, 221
Vatikanischen Konzil, Zweites 7,
  31, 35, 145
Verkündigung 37, 71f., 74, 76,
  95, 106, 112, 115-118, 122,
  151, 174, 179, 192
Verstehen von Religion 7, 16,
  182, 196
Verstehenslehre, Bultmanns 109
Weisheit 25f., 65, 142
Weltordnung 55, 98
Wissenschaft 25-27, 29, 80, 90,
  102, 104, 151, 170, 187, 193,
  197, 207

Personenregister

Adam, G. 188, 208
Aristoteles 84, 97f.
Arnold, F. X. 74
Baldermann, I. 106f., 188
Barth, K. 156
Baudler, G. 35, 159, 191, 227
Benktson, B. E. 166
Bernberg, J. 66
Betz, F. 129
Betz, O. 81
Biehl, P. 107, 190, 194, 203, 227
Böhringer, Verleger 133-136
Bopp, L. 67
Bucher, A. 19, 85, 87, 89f., 203
Bühler, C. 85
Bühler, K. 85
Bultmann, R. 8, 105f., 108-114, 117f., 122, 141, 149, 168, 186
Canisius 33f.
Dewey, J. 196
Diesterweg, F.A.W. 154f., 162
Dieterich, V.- J. 198
Dilthey, W. 197
Döpfner, Kardinal 130, 143f., 147
Düring, I. 97
Eggersdorfer, F. X. 64-66
Eliade, M. 96, 201
Englert, R. 93
Erhard, A. 32
Exeler, A. 54
Feifel, E. 156, 208, 228
Flitner, A. 78
Foerster, Fr. W. 56, 63, 67
Fox, H. 128
Frings, Kardinal 133-136, 138f., 142-144
Frör, K. 106f., 115

Fürst, W. 25-27
Gabriel, K. 40, 93, 219
Gadamer, H.-G. 8, 108, 168, 172, 182, 196f.
Gnilka, J. 146, 150
Göttler, J. 34, 64, 84f.
Gräb, W. 210
Grethlein, C. 11, 104, 128, 154, 155, 162, 209
Grözinger, A. 9, 215
Gruehn, W. 86
Guardini, R. 179
Heidegger, M. 112, 141, 197
Heimbrock, H.-G. 35, 88, 214
Heising, A. 129
Herms, E. 222
Hirscher, J. B. 29, 33
Hobbes, Th. 196
Höffner, Bischof 142
Hofstätter, R. 48
Horstmann, J. 40
Jaeger, Kardinal 130, 141, 143, 146f.
Jaeger, W.W. 97
James, W. 196
Jansen, Generalvikar 135, 138f., 142f.
Jaspers, K. 141, 176
Johannes XXIII 107
Jung, C.G. 125
Jungmann, J.-A. 36, 74-76, 101, 173f.
Kampmann, T. 22, 80f., 118, 122
Kasper, W. 146, 150
Kaufmann, H.-B. 185
Kierkegaard, S. 118, 165
Kirchschläger, W. 108

Kittel, G. 188
Kittel, H. 36, 105
Klafki, W. 207, 211
Kleutgen, J. 30
Koch, G. 130, 132, 137
Korsch, D. 210
Kroh, O. 85
Kuhn, J. 29
Lachmann, R. 188
Lämmermann, G. 11, 90, 104f., 107, 210
Lange, G. 18, 89, 128
Langer, W. 33, 75, 113
Langeveld, M. J. 79, 125
Loch, W. 78
Luckmann, Th. 158
Lutz, E. 47
Maron, G. 57
Mette, N. 78f., 93
Metz, J. B. 150
Meueler, E. 130, 132f., 135, 140f., 146, 150
Möhler, A. 29
Moltmann, J. 171, 186, 198
Montessori, M. 58
Müller, M. 27, 55
Müller W. W. 178
Muth, K. 32
Neidhart, W. 7, 9, 86, 95, 108
Neuenzeit, P. 150
Nipkow, K. E. 56, 167, 174f., 185, 197-199, 207-209, 214, 216, 222
Oerter, R. 87
Ott, R. 128
Otto, G. 81, 107f., 116f., 119, 122,
Otto, R. 226
Palmer, C. 155
Pannenberg, W. 27
Peil, R. 35, 64, 140f.

Pfeiffer, T. 46, 48
Pius IX. 29
Pius XI. 57
Pius XII. 107
Preul, R. 212
Rahner, K. 69f., 80, 123f., 146, 150, 175, 177-179, 181f., 199f.
Ritter, W. H. 128, 159, 161-165
Roloff, E. M. 34
Rousseau, J.-J. 155, 206
Rupp, H. F. 206-208
Sailer, J. M. 33, 74
Sartre, J.-P. 141
Schell, H. 32
Schelling, F. W. 171, 199
Schillebeeckx, E. 164
Schilling, H. 56, 63, 65-67, 69
Schleiermacher, F.D.E. 11, 197, 206, 208
Schmid, F. 39
Schmidt, H. 209
Schnackenburg, R. 146
Schrödter, H. 163f.
Schweitzer, F. 19, 185, 228
Semmelroth 141, 146
Soiron, Th. 69
Stachel, G. 54, 56, 108f., 117, 119, 129, 143, 145, 156, 170
Stallmann, M. 106, 116
Staudenmaier, A. 29
Stock, H. 105f.
Stöckl, C. 30
Tenbruck, F. H. 158
Teusch, Generalvikar 134-136, 143f.
Theiner, J. 27
Thomas von Aquin 25f., 30f., 97-100, 196
Thun, Th. 88
Tillich, P. 123f., 156-159, 163-167, 175, 182, 201

Tzscheetzsch, W. 38-40, 41f., 46-48, 50f.
Vierzig, S. 186
von Allmen 18, 159, 188f., 202f.
von Balthasar, H. U. 178, 181
von Drey, J. 29
von Humboldt, W. 205f., 208
von Mallinckrodt, H. 56, 170f.
von Schätzler, K. 30
von Tiling, M. 124
Vorgrimmler, H. 178f.
Waltermann, L. 142

Weber, A. 34
Weber, G. 116
Wegenast, K. 11, 33, 35, 54, 183, 188
Welte, B. 28, 30f.
Wibbing, S. 108, 126
Wolker, L. 38f.
Ziebertz, H.-G. 18, 38, 81, 228
Zillessen, D. 18, 189, 191
Zwergel, H. A. 128
Zimmermann 141, 146

Lebenslauf

Matthias Mittelbach, geboren am 17.5.1956 in Frankfurt a. M., wohnhaft und heimatberechtigt in Basel, 1963-1975 Besuch der Schulen in Basel, 1975 Maturität, Phil. I- und Theologie-Studium an der Universität Basel, 1984 Lizentiat in Deutsch und Geschichte, seit 1993 Nachdiplom-Studium in Theologie bei Walter Neidhart, Albrecht Grözinger, Heinrich Ott, Ekkehard Stegemann und Ulrich Gäbler, 1996 Lizentiat in Theologie, 8. 3. 2001 Doktorprüfung, Tätigkeit als Oberlehrer in Deutsch, Geschichte, Philosophie und Religionslehre, Religionsunterricht an der Sekundarstufe I, Religionsdidaktiker am Pädagogischen Institut Basel und in der ökumenischen Religionspädagogischen Ausbildung von Basel-Stadt und Basel-Land.